Hohenheim

Michael Ohnewald und
Thomas Durchdenwald

Erwin Teufel

Die Biographie eines
etwas anderen Politikers

Hohenheim Verlag
Stuttgart · Leipzig

Bildnachweis

dpa 34, 42, 46 unten u. oben, 85, 166 unten, 176 unten, 180 unten, 184, 205 unten, 221 unten u. oben, 260 unten
Eppler, Kurt 132
Gayer, Kurt / Krämer, Heinz, Die Villa Reitzenstein und ihre Herren, Stuttgart 1988 (Umschlagfoto) 154 oben
Grohe, Manfred 65 unten
Hüdig, Burghard 176 oben, 233 unten, 247 unten
Klinkert, Carmen 260 oben
Landesmedienzentrum Baden-Württemberg 154 unten
Mari, Arturo 205 oben
Maucher, Jörg-Peter 166 oben
Pressefoto Kraufmann & Kraufmann 99
Röttgers, Joachim E. 233 oben, 243 unten
Stoppel, Gottfried 180 oben
Alle übrigen Fotos aus Privatbesitz

Die Deutsche Bibliothek – CIP Einheitsaufnahme
Ein Titeldatensatz für diese Publikation ist bei der
Deutschen Bibliothek erhältlich

Satz: Satz & mehr, Besigheim
Druck und Bindung:
Ludwig Auer GmbH, Donauwörth
Printed in Germany
ISBN 3-89850-120-5

Inhaltsverzeichnis

Vorwort

Kann man einen gestanden Ministerpräsidenten noch überraschen? Man kann. Ungläubig saß Erwin Teufel vor einigen Monaten in der Villa Reitzenstein, als ihn zwei Journalisten mit ihrem Anliegen konfrontierten. Sie fragten, ob er sich Zeit nehmen könnte für eine Biografie. „Über wen?" wollte Erwin Teufel wissen. „Über Sie", lautete die Antwort.

In vielen seiner Reden hat der Schwabenpremier den Historiker Golo Mann mit dem Satz zitiert: „Wer nicht um seine Wurzeln weiß, hat keine Zukunft." Seine eigenen Wurzeln hat er weitgehend im Verborgenen gelassen. Der einflußreiche Christdemokrat läßt nur wenige nahe an sich heran. Einer wie er kehrt das Innerste nicht gerne nach außen. Deshalb hat er solche Anfragen in der Vergangenheit stets zurückgewiesen. Doch jetzt hat sich Deutschlands dienstältester Regierungschef zum ersten Mal auf sehr persönliche Gespräche über sein Politikerleben eingelassen.

Wer sich mit den Menschen im Land über ihren Ministerpräsidenten unterhält, der stellt fest, daß Erwin Teufel polarisiert. Die einen schätzen an ihm Tugenden wie Verläßlichkeit, Bodenständigkeit und Bescheidenheit. Auf andere wirkt er schwerblütig, bieder und farblos. Man muß Erwin Teufel erlebt haben, um zu verstehen, daß ihn beide Bilder nur unvollständig charakterisieren. Wer ihm näherkommen will, der muß sich mit dem Familienmenschen und bekennenden Christen befassen, dem gleich mehrfach die seltene Ehre der päpstlichen Privataudienz zuteil wurde, und muß zugleich den Politiker sehen, der um seine Ellbogen weiß und von Kabinettskollegen als Machtmensch beschrieben wird.

Der seit 1991 amtierende Ministerpräsident, der in Spaichingen zu Hause ist und seine Kraft aus der Provinz zieht, hat in seiner Laufbahn Höhen und Tiefen erlebt. Er ist über Parteigrenzen hinweg gelobt worden für sein engagiertes Mitwirken an der EU-Verfassung, auch für geglückte Fusionen von Banken und Rundfunksendern. Und er ist für seine eigenwillige Personalpolitik heftig abgestraft worden, als ihm 1996 bei der Kür zum Ministerpräsidenten im ersten Wahlgang so viele Abgeordnete aus den eigenen Reihen ihre Stimme versagten, daß er die notwendige Mehrheit verfehlte.

Grundlage der vorliegenden Lebensgeschichte sind Termine und Interviews mit Erwin Teufel, aber auch Eindrücke aus dem politischen Alltag, Reflexionen von Zeitzeugen und Bewertungen von Kommentatoren. In den vielen Gesprächen mit Weggefährten und politischen Kontrahenten gab es auffällig selten kritische Äußerungen über den Ministerpräsidenten. Man mag dies seiner Integrität zuschreiben, vielleicht aber auch seinem Amt. Denn Erwin Teufel ist nach wie vor Ministerpräsident, und mit dem ersten Mann im Lande will es sich niemand verderben. Manfred Rommel hat die innere Not des nach seinen Eindrücken gefragten Zeitzeugen humorvoll umschrieben: „Ich würde Erwin Teufel noch mehr loben, aber er ist nach wie vor im Amt – hoffentlich noch lange –, und es könnte der Eindruck entstehen, ich wolle etwas von ihm, was ja einmal sein kann, aber jetzt nicht der Fall ist."

Diese Biografie soll und kann nicht abschließend ein Lebenswerk würdigen. Dieser Anspruch müßte schon daran scheitern, daß Erwin Teufel als Ministerpräsident von Baden-Württemberg bis 2006 gewählt ist. Aus Anlaß seines 65. Geburtstags beschreiben die Autoren einen Menschen, der unter niederen Decken aufgewachsen ist und eine schier unglaubliche Karriere gemacht hat, die mit diesem Buch nicht zu Ende ist.

Sohn eines Bauern

Jugendzeit in Zimmern

Spaichingen im Mai. Ein kalter Wind wispert herunter vom Dreifaltigkeitsberg. Eine schwarze Limousine hält vor einem schlichten Eigenheim, das sich nicht auflehnt gegen die umgebenden Häuser. Es ist 6.32 Uhr. Der sechste Ministerpräsident des Landes Baden-Württemberg ist pünktlich auf die Minute. Er liebt diese Tage, an denen er frühmorgens im Zug nach Stuttgart den Aktenberg abtragen kann, der sich auswächst, wenn man dem Geschäft nicht gewachsen ist. Die Limousine fährt ihn hinunter zum Bahnhof. Der Premier wartet am Bahnsteig mit einem Sicherheitsbeamten auf den Zug, der von Konstanz kommt.
Um 6.47 Uhr verläßt Erwin Teufel die Stadt.

Das alte Bauernhaus in Zimmern ob Rottweil liegt im Dunstkreis des heiligen Bergs, der steil aus der Ebene aufragt. 983 Meter über dem Meeresspiegel gibt es ein rostiges Fernrohr. Man hat von hier oben die Schwarzwaldhöhen im Blick, den Feldberg und die Hornisgrinde. Bei gutem Wetter sieht man die Jungfrau und schwach umrissen auch den Fernsehturm in Degerloch. Aber die meisten Menschen, die an diesen Ort der Wallfahrt kommen, wollen noch weiter sehen, wenn sie vor dem Hochaltar der Dreifaltigkeitsbergkirche ihre Augen schließen.

Früher begnügten sich die Pilger mit einer Steinkapelle, welche der Bischof von Konstanz 1415 geweiht und nach der Heiligen Dreieinigkeit benannt hat. Die eigentliche Geburtsstunde der Wallfahrt liegt weiter zurück. Es ist eine hübsche Geschichte aus dem 13. Jahrhundert, als der Weitsicht verheißende Ort noch Baldenberg hieß. Ein verzweifelter Hirte habe seine versprengte Herde gesucht, heißt es. Als er sie auf den Waldeshöhen entdeckte, soll er aus Dankbarkeit gelobt haben, ein Bildnis der Heiligen Dreifaltigkeit zu schnitzen. Der Hirtenbub machte sich mit seinem Messer ans Werk, da entdeckte er in einem Baumstamm verborgen ein bereits geschnitztes Relief. Das doppelte Wunder behielt der Hirte nicht für sich. Wenig später wanderten die ersten Wallfahrer hinauf zum Baldenberg, der auf seine alten Tage noch zu besonderen Weihen gekommen ist.

Josef Teufel kann diesen Berg vom Fenster aus sehen. Sein Hof liegt auf einer Anhöhe am Rande von Zimmern. Hier beginnt der junge Bauer sein Lebenswerk mit seiner Frau Julie. Sie stammt aus dem benachbarten Hausen ob Rottweil und ist die jüngste Tochter der Bauersleute Marie und Johannes Merkle. Sie ist eine kluge Frau. Schon dem Schulrat in Hausen waren ihre Fähigkeiten nicht verborgen geblieben. Er wollte Julie ins Gymnasium schicken, aber das war damals nicht üblich. Der alte Bauer hat es abgelehnt. Und was braucht man das Gymnasium, wenn man später bei den Kühen im Stall steht?

Julie Merkle hat es hingenommen und ihre Talente hinübergerettet in das Leben an der Seite von Josef Teufel. Ihm schenkt sie am 4. September 1939 einen Sohn. Die Mutter entbindet im benachbarten Rottweil. Die junge Bäuerin, die sich keinen Urlaub und auch keine Verschnaufpause leisten kann, fährt gerne in die Reichsstadt, die der Reformation widerstanden hat. Rottweil war mehr als 300 Jahre lang ein „zugewandter Ort“, also Bündnispartner der Schweizerischen Eidgenossenschaft, und fiel erst 1802 an Württemberg. Diese Sonderstellung innerhalb Schwabens hat nicht nur die Bürger Rottweils, sondern auch die Bauern seines Herrschaftsbereichs geprägt.

Als Erwin Teufel geboren wird, geht es nicht um Württemberg, sondern um die Weltmacht und um Hitler, der in Polen einmarschiert ist. Die Welt wehrt sich. Wenige Stunden vor der Niederkunft ist Deutschland von England und Frankreich der Krieg erklärt worden. „Die Freude über die Geburt des ersten Kindes war getrübt durch die ungewisse Zukunft, die vor uns lag", notiert Josef Teufel später in einer Familienchronik.

Sein erster Sohn wird in eine Welt hineingeboren, die von Stallgeruch umweht ist. Zimmern zählt in jener Zeit 1200 Einwohner, die meisten davon leben von der Landwirtschaft. Nach dem Flecken, der auf einer Hochfläche zwischen den Tälern des Neckars und der Eschach liegt, streckt die nahegelegene Kreisstadt Rottweil ihre Fühler aus. Die neuen Siedlungen stoßen an die Markungsgrenze der Dörfler, die wenig ausrichten können gegen die Verstädterung ihrer Landschaft. Die vom alten Schlag sind, hängen an der Scholle und bestellen die Äcker aus eigener Kraft. Frauen und Kinder nehmen sie mit hinaus aufs Feld, klauben die Kartoffeln aus dem Acker mit bloßen Händen, die wie Reibeisen sind. Auf den Lehmböden bauen sie Dinkel an, Raps und Hafer. Holzkreuze säumen die Wege in Feld und Flur. Es sind Wegweiser in die Ewigkeit. Die Bauern von Zimmern wissen um ihre Abhängigkeit von den Launen der Natur. Sie bitten Gott um den Wettersegen und danken ihm für Obstbäume, die in guten Jahren pratzelvoll hängen mit Junkersbirnen, Lederäpfeln und Zwetschgen. Wer sonntags hinaus muß auf die Felder, weil das Wetter die Woche über schlecht war, tut es nicht ohne den Pfarrer von Sankt Konrad zu fragen. Gibt er seinen Segen, dürfen die Ackergäule auch mal am Tag des Herrn eingespannt werden, jedoch nicht vor der Messe.

All das hat eine lange Tradition. Das Dorf ist wahrscheinlich mehr als tausend Jahre alt und geht auf die Grafen von Zimmern zurück. Aber herrschaftlich ist nichts mehr in Zimmern, als sich der Bauernsohn Josef Teufel anschickt, eine Familie zu gründen. Die Zeiten sind schlecht. 1933 gibt es im Dorf 22 Pferde, 2944 Hühner, 105 Bienenstöcke, 592 Rindviecher, 60 arbeitslose Männer und 95 Wähler, die bei der Reichstagswahl ihr Kreuz hinter den Nationalsozialisten gemacht haben. Deutlich mehr, nämlich 371, wählten die Zentrumspartei.

Mehr als an die Nationalsozialisten glauben die Menschen an Gott, den heiligen Vater. Der Ortschronist Albert Mager bescheinigt den Dorfbewohnern, sie seien „gottverbundener und eigenständiger" als die Städter in Rottweil. Im Jahr 1937 gibt es für Mager nichts Außergewöhnliches zu vermerken. 71 Familien sind „an den Rundfunk angeschlossen", 121 beziehen das Katholische Sonntagsblatt, und 25 lesen den Schwarzwälder Boten. Die stärkste Zeitung am Ort ist der Schwarzwälder Volksfreund aus Rottweil, den auch der Bauernsohn Josef Teufel bezieht. Vielleicht hat er diesem Blatt entnommen, daß in Zimmern das landwirtschaftliche Anwesen von Karl und Agnes Rosenberger zum Verkauf steht. Sie sind kinderlos geblieben und wollen sich deshalb von ihrem Hof trennen. Wie auch immer diese Nachricht zu ihm gelangt ist: Josef Teufel ist sie nicht gleichgültig. Er hat auf eine solche Gelegenheit gewartet und entschließt sich, das Anwesen für 21 000 Reichsmark zu kaufen. Zum Hof gehören 21 Morgen Land, das sind nicht einmal fünfeinhalb Hektar. Zu wenig, um eine Familie durch die kalten Winter zu bringen. Aber es ist ein Anfang. Der junge Bauer und seine Frau Julie sind froh

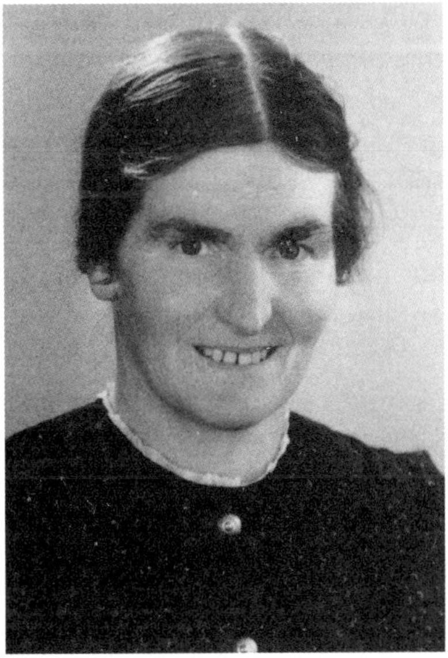

Julie und Josef Teufel können sich auf dem Hof keine Verschnaufpause gönnen.

über die Wiesen und Äcker, die sich hinter ihrem Hof hinüber zum Eichwäldle erstrecken.

Josef Teufel ist Landwirt mit Leib und Seele. Er entstammt einem Bauerngeschlecht aus Gunningen im Kreis Tuttlingen, das seit Generationen in Zimmern lebt. Man schätzt die Familie. Der Großvater Kaspar Teufel hat den mit 15 Hektar größten Hof in Zimmern bewirtschaftet. Wie es in alten Kirchenbüchern heißt, hatte die Familie in früheren Zeiten noch mehr Land: „Der Hof war ursprünglich ein Rottenmünsterlehen und hielt nach dem Grundbuch von 1732 rund 40 Hektar Feld und Wald."

Im Stammbaum, der bis in das 17. Jahrhundert zurückreicht, finden sich ein Stadtschultheiß aus Rottweil namens Max Teufel und auch ein Pfarrer. Der Geistliche mußte in der Erzdiözese Freiburg den Namen der Mutter annehmen, weil der Erzbischof keinen Teufel weihen wollte. Besagter Teufel hieß Josef und wurde als das erste von elf Kindern des Bauern Maximilian Teufel und seiner Ehefrau Maria Mager am 11. März 1863 geboren. Über ihn heißt es in den alten Kirchenbüchern: „Erzbischof Roos aus Freiburg, der darauf bestand, daß er den Geschlechtsnamen seiner Mutter, Mager, annehme, erteilte ihm am 12. Juli 1888 die heilige Priesterweihe. Am 15. Juli 1888 feierte er seine erste heilige Messe. Das ganze Dorf war festlich geziert und prangte in reichem Flaggenschmuck. Sieben Triumphbogen waren im Ort errichtet worden. Es war ein prunkvolles Fest und eine echte Bauernprimiz, wie sie selten in Zimmern gefeiert wurde."

Julie Teufel hätte sich dergleichen für ihren Erwin auch vorstellen können. Die gottesfürchtige Bäuerin aus Zimmern spricht es im Kreise der Familie manchmal an. Ein bestimmendes Thema ist es nicht. Ihr ältester Sohn wäre dann der Pfarrer Merkle geworden. Aber letztlich ist es leeres Stroh gedroschen. Denn Erwin Teufel will weder Pfarrer noch Bauer werden. Wenn überhaupt sich ein Leben nach den Urvätern deuten läßt, dann hat in den Genen des Buben wohl eher der Stadtschultheiß von Rottweil seine Widerhaken gesetzt.

Die Freiheit in der Entscheidung ist nicht selbstverständlich, wenn man bedenkt, daß Erwin Teufel in einer bäuerlichen Gesellschaft aufwächst, in der man sich gemeinhin festgefügten Regeln beugt und sein Leben nach einem ungeschriebenen Gesetz ausrichtet, welches den Ältesten zum Hoferben bestimmt. Mit den Äckern werden häufig auch die Wertvorstellungen an die nächste Generation übertragen. Man hat sich in Gottes Namen zu fügen.

Wer diese natürliche Erbfolge durchbrechen will, muß schon gute Gründe haben. Manchmal sind höhere Mächte am Werk wie bei Erwin Teufels Urgroßvater Maximilian: Sein erster Sohn strebt das Pfarramt an. Diesem Umstand verdankt es der jüngere Bruder Kaspar, daß ihm der elterliche Hof zufällt. Er ist ein fortschrittsgläubiger Bauer und schafft bereits 1924 den ersten Getreideableger in Zimmern an. Aus der Ehe von Kaspar Teufel und Sophie Aigeldinger gehen vier Kinder hervor. Der Älteste namens Franz Teufel bekommt später den Hof, wie es Brauch ist. Sein jüngerer Bruder Josef muß sich selbst einen Betrieb aufbauen. Und das hat Folgen – auch für dessen Familie.

Josef und Julie Teufel arbeiten schwer und geben jede Reichsmark für neues Pachtland aus, um den Hof zu vergrößern und ihn langfristig in seiner Existenz zu sichern. In der nächsten Generation wird der Betrieb bereits mehr als 50 Hektar groß sein. Davon sind die Gründer anfangs weit entfernt. Sieben Rinder, zwei Pferde und zwei Schweine haben sie beim Kauf des Anwesens übernommen. Die Kinder müssen mit hinaus aufs Feld. Kinder sind ein Segen. Und Gott hält sein Füllhorn großzügig über die junge Familie.

Der kleine Erwin hat die Zuwendung seiner schwer arbeitenden Eltern zunächst für sich allein. Kein Bruder und keine Schwester kann diesen Vorsprung jemals aufholen. Es ist eine Urnische in der bäuerlichen Familie, die er sich nicht erst erobern muß. Der Platz in der Geschwisterreihe prägt ihn für sein Leben.

Anderthalb Jahre nach Erwin Teufel kommt am 11. März 1941 der Bruder Albert zur Welt. Die Buben teilen sich ein Zimmer. Es ist nicht ihre einzige Gemeinsamkeit, aber das zeigt sich erst später. Auf Albert folgt am 23. Juli 1942 die Schwester Irmgard. Das erste Mädchen in der Familie wird gefeiert, auch wenn die weltpolitische Großwetterlage nichts Gutes verheißt. Die Zeit ist geprägt von der Angst, daß der Vater Josef in den Krieg ziehen, seine Familie und mit ihr die Arbeit auf dem Hof zurücklassen muß. Am Karfreitag 1944 wird es mit dem Stellungsbefehl für Josef und Julie Teufel zur traurigen Gewißheit: Der Bauer muß in den Krieg. Nach Ostern hat er sich in Ulm zu melden, zwei Wochen später geht es nach Tschenstochau in Polen.

Erwin Teufel ist viereinhalb Jahre alt, als der Vater in eine ungewisse Zukunft aufbricht. Sie haben noch ein Foto gemacht, bevor Josef Teufel gegangen ist. Man kann nie wissen. Es zeigt einen hochgewachsenen Mann mit einem gütigen Blick, der seine Arme schützend ausbreitet über seiner Frau und den drei Kindern. Julie Teufel hat die kleine Irmgard auf dem Schoß, und der Gesichtsausdruck der Kinder läßt ahnen, daß sie sich fürchten vor dem, was kommen kann. Der Vater hat eine Hand auf die Schulter seines ältesten Sohns gelegt. Vielleicht hat Erwin Teufel gespürt, wie sehr der Raum mit Angst gefüllt ist. Seine Miene deutet es an. Mehr noch leidet die Mutter. In einem Gedicht schreibt Julie Teufel später in einfachen, aber eindrücklichen Worten, was sie empfunden hat in dieser schwierigen Zeit:

„Schon die Freude über Erwins Ankunft war mit
Wehmut getränkt,
die ganze Welt hatte über Deutschland Rache verhängt.
In ständiger Sorge um Heimat und alle Lieben,
in Angst um den Stellungsbefehl,
ist Papa uns bis 1944 geblieben,
o der Abschied fiel uns schwer.
Der zweite Sohn war angekommen,
das Mädchen kam auch dazu,
die schönsten Jahre sind in bitterer Sorge zerronnen,
die Kriegszeit hinterließ des Leidens Spur."

Man muß nicht dabei gewesen sein, um ermessen zu können, was es für die 29jährige Bäuerin und dreifache Mutter bedeutet hat, auf sich alleine gestellt zu sein und in Zimmern auf Nachrichten zu warten, die meistens schlecht waren in jenen Tagen. Immer mehr Witwen trauern um ihre Männer, die für das größenwahnsinnig regierte Vaterland ihr Leben verloren. In Zimmern gibt es eine Familie mit sechs Söhnen, von denen drei im Krieg gefallen sind. Die Nachbarn leiden still mit den Hinterbliebenen, und die kluge Julie Teufel mag sich ihren Teil über den Zeitgeist und mehr noch über das Kapitel in der 1937 erschienenen Ortschronik gedacht haben, welches den Nationalsozialisten gewidmet war:

„Bewunderns- und nachahmenswert ist die Hingabe und Opferbereitschaft der hiesigen Parteigenossen im Dienste des Führers. Ich erinnere an die Haus- und Straßensammlungen, deren Ergebnisse an Geld und Naturalien immer gut ausgefallen sind. Auch die Wahlen, wo 97 Prozent ihr Ja dem Führer in die Urne legten, brachten viel Arbeit. Ich erinnere an den Tag des Deutschen Arbeiters und des Deutschen Bauern, wo jung und alt sich um gutes Gelingen mühten. Viele Kameradschafts-, Sprech- und Schulungsabende wurden abgehalten und durch Vorträge und Lichtbilder das Werk unseres Führers aufgezeigt, um die gesamte Einwohnerschaft für die Idee Adolf Hitlers zu gewinnen."

Die Folgen dieser „Idee" haben die Dorfbewohner durchaus vor Augen. Unweit von Zimmern gibt es ein Lager mit Fahrzeughallen, in dem auch russische Gefangene untergebracht sind. Manchmal gehen die Bauern auf die Stettener Höhe und werfen den Russen Brot und Äpfel über den Zaun, was nicht selten heftige Schlägereien unter den entkräfteten Gefangenen auslöst, die wegen eines Stücks Brot übereinander herfallen.

Josef Teufel ist kein Mensch, der politische Furchen zieht. Er hält sich raus. Der Familienvater macht seine Arbeit. Er leistet weder Widerstand noch unterstützt er die Herrschenden. Als Bauer ist Josef Teufel zunächst vom Kriegsdienst befreit. Auf die Frage, ob er der NSDAP angehörte, hat er gegenüber seinem Sohn Erwin lange nach dem Krieg mit einem klaren Nein geantwortet. Dabei fügte der alte Bauer jedoch hinzu, daß es für ihn auch wesentlich leichter gewesen sei, aus dem langen Schatten von Hitlers Schergen zu treten, als für den Lehrer im Dorf.

Anfang der vierziger Jahre entgeht den spitzen Ohren der flächendeckend postierten Posten nichts, und auch die Leisen werden gehört. Nur so ist es zu erklären, daß Josef Teufel an Ostern 1944 mit 35 Jahren noch zur Grundausbildung einrücken muß. Vielleicht wäre alles anders gekommen, wenn er einen Fürsprecher in der Partei gehabt hätte. Aber er hatte keinen. Im Gegenteil.

Josef und Julie Teufel mit den Kindern Erwin, Albert und Irmgard (von rechts). Als der Vater 1944 in den Krieg muß, läßt die junge Familie ein Foto machen. Man kann nie wissen.

Seine Frau Julie besucht ihn 1944 bei der Grundausbildung in Ulm mit dem ältesten Sohn ein letztes Mal vor der Fahrt in den Osten, von der viele nicht zurückkehren. Es gehört zu den ältesten Kindheitserinnerungen von Erwin Teufel, daß ihn die Mutter an jenem Sonntag in Ulm wegen eines Luftangriffs in einen schützenden Keller getragen hat und der Zug erst mit großer Verspätung aus Ulm zurückfahren konnte, weil die Bomberstaffeln über dem Bahnhof kreisten.

Erwin Teufel erlebt den Krieg nicht bewußt. Aber er bemerkt den Kummer der Mutter, sieht die Not auf dem Hof und zittert wie die anderen Kinder, wenn sie aus dem Bett gerissen, in eine Decke gewickelt und wegen des Fliegeralarms in den Keller getragen werden. Vor allem aber vermißt er den Vater, der in Polen das blutgetränkte Feld des Führers bestellt statt sein eigenes in Zimmern.

Um Weichnachten 1944 wird Josef Teufel an die holländische Grenze verlegt. Nach Kriegsende kommt der spät zum Militär berufene Bauer unweit von Cuxhaven in englische Kriegsgefangenschaft. Im September 1945, wenige Tage vor dem sechsten Geburtstag seines Erstgeborenen, kehrt er zu Fuß nach Zimmern zurück. Seine junge Frau Julie faßt ihre unendliche Freude in ein Gedicht:

„Der 2. September 1945 gab mir den Ehemann
Und den Kindern den Vater zurück.
Das Gebet der Kinder drang durch die Wolken,
Gott hat endlich den Frieden,
und uns nochmals bescheidenes Glück geschickt."

Deutschland liegt am Boden, und die glücklich vereinigte Familie macht sich in Zimmern an die Arbeit. Die Währungsreform schadet ihr nicht, weil es ihr eigentlich immer an Barem gefehlt hat. Wenn Geld übrig war, hat es der Vater sofort wieder ausgegeben und den Hof ausgebaut, damit er eine Zukunft hat.

Es ist Friede, aber die Zeiten sind schlecht. Zimmern untersteht der französischen Besatzungsmacht. Manchmal sind nachts Frauen zu hören, die um Hilfe schreien. Dem Buben brennt es sich ins Gedächtnis ein. Es bleiben ihm viele Eindrücke. Er hört dem Vater zu, wenn er über die Soldaten redet, die mit ihm gekämpft haben. Er verfolgt die Schulspeisungen, von denen Bauernkinder ausgeschlossen sind, weil sie zu Hause genug haben. Und er nimmt durchaus wahr, wie der Krieg die Menschen verändert. Ein Nachbar in Zimmern mauert seine Fenster im Erdgeschoß zu und erklärt die Wohnräume zum Keller. Er tut es, um keine Flüchtlingsfamilien aufnehmen zu müssen. Erwin Teufel begegnet auch Soldaten, die in französische Gefangenenlager transportiert werden, und er sieht alemannische Bauern, die ihnen aus Mitleid selbstgebackenes Brot auf die Lastwagen werfen.

Das alles läßt in dem Heranwachsenden die Erkenntnis reifen, daß die Welt ohne Bodenhaftung leicht aus den Fugen gerät. Nicht von ungefähr wird er später in seinen Reden immer wieder den Philosophen Karl Popper zitieren, der sagt, was für den Bauernsohn traurige Gewißheit ist:

„Der Versuch, den Himmel auf Erden zu verwirklichen,
produziert stets die Hölle.“

Im Herbst 1945 kommt der Junge in die erste Klasse. Es fehlt in seiner Volksschule in Zimmern am Nötigsten. Die Kinder lernen das Schreiben auf einer Schiefertafel, die nicht größer ist als eine Postkarte. Wenn Erwin Teufel ein Fehler unterläuft, was selten passiert, weil er zu den Besten in seiner Klasse gehört, empfindet er das Kratzen des Stifts auf der Tafel als stechenden Schmerz in den Ohren. Er vergißt dieses Geräusch nicht mehr. Der gelehrige Schüler hört es auch später, wenn er die Hausaufgaben seiner Geschwister kontrolliert, die längst auf Papier schreiben. Fehler können weh tun, wenn sie vermeidbar erscheinen. Erwin Teufel haßt Fehler.

Man kann sich den großen Bruder vorstellen, wie er sich mit den Geschwistern über deren Schulaufgaben beugt und seine Beine ungeduldig bewegt, als wolle er mit den Knien aufmunternd klatschen. Solche Regungen zeigt er auch später, wenn er aufgewühlt ist, wenn es ihn umtreibt, wenn er sich ärgert und sein Temperament zügeln muß.

Nach der Schule verbringt Erwin Teufel viel Zeit auf den Äckern. Alle arbeiten mit. Das geschundene Land kann sich nicht mehr ernähren, und die heimischen Bauern sind sehr gefragt. Sie verkaufen alles, was sie ernten. Die Kundschaft ist nicht wählerisch, sondern hungrig. Es geht aufwärts mit dem kleinen Hof. Julie Teufel sieht ihre Gebete erhöht und dankt dem Schöpfer für seine Gnade.

„Halt ein, oh Herr, dem Wetter gebiete,
es woget das Erntefeld.
Ehrfurchtsvoll verhalte ich die Schritte,
es ist, als ob der Herrgott ging durchs Ährenfeld.“

Am 6. Juli 1946 bekommt Julie Teufel wieder Nachwuchs. Sie weiß nicht, daß sie zwei Kinder unter ihrem Herzen trägt und hat sie bereits zur Welt gebracht, als die Hebamme kommt. Die Zwillinge Gerold und Hermann-Josef erkranken nach der Geburt schwer an Masern. Weil die Mutter auf dem Hof und im Stall unabkömmlich ist, schickt sie ihren Ältesten zur Apotheke nach Rottweil. Die medizinische Versorgung ist schlecht. Es gibt nur Tagesra-

Nach dem Krieg wächst die Zuversicht und auch die Familie auf dem Hof in Zimmern ob Rottweil.
Erwin Teufel (links) hat als großer Bruder alles im Griff.

tionen von Penicillin. Der kleine Erwin holt es für die schwerkranken Brüder. Er ist sechs Jahre alt und trägt die Medizin in einem Täschchen nach Hause. Und er trägt notgedrungen auch bereits Verantwortung für die Familie. Er nimmt diese Rolle an. Annehmen, das ist ein wichtiges Wort. Es sollte für ihn zum Schlüsselbegriff werden.

Dem kleinen Hermann-Josef können auch die Botengänge des großen Bruders nicht helfen. Im Alter von vier Monaten stirbt das Kind an den Folgen einer Lungenentzündung. Der Zwilling Gerold wird später sagen, daß er sein Leben nicht zuletzt seinem Bruder Erwin verdankt, der ihm das rettende Penicillin gebracht hat.

Am 5. August 1948 kommt neues Leben ins Bauernhaus: Die zweite Tochter wird geboren, sie heißt Rosa. Zwei Jahre später, am 26. Juli 1950 folgt Bruno. Am 12. August 1953 wird Konrad geboren. Im Alter von 41 Jahren bringt die Mutter schließlich ihr letztes Kind zur Welt. Der Sohn heißt Kurt.

Es ist eine unglaubliche Lebensleistung, die Julie Teufel vollbringt. Sie packt in der Landwirtschaft an und schenkt neun Kindern das Leben. Obwohl es nicht üppig zugeht im Haus und Bargeld knapp ist, herrscht keine Armut in der Familie. Die Kinder können sich sehen lassen, wenn sie sonntags in die Kirche gehen. Dafür sorgt die Mutter. Es ist immer was los auf dem Hof, den auch viele Kinder aus der Nachbarschaft beleben. Aber der Horizont ist begrenzt, viel weiter als bis zum Ulmer Münster reicht er nicht. Den ersten Fernseher wird der Junge vom Lande 1952 auf der Südwest-Messe in Villingen-Schwenningen bewundern.

Für Reisen bleibt keine Zeit. Julie Teufel zehrt sich im bäuerlichen Leben auf. Unterstützt wird sie von einer Haushaltshilfe namens Fanny, die ihr ein wenig zur Hand geht, was aber nichts daran ändert, daß sich die Bäuerin so sehr in den Dienst ihrer Familie und der Landwirtschaft stellt, daß sie selbst auf der Strecke bleibt. Sie bügelt und putzt, sie schneidet in der Erntezeit frühmorgens die Brötchen auf und packt die Wurst in nasse Handtücher, die Tupperschüsseln der Landbevölkerung, weil die Zeit zu kostbar ist, um über Mittag nach Hause zu fahren. Sie arbeitet körperlich hart, weil es in der Landwirtschaft noch kaum Maschinen gibt. Sie kümmert sich federführend um die Finanzen des Hofs und macht „das Schriftliche". Urlaub gibt es nicht, schon wegen der Kühe im Stall.

Selbst am Sonntag findet Julie Teufel keine Ruhe. Morgens geht es zum Gottesdienst, dann wird gekocht, mittags die Wäsche für die Familie gebügelt, zwischendurch werden Socken gestopft, dann geht es abends in den Stall. Nebenbei schreibt sie Gedichte, aber auch Schulaufsätze für ihren Sohn, die so gut sind, daß Erwin Teufel für alle einen Einser bekommt und 1950 sogar einige der Stücke im Radio vortragen darf. Auch Josef Teufel, der ein lebensfreudiger Mensch ist, schont sich nicht. Nur sonntags genehmigt er sich gelegentlich einen Besuch auf dem Sportplatz und einen Dämmerschoppen in der benachbarten Gaststätte. Seine Söhne Erwin und Albert unterweist er in der Kunst des Kartenspiels. Sonntags nach dem Gottesdienst klopfen sie einen Skat, bis die Mutter an den Mittagstisch ruft.

Julie Teufel, die manchmal ein bißchen ernst wirkt, freut sich an ihrem ältesten Sohn, der bereits nach der dritten Grundschulklasse aufs Gymnasium drängt. Auch sein Lehrer empfiehlt, den gelehrigen Bauernsohn, der beste Noten erzielt, gleich nach Rottweil auf die weiterführende Schule zu schicken. Aber die Mutter läßt ihn erst nach der vierten Klasse. Ein Supergscheitle soll der Bub auch nicht werden.

Erwin Teufel ist der einzige aus seinem Jahrgang und in seiner Familie, der aufs Gymnasium kommt. Das ist nicht weiter verwunderlich, wenn man bedenkt, daß damals noch Schulgeld gezahlt werden mußte. Für gewöhnlich sind die Kinder deshalb weiter im Dorf unterrichtet worden. Die wenigen Eltern, die sich in dieser Zeit anders entschieden und ihre Kinder nach Rottweil geschickt haben, taten es nicht selten in der Erwartung, daß sie der Herr unter seine Fittiche nehmen und zu seinen Hirten machen würde. Daß sich auch Julie Teufel diesen Weg für ihren Sohn hätte vorstellen können, hat sie ihm, wie er heute sagt, nicht verraten.

Ihr selbst ist nur wenig Muse für Bildung und Bücher geschenkt. Eines Tages, wenn sie alt und der Hof in guten Händen ist, will sie alles nachholen und endlich lesen. Manchmal hat sie abends am Sonntag noch zwei Stunden für ein gutes Buch, das ihr den Horizont weitet. Das bäuerliche Leben hat ihre Leidenschaft untergepflügt. Sie vererbt diese Leidenschaft an ihren ältesten Sohn, aber auch die Erkenntnis, daß man sich anstrengen muß, jeden Tag, den einem der Herrgott schenkt. Sie nimmt ihn bewußt in die Pflicht für seine jüngeren Geschwister. Er lernt mit ihnen und besucht kranke Geschwister im Hospital, weil die Eltern unter der Woche keine Zeit haben. Er leitet sie an.

Das haben ihm die Geschwister bis heute nicht vergessen. Zu seinem 50. Geburtstag schreibt Konrad Teufel in einem Liedtext über den großen Bruder:

„Kam er auf Besuch, war die Freude groß,
im ganzen Haus war der Teufel los.
Die Fanny rief: der Erwin fährt vor
Waschet den Hals und kämmet die Haar.
Und wenn es dann noch Zeugnis gab
und Erwin kritisch danach sah
saßen Bruno und ich in jedem Fall
vor Angst den Tag im Hennenstall“

Im Rückblick läßt sich bei Erwin Teufel eines mit Gewißheit sagen: Der Platz in der Geschwisterreihe hat seine Persönlichkeit ungemein geprägt. Schon in der Kindheit ist er in die Mitverantwortung hineingewachsen und zur Führungskraft gereift. Er wirkte selbstsicher und wußte sich zu helfen. Wenn seine Brüder und Schwestern schlechte Noten nach Hause gebracht haben, dann sorgten sie sich weniger um die Reaktion ihrer Eltern als vielmehr um Erwins Tadel. Er ist für seine Geschwister, die allesamt im Leben stehen, immer eine Leitfigur gewesen. Auch wenn Typisierungen gemeinhin ihre Tücken haben, weil die Vielfalt der menschlichen Eigenschaften keine Grenzen kennt, so fällt doch auf, daß dieses Merkmal in den Biografien politischer Köpfe häufiger anzutreffen ist. Erwin Teufel hat mit Bill Clinton, Winston Churchill und Boris Jelzin eines gemein: Sie alle sind Erstgeborene.

Frühe Prägungen

Von Kolping zur Jungen Union

Der Ministerpräsident sitzt allein im Erste-Klasse-Abteil, das nicht für ihn reserviert ist. Die ersten zehn Minuten der Fahrt hat er den Zeitungen gewidmet. Der Zug hält in Rottweil. Es ist die Stadt, in der seine Sekretärin lebt. Fräulein Troje, wie er sie nennt, ist 61 Jahre alt. Die meisten davon arbeitet sie für Erwin Teufel. Er hat sie 1970 vom Landratsamt in Rottweil abgeworben. Die Sekretärin hat sich beim Skifahren verletzt und trägt den rechten Arm in Gips, was sie nicht davon abhält, zu stenographieren. Der Regierungschef legt die Zeitungen zur Seite und eine dicke Mappe auf seinen Schoß. Es beginnt das morgendliche Ritual des Briefediktierens. Er ist schnell und braucht kein Archiv. Dreimal in der Woche fahren sie zusammen nach Stuttgart. Das sind vier Stunden für Post und Terminwünsche, die weit in die Zukunft reichen. Fräulein Troje notiert alles. Sie führt auch eine Liste mit Büchern, die ihr Chef lesen will.

An sein erstes Buch kann sich Erwin Teufel noch erinnern, als hätte er es erst gestern gelesen. Es handelt von einem Piloten, der mit seiner Maschine abstürzt und in der ägyptischen Wüste um sein Leben kämpft, das zu Verdunsten droht. Es ist ein Buch, das dem Menschen wieder Sinn geben soll. Der Pilot, der ein Moralist ist, sagt:

„Eine Berufung ist sicher von grundlegender Bedeutung. Manche Leute bleiben für ihr Leben in ihren Geschäften stecken, andere aber gehen mit untrüglicher Sicherheit einen Weg in ganz bestimmter Richtung. In ihrer Jugend finden wir sicher im Keim die Triebe, die ihr Schicksal erklären."

Es sind solche Sätze, die Erwin Teufel in „Wind, Sand und Sterne" von Antoine de Saint-Exupéry faszinieren. Der Schüler liest bis tief in die Nacht. Aber der junge Bücherfreund beläßt es nicht allein beim Lesen. Er seziert die Literatur und kann ganze Passagen auswendig. Er liebt das Buch, weil es dafür sorgt, daß es keine Provinz mehr gibt.

Seine Mutter versorgt ihn mit Lesestoff von einem Buchhändler in Rottweil. Julie Teufel findet an kalten Wintertagen die Zeit, sich über Neuerscheinungen im günstigen Taschenbuchformat beraten zu lassen. Sie ist es auch, die Erwin Teufel sein vielleicht wichtigstes Buch unter den Weihnachtsbaum legt. Es handelt vom Widerstand gegen das Regime des Hakenkreuzes. Zusammengefaßt sind Tagebuchauszüge, Gedichte und Abschiedsbriefe von Menschen, die sich gegen den Terror gestemmt haben. Sie werden verurteilt und von den Machthabern des Dritten Reichs in den Tod geschickt. Es sind Gelehrte darunter, auch Bauern und Schüler wie Hanno Günther, der antifaschistische Literatur verfaßt hat. Einen Tag vor seiner Hinrichtung schrieb der 21jährige Widerständler an seine Mutter:

„Bei unverdorbenen Völkern herrscht der schöne Glaube, daß man nach seinem Tode in den Schoß der Mutter zurückkehrt. Dies habe ich, wenn auch im übertragenen Sinne, zu meinem Glauben gemacht. Denn sieh, wenn es eine überirdische Macht gibt, so sind wir doch alle nur Ausdrucksformen Gottes. Mit unserem Tode vereinigen wir uns wieder mit dem Ursprung, der eine früher, der andere später. So sind auch wir von nun ab wieder unzertrennbar vereint. Wir haben hier alle auf Erden eine Aufgabe zu erfüllen, und meine Aufgabe ist nun erfüllt. Ich komme zu Dir zurück."

Wenig treibt Erwin Teufel in jungen Jahren stärker um als der Widerstand im Dritten Reich, mit dem er sich auseinandersetzt, lange bevor er den Strukturen des Terrors auf den Grund geht. Mit keinem anderen Thema beschäftigt er sich intensiver und länger. Das Buch mit den Briefen der Widerständler löst beim jungen Teufel eine Suche nach Zeugnissen von Menschen aus, die sich dem System verweigert, die nicht mitgemacht und ihr Leben für den Widerstand gegeben haben. Der Heranwachsende liest Gedichte und Texte des evangelischen Theologen Dietrich Bonhoeffer und prägt sich seine Worte so tief ein, daß er sie auch nach Jahrzehnten noch mühelos wiedergeben kann. Er liest über den Generalstabsoffizier Claus Schenk Graf von Stauffenberg, dessen Sprengsatz am 20. Juli 1944 in Hitlers ostpreußischem Hauptquartier Wolfsschanze ihr Ziel verfehlt und der noch am Abend desselben Tages in Berlin erschossen worden ist.

Kaum erscheint das Tagebuch der Anne Frank, setzt sich der Bauernsohn in Zimmern nach Schule und Feldarbeit mit dem Leben des jüdischen Mädchens auseinander, das kaum älter ist als er selbst. Anne Frank starb im Konzentrationslager Bergen-Belsen in der Lüneburger Heide. Es bleiben die Einträge in ihrem Tagebuch:

„Ich glaube nicht, daß der Krieg nur von den Großen, von den Regierenden und Kapitalisten gemacht wird. Nein, der kleine Mann ist ebenso dafür. Sonst hätten sich die Völker doch längst dagegen erhoben! Im Menschen ist nun mal der Drang zur Vernichtung, ein Drang zum Totschlagen, zum Morden und Wüten, und solange die ganze Menschheit, ohne Ausnahme, keine Metamorphose durchläuft, wird Krieg wüten, wird alles, was gebaut, gepflegt und gewachsen ist, wieder abgeschnitten und vernichtet, und dann fängt es wieder von vorn an."

Wer Erwin Teufel vor Augen hat, wie er in seinem unbeheizten Zimmer unterm Dach des alten Bauernhauses an Winterabenden in den Sog der Bücher über den Widerstand gerät, der kann sich vorstellen, wie sehr ihn diese Zeugnisse der noch unvergangenen Vergangenheit prägen. Im späteren Politiker wird manches davon erkennbar. Er selbst wird über sich sagen: „Ich wäre nicht in der Politik ohne die Befassung mit dem Widerstand im Dritten Reich und ohne die Einsicht, daß man sich in einer Demokratie aktiv einsetzen muß, um zu verhindern, daß es wieder so weit kommt."

Die politische Neigung ist beim Schüler Teufel zunächst nicht sonderlich ausgeprägt, was auch damit zu tun hat, daß seine Eltern unpolitisch sind. Mit elf Jahren begeistert er sich wie viele Gleichaltrige leidenschaftlich für den Sport. Der Junge fiebert mit, als die Welt den deutschen Fußball wieder in ihre Arme schließt und am 22. November im nahen Stuttgart das erste Länderspiel gegen die Schweiz angepfiffen wird. Alle Augen richten sich auf das Neckarstadion, das nicht mehr Adolf-Hitler-Kampfbahn heißt und in dem Ottmar Walter aufläuft, dessen Knie in einem Seegefecht schwer beschädigt worden ist. Auch Herbert Burdenski ist im Zug nach Stuttgart gereist. Der Verteidiger von Werder Bremen schießt das Siegtor und Deutschland wieder zurück auf die internationale Fußballbühne.

Es ist ein großer Tag für das Land und auch für den kleinen Teufel, der für sich den Entschluß faßt, sein Geld eines Tages als Sportreporter zu verdienen. Auf dem Bauernhof will er nicht bleiben. Das ist für ihn klar. Mit Begeisterung setzt er sich vors Radio und lauscht den Reportagen von Rudi Michel, dem Mann vom Südwestrundfunk, und von

Harry Valerien, der als junger Moderator beim Bayerischen Rundfunk aufhorchen läßt.

Draußen auf dem Hof kicken die Buben mit ihrem ersten Lederball, der so wertvoll ist, daß sie ihn mit Schuhfett konservieren. Nebenbei versucht sich Erwin Teufel mit seinem Bruder Albert im Kunstradfahren, was allerdings mit schmerzlichen Erfahrungen verbunden und deshalb nicht von langer Dauer ist. Es bleibt ihm aber die Liebe zum Sport. Der Knabe sammelt Zeitungsausschnitte und heftet sie in einem Ordner ab. Er fährt von Zimmern aus mit dem Fahrrad nach Zürich zum Leichtathletik-Welttreffen.

Als Helmut Rahn am 4. Juli 1954 Deutschland zum Fußballweltmeister macht, bewundert der Schüler vom Lande den legendären Radioreporter Herbert Zimmermann, der mit überschlagender Stimme die Helden von Bern feiert. „Aus! Aus! Aus! Aus! Das Spiel ist Aus! Deutschland ist Weltmeister, schlägt Ungarn mit 3:2 Toren im Finale in Bern."

Damals zeichnet Erwin Teufel auf einem alten Tonbandgerät selbst Sportreportagen auf und kauft jeden Montag den Kicker. Die Zeitschrift kostet 50 Pfennig, was die Hälfte seines Taschengelds ausmacht. Dafür kann er bald sämtliche Mannschaftsaufstellungen der Spitzenclubs auswendig. Das läßt auf geistige Kapazitäten und auf eine Liebe zum Detail schließen, wenn man bedenkt, daß es nach dem Krieg nicht wie heute eine erste und eine zweite Bundesliga gegeben hat, sondern vier Oberligen und die Fußballfreunde in Berlin.

Aber der Sport sollte nur eine Episode bleiben. Irgendwann kamen im Radio auch spannende Debatten aus dem Deutschen Bundestag, denen der junge Erwin Teufel in der Stube des Elternhauses lauscht. Der Schüler hört die Sozialdemokraten Fritz Erler, Carlo Schmid, Kurt Schumacher

Mit Heiner Geißler gründet Erwin Teufel die Junge Union in Rottweil.

und auf der anderen Seite Kurt Georg Kiesinger und den jungen Abgeordneten Franz Josef Strauß. Bei den Rededuellen fallen zwar keine Tore, aber viele Worte, die einen guten Klang haben. Erwin Teufel hört genau hin. Es geht um Themen wie die Wiederbewaffnung und den Beitritt zur NATO.

Der Sport verliert im gleichen Maß an Reiz für den Gymnasiasten wie die Politik an Faszination gewinnt. In der Schule macht er sich mit der griechischen und römischen Gedankenwelt vertraut und mit dem Dienst des Bürgers an der Polis. Kein Stoff ist ihm zu trocken und kein Buch zu dick. Er beginnt sich verstärkt für politische Zusammenhänge zu interessieren, bewundert den intellektuellen und populären Bundespräsidenten Theodor Heuss von der FDP. Im Alter von 14 Jahren fordert er schriftlich Informationsmaterial an – sowohl von der FDP als auch von der CDU und der SPD. Er läßt es auf sich wirken. Ein Jahr lang dauert es, bis er sich entscheidet.

Nebenbei beginnt sich der Katholik verstärkt in der kirchlichen Jugendarbeit zu engagieren, was auch damit zu tun hat, daß er sich entschlossen hat, das Albertus-Magnus-Gymnasium in Rottweil in absehbarer Zeit mit der Mittleren Reife zu verlassen. Das machen viele. Er möchte in den höheren Verwaltungsdienst und Politik machen im Rathaus. Ratgeber wollen ihn davon abhalten, die Schule aufzugeben, weil sie ihn verloren glauben für höhere Ziele. Einer dieser Ratgeber ist Heiner Geißler, der aus Oberndorf am Neckar stammt. „Keiner konnte ihn von seinem Entschluß abbringen, die Schule zu verlassen“, erinnert sich Geißler, der Sohn eines Oberregierungsrats. „Wahrscheinlich wollte er aus Verantwortung für seine Geschwister möglichst schnell mit der Ausbildung fertig werden. Er stammt ja nicht gerade aus einer betuchten Familie.“

Geißler hat den Bauernsohn über Franz Sauter kennengelernt, einen Freund der Familie Teufel. Die Sauters betreiben eine Gastwirtschaft im nahen Epfendorf. Die Verbindung reicht weit zurück. Josef Teufel hat damals bei seiner Rückkehr aus dem Krieg, als er das letzte Stück seines langen Weges zu Fuß marschierte, noch in Epfendorf eine letzte Rast eingelegt. Mit leerem Magen haben sie den Heimkehrer nicht ziehen lassen. Das verbindet.

Der junge Sauter ist Landwirtschaftsmeister und politisch engagiert. Später vertritt er viele Jahre lang den Wahlkreis im Bundestag. Er kennt auch Robert Gleichauf, den im Sprengel weithin geschätzten Landtagsabgeordneten. Er kommt wie Geißler aus Oberndorf. Der Arbeitersohn war Werkmeister bei der Firma Mauser, dann Betriebsratsvorsitzender und Fraktionsgeschäftsführer der CDU im Stuttgarter Landtag. Der Vater von elf Kindern, „ein Christdemokrat wie aus dem Bilderbuch“ (Manfred Rommel), ist ein Mann, der ein Gespür für politische Talente hat. Erwin Teufel sollte noch davon profitieren.

Zunächst aber füllt ihn die katholische Jugend aus. Sie wird neben der Auseinandersetzung mit dem Widerstand im Dritten Reich für Teufel zu einer Triebfeder, sich zu engagieren. Er leitet in Zimmern die katholische Jugendgemeinschaft und schließt sich der Kolpingfamilie an. Es ist eine Bewegung, die auf den 1813 im niederrheinischen Kerpen als Sohn eines Schäfers geborenen Adolf Kolping zurückgeht. Vom Schuhmacher bringt es Kolping zum Priester und hebt ein nach ihm benanntes Werk aus der Taufe, dessen Ziel es ist, junge Männer zu guten Handwerkern, Familienvätern und Staatsbürgern zu erziehen. Und Erwin Teufel, der das Erziehen gewohnt ist, erzieht mit.

Inzwischen ist er Auszubildender im Staatsdienst und nebenbei Dekanatsführer der katholischen Jugend in Rottweil. Als Vorsitzender des Kreisjugendrings organisiert er Ausflüge, hält Referate und bereitet Gruppenabende vor. Zu einigen Veranstaltungen reisen 200 junge Leute an. Erwin Teufel schärft sein rhetorisches Talent und wird zum Interpreten seiner selbst. Er lernt, daß die Gedanken weiter sein müssen als der Satz, den er spricht. Am Anfang kommt ihm die eigene Stimme seltsam fremd vor. Er gewöhnt sich daran. Und er spürt, daß ihm das seltene Talent gegeben ist, unterschiedliche Positionen zu Kompromissen verschmelzen zu lassen. Es steht nicht in Büchern, wie man das macht. Man muß es ausprobieren. Und Erwin Teufel findet in der katholischen Jugend das Forum, das er braucht, um sich in der Auseinandersetzung mit Andersdenkenden und mehr noch in freier Rede zu schulen.

Manchmal muß er sich zwingen, seine Gedanken vor einem großen Publikum auszubreiten, in dem Menschen sitzen, die in vielen Hörsälen waren. Der Dekanatsjugendführer von einfacher Herkunft überwindet sich in der Gewißheit, daß es Folgen hätte, wenn er kneifen würde. Wahrscheinlich hätte er viele Jahre seines Lebens nicht mehr den Mut, sich vor das Mikrophon zu stellen. Über solche Augenblicke des Zauderns muß man hinweg. Es ist die Zeit, in der er sich seinen argumentativen Setzkasten baut. Von diesem Rüstzeug wird er später profitieren. Anknüpfungspunkte suchen, zusammenbringen: Das ist im Kreisjugendring nicht anders als im Gemeinderat und im Gemeinderat nicht anders als im Kreistag und im Kreistag ist es wie im Landtag und im Landtag wie im Kabinett. Aber das ist noch weit hin.

Seine Ausbildung führt den jungen Teufel aus Zimmern zwischen 1955 und 1960 in verschiedene Rathäuser rund um Rottweil. Das lastet ihn nicht aus, auch nicht die Jugendarbeit. Es schlummert ein Arbeitstier in dem Bauernsohn. Vielleicht liegt es in der Familie, in der man anpacken muß und nicht verhätschelt wird. Der Vater Josef Teufel lebt es vor. Er wirkt mit im Gemeindeleben. Er engagiert sich nach getaner Feldarbeit im Obst- und Gartenbauverein als Schriftführer, auch als Aufsichtsrat der Genossenschaftsbank, im Vorstand der Milchverwertungsgesellschaft und im Kirchengemeinderat.

Auch der Sohn sucht sich andere Bühnen. Die Arbeit im Rathaus schafft Freiräume für den angehenden Verwaltungsmann, denn sie ist für ihn in dieser Zeit bereits am späten Nachmittag beendet. Er muß nur noch selten mit hinaus auf die Äcker und kann sich weitgehend unbeobachtet von den Eltern der Politik widmen, seiner neuen Passion. Sie wird ihn nicht mehr loslassen.

Der junge Katholik fühlt sich mit dem Herzen der Partei am nächsten, die das Christliche in ihrem Namen führt. Aber im Kreis Rottweil gibt es noch keine Junge Union, und so entschließt sich Erwin Teufel zusammen mit Franz Sauter und Heiner Geißler im Dezember 1956, gerade 17 Jahre alt geworden, die Dinge auf den Weg zu bringen und die politische Nachwuchsorganisation aus der Taufe zu heben. In der Weinstube des Hotels zum Sternen, einem der ältesten Gasthäuser Südwestdeutschlands, wird er Mitglied der CDU. Robert Gleichauf sitzt mit am Tisch. Die Gründungsväter sind entschlossen, etwas zu bewegen.

Geißler erinnert sich daran, daß sein tüchtiger Freund vom Lande den Aufruf zur Gründungsversammlung nicht nur mit seinem Namen unterzeichnet hat, sondern auch als „Dekanatsjugendführer". Die Mission in der Weinstube zu Rottweil ist von Erfolg gekrönt. Es ist, was den späteren Marsch durch die Instanzen betrifft, für Erwin Teufel die Stunde Null. Von nun an wächst er in die CDU hinein. Das gilt auch für seinen Freund Heiner Geißler. Sie gehen ein

Stück des politischen Weges zusammen. Geißler stellt sich als Landesvorsitzender der Jungen Union Südwürttemberg-Hohenzollern zur Wahl. Er übernachtet in Tettnang in einem Zimmer mit Teufel, der diesen Abend nicht vergessen hat: „Als ich eingeschlafen bin, ist der Heiner Geißler noch an seiner Vorstellungsrede gesessen, und als ich aufgewacht bin, saß er schon wieder dran." Es ist der Anfang einer großen Karriere. Geißler wird später Bundesminister für Jugend, Familie und Gesundheit. Er macht Schlagzeilen als CDU-Generalsekretär, aber mehr noch als streitbarer Querdenker, weitsichtiger Reformpolitiker und Buchautor.

Den Exminister verbindet mit Teufel bis heute eine tiefe Freundschaft, auch wenn beide Charaktere unterschiedlicher kaum sein könnten. Er beschreibt seinen Mitstreiter aus frühen Tagen als blitzgescheit. Geißler hat Teufel als „tatkräftigen und liberalen Katholiken" in Erinnerung, der nie ein „Phrasendrescher und Blender" gewesen sei, sondern mit der Kraft des Arguments überzeugen wollte.

In ihrer Jugend lassen sich die ambitionierten Freunde auf manche Debatte ein. Es ist für Teufel, Geißler und auch Sauter eine lehrreiche Zeit. Sie fahren gemeinsam zu Parteitagen, kleben Plakate und werben für ihre Partei um Stimmen. Sie schulen sich in der Kunst des politischen Diskurses, hören den Chefstrategen der Parteien aufmerksam zu, wenn sie in ihrer Gegend sind, erleben Helmut Schmidt und Gustav Heinemann in Schwenningen. Später, viel später, wird Erwin Teufel wie Heinemann präsidiale Züge annehmen und als Landesvater im Ludwigsburger Schloß verdiente Bürger mit Medaillen auszeichnen. Zwei davon gehen 1995 an alte Bekannte – an Heiner Geißler und Franz Sauter.

In Rottweil haben sie damals gemeinsame Wurzeln ausgebildet. Als Heranwachsende sind die jungen Christdemokraten gefürchtet in der Gegend, vor allem bei der SPD. Fehlende Lebenserfahrung gleichen sie durch Überzeugungskraft aus. Sie verfügen über die seltene Fähigkeit, die Menschen in den Wahlveranstaltungen des politischen Gegners umdrehen zu können. Dabei geht es manchmal auch herb zu in den Hinterzimmern der Gaststätten. „Wir sind miteinander in der Scheiße gelegen. Du in den Windeln und ich in Stalingrad", bekommt Erwin Teufel zu hören. Daß er zu jung sei, um zu wissen, wie das Leben spielt, werden sie ihm auch später häufiger vorhalten. Er kontert mit dem Hinweis, daß sich in einer Demokratie auch junge Menschen für den Dienst in der Gemeinschaft zur Verfügung stellen sollten, „so lange ihre Kraft noch unverbraucht, ihre Entschlußkraft und ihr Idealismus noch ungelähmt sind".

Heiner Geißler beobachtet, wie sein Freund an der Aufgabe wächst, wie er sich ohne Rücksicht auf die Popularität seiner Vorschläge ans Werk macht, wie er mit klarer geistiger Orientierung immer schlagfertiger wird und sich selbst in komplexe Sachverhalte hineindenkt. Sie begegnen dem politischen Gegner respektvoll, aber unerschrocken mit Argumenten. Auch die SPD ist nicht schlecht aufgestellt. Erhard Eppler, dreizehn Jahre älter als Erwin Teufel, ist SPD-Kreisvorsitzender in Rottweil und ein roter Tupfer in der tiefschwarzen Landschaft. Eppler erinnert sich in einer Festschrift zum 60. Geburtstag Erwin Teufels an die treibenden Kräfte der Jungen Union:

„Es hat kaum eine Versammlung gegeben, bei der nicht jemand von der Jungen Union anschließend kundtat, wie es wirklich ist und was die richtige, im Kreis Rottweil gültige Meinung sei. Vorsitzender der Jungen Union war ein gewisser Heiner Geißler aus Oberndorf, außerordentlich gewandt, aber auch hart und polemisch. Meist brachte er einen jungen Mann mit aus Zimmern ob Rottweil, der keineswegs nur zuhörte, wenn sein Meister das christliche Abendland gegen Kommunisten und Neutralisten beschirmte. Schließlich kam er auch ohne den Boß. Er hieß Erwin Teufel."

Der SPD-Kreisvorsitzende Eppler zieht 1961 in den Bundestag ein, steigt später zum Bundesminister für wirtschaftliche Zusammenarbeit auf und wird SPD-Landesvorsitzender in Baden-Württemberg. Er warnt seine Partei, den Politiker Teufel zu unterschätzen. Und er veröffentlicht Bücher, darunter ein vielbeachtetes Werk über die Krise der Politik im Spiegel der Sprache, in dem es heißt:

„Wenn es so etwas gibt wie die Krise der Politik, so ist diese, wenn schon nicht verursacht, so doch exakt ablesbar an einer Sprache, die nichts mehr bewegt, weil sie zu abstrakt, zu sehr in Klischees erstarrt ist, als daß sie einer vielschichtigen, riskanten Wirklichkeit noch gerecht werden könnte."

Der Gymnasiallehrer Eppler hat diese Kritik gewiß nicht auf seinen Weggefährten aus Rottweiler Tagen gemünzt, dem er in der Rückschau durchaus „Spaß an der kontroversen Diskussion" attestiert. Eppler bezeichnet die Treffen mit dem Mitbegründer der Jungen Union in Rottweil als „eine Prüfung der eigenen Fähigkeiten, vielleicht sogar eine Übung in Demokratie, wie sie auf dem Lande gar nicht so leicht zu finden war". Die Kneipen von Rottweil seien letztlich für beide Seiten „zu einer Klippschule der Demokratie" geworden.

Der junge Teufel fühlt sich wohl in seiner neuen Rolle und macht sich auf zu neuen Ufern. Er gehört eher zu den Leisen, aber genau deshalb läßt er aufhorchen. Auch in Zimmern. Nachdem er bereits die Junge Union im Kreis Rottweil aus der Taufe gehoben hat, gründet er in seinem Heimatort nicht nur einen Ortsverband der Jungen Union,

Mit dem Sozialdemokraten Erhard Eppler verbindet den Christdemokraten Erwin Teufel mehr als man denkt. Sie kennen sich seit den fünfziger Jahren. Die Dorfkneipen von Rottweil werden für beide zu einer Klippschule der Demokratie.

sondern auch eine Niederlassung der CDU. Dabei leistet der Pionier auf dem Lande respektable Überzeugungsarbeit und kann bei der Gründungsversammlung in Zimmern nicht weniger als 80 Mitglieder für die CDU gewinnen. Das Geheimnis seines Erfolgs liegt in seiner Chuzpe und vielleicht auch in einem Artikel begründet, den der Jungpolitiker in einer Kölner Zeitschrift für Soziologie entdeckt hat. Er handelt von Meinungsführern und wie man sie findet. Die Autoren empfehlen, vier Leute aus unterschiedlichen Milieus einer Gemeinde darum zu bitten, die 50 wichtigsten Menschen im Ort auf einem Blatt zu notieren. Die Vierfachnennungen sind laut dem Artikel die Meinungsführer, die es zu gewinnen gilt. Nach dieser Methode verfährt der Verwaltungslehrling bei der Gründung des CDU-Ortsverbands in Zimmern. Durch das Ergebnis sieht er sich in der Ansicht bestätigt, daß diese Strategie aufgeht. Er wird auch in seiner weiteren Laufbahn noch häufiger die Probe aufs Exempel machen.

Erwin Teufel wächst mehr und mehr in neue Ämter hinein. Bald führt er die Junge Union im Kreis Rottweil an, wird 1959 in den Landesvorstand der Nachwuchsorganisation gewählt und hat seit 1961 Sitz und Stimme auch im Landesvorstand der CDU in Württemberg-Hohenzollern, damals noch einem von vier Landesverbänden in Baden-Württemberg. Seine christdemokratischen Mitstreiter spüren von Anfang an, daß ihr politischer Kopf noch Karriere machen wird. Ihr Vormann ist getrieben vom starken Willen, hinter den Horizont zu schauen. Der süddeutsche Bauernsohn mit der politischen Ader macht zunehmend von sich Reden. In der Partei spricht sich herum, daß es da in der Rottweiler Gegend ein politisches Talent gibt.

Robert Gleichauf beobachtet und unterstützt die Jungen an der Basis. Gleichauf ist ein charakterfester und seriöser

Politiker, der es vom Werkmeister zum Finanzminister des Landes bringt, einer mit politischer Naturbegabung, wie sie selten ist in diesem Geschäft. Erwin Teufel hat als Kreisvorsitzender der Jungen Union häufig mit dem Rottweiler Wahlkreisabgeordneten zu tun. Man trifft sich in der Regel einmal pro Woche. Gleichauf wird für Erwin Teufel zum Kompaß und bringt ihn mit führenden Leuten der Partei zusammen.

Mehr noch als Robert Gleichauf prägt den jungen Teufel ein Mann, der längst Fuß gefaßt hat in der Politik. Er heißt Bruno Heck und ist ein Bruder im Glauben. Heck sollte eigentlich Geistlicher werden und studiert auch vier Semester katholische Theologie, ehe er in Tübingen noch auf klassische Philologie, Germanistik und Geschichte umschult und zuerst Studienassessor und dann Regierungsrat im Kulturministerium wird. Der Politiker aus Rottweil sitzt an den Schalthebeln der Macht, als der junge Teufel seine politische Karriere beginnt. Heck ist Bundesgeschäftsführer der CDU in Bonn und organisiert 1957 den Wahlkampf seiner Partei auf Bundesebene.

Der einflußreiche Parteifreund, früher Chef des CDU-Ortsverbands in Rottweil, gewährt dem Bauernsohn aus Zimmern tiefe Einblicke in den politischen Alltag. Er besucht ihn häufiger auf dem Hof in Zimmern und genießt die warmherzige Gastfreundschaft von Julie Teufel. Über Jahre hinweg schickt er fast täglich ein Paket aus Bonn. Heck überläßt dem aufstrebenden Mitglied der Christlich Demokratischen Union Deutschlands praktisch alles, was er von seiner Eingangspost nicht mehr benötigt. Drucksachen aus dem Parlament und Auslandsberichte von Botschaftern gelangen auf diese Weise nach Zimmern, auch Gesetzentwürfe und die Neue Zürcher Zeitung. Erwin Teufel saugt alles, was aus Bonn kommt, wie ein Schwamm auf. Er ist wahrscheinlich nicht schlechter informiert als so mancher der Abgeordneten, die auf den hinteren Bänken des hohen Hauses ihren Platz haben. Er kann nicht nur über die Rentenversicherung referieren, sondern für seine Gesprächspartner auch gleich berechnen, was sie im Alter aus der Rentenkasse zu erwarten haben. Das nährt seinen guten Ruf.

Der Ziehsohn revanchiert sich auf seine Weise. Weil Bruno Heck in Bonn gefordert ist, organisiert er ihm 1957 den Wahlkampf, gemeinsam mit einem 18 Jahre älteren Journalisten, der im März 1956 für die CDU als jüngster Abgeordneter in den baden-württembergischen Landtag eingezogen war. Er heißt Hans Bausch und besitzt einen schwindsüchtigen Volkswagen. Erwin Teufel hat noch keinen Führerschein. Mit Bausch fährt er durch den Wahlkreis, um für Bruno Heck zu werben.

Die beiden sind ein erfolgreiches Gespann, und Heck zieht 1957 erstmals in den Bundestag ein. Es ist der Beginn einer Freundschaft. Hans Bausch, der vor seinem Wechsel in die Landespolitik vier Jahre lang als landespolitischer Korrespondent des Südwestfunks in Stuttgart gearbeitet hat, will nach dem erfolgreichen Wahlkampf hoch hinaus. Er bewirbt sich ein Jahr später um die Intendanz des Süddeutschen Rundfunks, worauf ihm der damalige Ministerpräsident und spätere Präsident des Bundesverfassungsgerichts, Gebhard Müller, kurzerhand zu einem Rindvieh erklärte, weil er als Außenseiter gegen den Amtsinhaber Fritz Eberhard keine Chance habe. Müller sollte sich täuschen.

Erwin Teufel freute sich für den eigenwilligen Parteifreund und besucht den Intendanten später häufiger in Stuttgart. Bausch sollte fast 31 Jahre lang an der Spitze des Süddeutschen Rundfunks bleiben. Erwin Teufel läßt den Kontakt nicht abreißen, bis Bausch 1991 stirbt. Ob das Verhältnis

Robert Gleichauf (oben) und Bruno Heck: zwei Politiker, die Erwin Teufel in jungen Jahren prägen.

belastet worden wäre, hätte er die von Erwin Teufel 1998 vollendete Fusion zwischen dem Südfunk in Stuttgart und dem Südwestfunk in Baden-Baden noch erlebt?

Eng bleibt der Kontakt auch zu Bruno Heck, der seinem Schützling zu prägenden Erfahrungen verhilft. Der Politiker lädt Erwin Teufel in den Bundestag ein, als der schwäbische Liberale Theodor Heuss 1959 das Amt des Bundespräsidenten an den Sauerländer Heinrich Lübke abgibt, der gegenüber seinem Vorgänger im Amte hölzern wirkt. Das sind Momente, die haften bleiben.

Für den Mentor geht es in Bonn weiter aufwärts. Heck tritt 1962 als Bundesminister für Familie und Jugendfragen in das fünfte Kabinett von Konrad Adenauer ein. Auch in den folgenden Regierungen wird er dieses Amt unter Ludwig Erhard und Kurt Georg Kiesinger bekleiden. Später wird Heck CDU-Generalsekretär und übernimmt schließlich die Leitung der parteinahen Konrad-Adenauer-Stiftung in Sankt Augustin bei Bonn.

Erwin Teufel reift im Schatten Hecks vollends zur eigenständigen Persönlichkeit. In die Hauptstadt fährt der Nachwuchspolitiker, wann immer sich die Gelegenheit bietet. Er führt die Katholische Jugend nach Bonn und wird mit seiner Gruppe sogar von Kanzler Konrad Adenauer begrüßt. Als gäbe es nichts Selbstverständlicheres geleitet der Heranwachsende seine Mitstreiter durch die Häuser der Macht. Mehr noch als nach Bonn zieht es den jungen Teufel nach Berlin. 1958 kommt er zum ersten Mal an die Spree, und von da an wird er jedes Jahr eine Gruppe aus der Heimat durch Berlin führen. Mal kommt er mit der Katholischen Jugend, mal mit der Jungen Union und später als Bürgermeister mit den Gemeinderäten.

Er ist Reiseführer in der tiefen Überzeugung, daß sich das Bewußtsein für die deutsche Einheit nur dann in den Köpfen verankern läßt, wenn man hautnah erlebt und erfährt, was es bedeutet, in einer geteilten Stadt zu leben. Mit Bedacht wählt er als Verkehrsmittel nicht das Flugzeug, sondern nimmt den Bus, weil er seinen Mitreisenden auf diese Weise die Zonengrenze und die isolierte Lage von West-Berlin vor Augen führen kann. Auch Ost-Berlin lernt er mit der Zeit immer besser kennen. Keine Reise ohne einen Abstecher nach drüben. In einem Gesprächsbuch von Sibylle Krause-Burger und Ulrich Wildermuth wird er später als Ministerpräsident seine Motivation erklären:

„Wie sollst du eine Beziehung haben zum Thüringer Wald, zu Weimar, zu Erfurt, zu Rügen, zu Rostock, wenn du das gar nicht gesehen hast? So hatte ich immer einen Bezug, und deswegen konnte ich sofort anknüpfen, als es zur Wende gekommen ist. Das habe ich mir schon in jungen Jahren aufgebaut. Aus dieser Zeit kommen auch meine Verbindungen zu vielen Berliner Politikern, schon aus Junge-Union-Tagen."

Doch vor der großen Politik kommt auch für Erwin Teufel zuerst der Beruf. Die Ausbildung führt den jungen Amtmann nicht nur in verschiedene Rathäuser, sondern auch in die Kreissparkasse und zum Landratsamt nach Rottweil. 1960 wechselt der Anwärter aus Zimmern auf die staatliche Verwaltungsschule in Haigerloch, die er 1961 mit dem Abschluß als Diplom-Verwaltungswirt verläßt. Zu einigen Kurskollegen pflegt er Freundschaften, die sein ganzes Politikerleben halten.

Nach der Staatsprüfung zieht es Teufel für kurze Zeit ins Landratsamt nach Rottweil. Wenige Monate später wird er mit erst 22 Jahren einstimmig zum Stadtoberinspektor von Trossingen gewählt. Von 1962 an leitet er das Sozialamt, das Amt für öffentliche Ordnung und die Baurechtsbehörde der Stadt. Zwei Jahre gibt sich der aufstrebende Verwaltungswirt mit diesem Posten zufrieden. Nebenbei arbeitet er an seiner parteipolitischen Karriere in Württemberg-Hohenzollern.

Trotz der sein Leben mehr und mehr dominierenden Politik, bleibt beim Stadtoberinspektor von Trossingen der Familiensinn nicht unterentwickelt. 1962 heiratet Erwin Teufel eine Bankangestellte, die er seit vielen Jahren kennt. Mit Edeltraud Schuchter, der gleichaltrigen Müllerstochter aus Zimmern, ist er schon in den Kindergarten und in die Volksschule gegangen. Enger befreundet sind sie seit ihrem 18. Lebensjahr. Sie hat wie er tiefe Wurzeln in der Heimat, aber ihre sind tiefer.

Edeltraud Teufel ist klar, daß sie sich an einen Mann bindet, der unbedingt Bürgermeister werden will. „Ich habe gewußt, daß er ein politischer Mensch ist, den man nicht aufhalten kann“, wird sie später sagen. Was sie nicht wissen kann: Der Radius seiner Politik wird mit den Jahren immer größer.

Im Januar 1964 kommt die Tochter Christa zur Welt. Edeltraud Teufel erinnert sich gerne an die Zeit, als sie in Trossingen mit dem Kinderwagen vor dem Rathaus auf ihren Mann wartet, dessen Arbeitstage noch nicht bis tief in die Nacht hinein reichen. Die Familie wächst. 1966 wird Erwin Teufel zum zweiten Mal Vater einer Tochter. Sie heißt Andrea. 1967 folgt Sohn Thomas und 1972 die jüngste Tochter Judith.

Edeltraud Teufel entscheidet sich bewußt, den „Familienbetrieb“ zu führen und ihrem Mann den Rücken zu stärken. Sie schirmt ihre Familie ab und erzieht die Kinder weitgehend alleine in einer Welt, in der sich nicht alles um die Politik des Vaters dreht. Sie ist der ruhende Pol der Familie und sorgt dafür, daß die seelische Temperatur im Hause Teufel stimmt. Das sollte ihr ausgezeichnet gelingen. Erst

1962 heiratet Erwin Teufel die Müllerstochter Edeltraud Schuchter, mit der er zur Schule gegangen ist. Aus der Ehe gehen vier Kinder hervor: Christa, Andrea, Thomas und Judith.

als er 1991 Ministerpräsident wird, tritt sie aus dem Hintergrund, begleitet ihn bei Auslandsreisen, besucht Schulen, Flüchtlingslager und Sterbehäuser für Aidskranke, sammelt Spenden und verteilt Geld, wo sie es für angebracht hält.

In den Anfangsjahren sieht sich Edeltraud Teufel als Mutter, die ihren drei Töchtern und dem Sohn ein ganz normales Nest baut. Der Vater ist immer seltener zu Hause. Vielleicht drängt im Gegensatz zu den Brüdern und Neffen auch deshalb keines der vier Kinder später in die Politik. Tochter Christa macht zunächst eine Lehre bei einer Bank, studiert dann Theologie und arbeitet heute als Religionslehrerin. Andrea ist Bankkauffrau, Thomas arbeitet als Wirtschaftsinformatiker und Judith als Altenpflegerin. Die Bande in der Familie sind eng. Inzwischen gibt es sechs Enkelkinder, die wie bei Müllers, Maiers und Schulzes nicht selten in die Obhut der Oma gegeben werden. Mit dem Unterschied vielleicht, daß die jung gebliebene Großmutter aus Spaichingen nebenbei noch eine ganze Reihe von Terminen als First Lady des Landes hat.

Erwin Teufel verbringt neben der Politik so viel Zeit wie möglich mit der Familie. Das ändert sich nicht mit den Jahren. Als er Ministerpräsident des Landes ist, zählen 27 Neffen und Nichten zum Familienclan. Seine Brüder und Schwestern bestätigen, daß er an jeder Taufe und jedem größeren Familientreffen mitwirkt, ohne sich dabei in den Mittelpunkt zu rücken. Trotz aller Termine fährt er bei den zahlreichen Festen in Zimmern und Spaichingen vor wie die anderen auch. Mit dem kleinen Unterschied nur, daß ihn gelegentlich der Chauffeur aus Stuttgart bringt.

Der Erfolg sei ihm nicht in den Kopf gestiegen, sagt Bruder Gerold aus Zimmern. Die Geschwister verschonen ihn mit bohrenden Fragen über politische Winkelzüge. Unter ihnen darf er der Bruder sein und muß nicht den Ministerpräsidenten geben, der jedes Wort auf die Goldwaage legt. Er reiht sich ein und genießt diese Stunden. Aber das Leben als Spitzenpolitiker fordert unzweifelhaft auch einen hohen Preis. Wenn der Sohn unvorhergesehen mit dem Vater reden will, braucht er einen Termin, den Mutter Edeltraud für ihn vereinbart, weil nur sie seinen Kalender kennt.

Seiner Beliebtheit in der Familie hat die akute Zeitnot, die mit dem hohen Amt einhergeht, nicht geschadet. Er ist unausgesprochen der Clanchef, der immer da war, wenn man ihn gebraucht hat. Die Geschwister sagen, er sei der alte geblieben und lasse keinen spüren, daß er die Bücher, die drei Zimmer seines Hauses vollständig belegen, auch tatsächlich gelesen hat. Die Familie schätzt ihn. „Der Erwin hat uns mitgezogen", sagt Gerold Teufel. „Wenn er nicht dieses Vorbild gewesen wäre, hätten wir uns nicht so stark engagiert in der Politik und in Verbänden."

Auch wenn es seltsam klingen mag: Rückblickend läßt sich sagen, daß Erwin Teufel als Heranwachsender nicht nur selbst entscheidende Prägungen erfahren hat, sondern bereits selbst geprägt hat, und zwar vor allem seine Geschwister. In seinem Fall geht das weit über die klassische Rolle des großen Bruders hinaus. Dies mag am Beispiel der Jungen Union in Zimmern deutlich werden, die Erwin Teufel als Schüler gegründet hat. Mit dieser Initiative hat er in seiner von Haus aus eher unpolitischen Familie einen Prozeß ausgelöst, der weitreichende Folgen hatte.

Als er als Vorsitzender abtrat, löste ihn Bruder Albert ab. Nach ihm kam der Bruder Gerold an die Spitze, der nicht nur Obmann der Landwirte im Kreis Rottweil ist, sondern auch Gemeinderat und stellvertretender Bürgermeister in Zimmern. Das Erbe von Gerold trat Bruder Bruno an, nach dem schließlich der jüngste Teufel-Sproß Kurt an die Reihe kam. Man hält es kaum für möglich, aber der von Erwin

Teufel eingeschleppte Politikvirus hat bereits die nächste Generation der Familie infiziert: Als Vorsitzender der Jungen Union in Zimmern amtierte sowohl Gerolds 1972 geborener Sohn Stefan, seit 2001 in Zimmern auch CDU-Chef, als auch Marco Teufel, der 1978 geborene Sohn von Bruno.

Kommentatoren haben hinter alledem nicht selten ein von langer Hand vorbereitetes Netzwerk vermutet. Belege für diese These finden sich nicht. Fest steht hingegen: Die Saat von Onkel Erwin ist gewaltig aufgegangen. Nicht weniger als vier Brüder und zwei Neffen haben sein Werk weitergeführt. Und wenn 2007 der CDU-Ortsverband sein 50jähriges feiert, dann wird es gewiß ein teuflisches Familienfest werden.

Die Geschwister sind eigenständige Persönlichkeiten geworden, die im Leben stehen und weder Fürsprache noch tatkräftige Unterstützung aus der Familie brauchen. Dennoch läßt sich nicht leugnen, daß Erwin Teufel sein familiäres Umfeld nicht nur politisch, sondern auch beruflich geprägt hat. Wie sonst ist es zu erklären, daß sich Albert, Bruno und Kurt Teufel wie ihr großer Bruder für den gehobenen Verwaltungsdienst entschieden haben? Albert Teufel wurde Bürgermeister im badischen Möhringen und war später mehr als 30 Jahre lang ein beliebter Bürgermeister in Spaichingen, wovon noch die Rede sein wird. Es sei nur nebenbei erwähnt, daß Albert Teufel 1965 eine gewisse Roswitha Schuchter geheiratet hat – die Schwester von Edeltraud Teufel, der Gattin seines Bruders Erwin.

Kurt Teufel arbeitet heute als Stadtwerkedirektor in Tuttlingen, und Bruno Teufel wäre vermutlich Bürgermeister, wenn ihn nicht ein schrecklicher Unfall heimgesucht hätte. Er verunglückte 1984 im Alter von 33 Jahren.

Damals war er Kämmerer der Gemeinde Wellendingen und plante seine Zukunft an der Spitze des Rathauses. Bruno Teufel hinterließ eine Frau und drei Kinder.

Nach dem frühen Tod des Bruders blickt die gläubige Familie „in die Abgründe des Nichtverstehens", wie es Erwin Teufel formuliert. Auch das hat ihn geprägt und in der Erkenntnis bestärkt, daß trotz aller Termine die Familie an oberster Stelle stehen muß. Diesem Grundsatz ist er treu geblieben. Man kann nur ahnen, was beim Tod des Bruders in ihm vorgegangen ist. Einer wie er spricht nicht gerne über sein Innenleben, trägt die seelischen Befindlichkeiten nicht nach außen. „Es war das Schlimmste, was ich je erlebt habe", sagt Erwin Teufel. Auch zwanzig Jahre nach dem Unfall wirkt er versteinert, wenn er über den Bruder redet, den er als Heranwachsender in deutscher Grammatik unterwiesen hat. Das alles ist gegenwärtig und doch verloren.

Die Mutter Julie hat sich von diesem Schlag nicht mehr erholt. Sie starb drei Jahre später. Den elterlichen Hof übernahm Sohn Gerold, der die Liebe zur Landwirtschaft im Blut hat und schon immer Bauer werden wollte. Für den Herbst ihres Lebens hatte sich Julie Teufel vorgenommen, in Ruhe zu lesen. Aber es kam anders. Am Ende ihres beschwerlichen Weges war die Mutter fast blind.

Wer fragt, warum sich der Sohn als Ministerpräsident nach zermürbenden 18-Stunden-Tagen noch an seinen Tisch setzt, um zu lesen, wird viele Antworten finden. Eine liegt gewiß im Schicksal der Mutter. Ein Sonntag ohne Buch ist für Erwin Teufel bis heute ein verlorener Tag, und auch im Urlaub ist es ihm keine Last, drei dicke Geschichtsbände von Thomas Nipperdey zu studieren. Seiner stärksten Bezugsperson war das Lesen nicht mehr vergönnt. „Sie hat gearbeitet, bis sie nicht mehr arbeiten konnte, und als sie nicht mehr arbeiten konnte, konnte sie nicht mehr lesen. Das tut mir heute noch weh", sagt der Sohn.

In seinem ersten Buch, dem von Antoine de Saint-Exupéry, das ihm Julie Teufel unter den Weihnachtsbaum gelegt hat, findet sich ein kurzer Absatz, den er als Knabe häufiger gelesen hat. Er handelt von einer Mutter und von dem, was bleibt: „Es war eine alte Bäuerin mit einem friedlichen und harten Gesicht mit strengen Lippen. Das Antlitz war wie eine steinerne Maske. In den Zügen der Söhne fand es sich wieder; die Maske hatte gedient, andere Gesichter zu prägen, und dieser Körper hatte andere Körper geprägt. Da standen drei stattliche Männer. Sie aber lag da: gebrochen, wie ein abgebauter Erzgang. Doch die Kinder, Söhne wie Töchter, würden wieder Menschenkinder prägen."

Der Bürgermeister

Gute Zeiten für Spaichingen

Der Ministerpräsident hat seinen Aktenkoffer gepackt und geht um 8. 15 Uhr durch den Bonatzbau, wie das alle tun, die in Stuttgart mit dem Zug ankommen. Am Ausgang wartet der Fahrer seiner gepanzerten Limousine. Er fährt ihn und seine Sekretärin zur Villa Reitzenstein. Unterwegs telefoniert Erwin Teufel mit seinem Regierungssprecher, der ihn über das Wichtigste in den Zeitungen auf dem laufenden hält. Im Staatsministerium zieht er sich an seinen Schreibtisch zurück, um die Kabinettssitzung vorzubereiten. Hilde Troje weiß, daß er jetzt nicht gestört werden will. Politik beginnt beim Betrachten der Wirklichkeit. Und in der Wirklichkeit geht es an diesem Morgen ums Geld. Kurz vor neun Uhr wartet das Kabinett und mit ihm der Finanzstaatssekretär Wolfgang Rückert. Er wird der Regierung nicht mehr lange angehören.

Wolfgang Rückert ist der Mann für die Zahlen. Das war er eigentlich immer. Auch damals in Spaichingen, als er unter Erwin Teufel das Finanzielle regelt. Es sind gute Jahre für die Stadt, von der es in einer Ortschronik heißt, sie liege wie „eine schlafende Jungfrau" an ihrem Hausberg.

Angefangen hat alles im Juni 1964 beim Frühstück. Der junge Stadtinspektor von Trossingen liest in der Zeitung, daß der Bürgermeister von Spaichingen gestorben ist. Ludwig Wahr hat die Geschicke der Stadt seit 1948 gelenkt. Teufel verliert zunächst keinen Gedanken an den frei werdenden Posten, denn er hat noch nicht das vorgeschriebene Alter fürs Amt des Bürgermeisters. Wählbar ist er nach dem Gesetz erst ab dem 4. September. An diesem Tag wird er 25.

Wenig später erfährt der junge Familienvater in Trossingen von Kollegen, daß die Spaichinger den Urnengang erst für September planen. Er hätte also eine Chance. Und Erwin Teufel gedenkt sie zu nutzen. Weil die junge Familie finanziell nicht auf Rosen gebettet ist, macht er für den anstehenden Wahlkampf seinen einzigen Besitz zu Geld: zwanzig Aktien von VW. Plakate mit seinem Konterfei kann er sich davon nicht leisten. Für den neuen Anzug wird das Sparbuch der Gattin herangezogen. Beiden ist bewußt: Es muß bei der ersten Bewerbung klappen. Für einen zweiten Anlauf wäre auf absehbare Zeit kein Geld mehr vorhanden.

Der Verwaltungswirt reicht seine Bewerbung ein. Das Unternehmen Zukunft hat gleich zu Beginn mit erheblichen Schwierigkeiten zu kämpfen. Gegen den unerfahrenen Stadtinspektor aus Trossingen kandidieren fünf Bewerber, darunter der Bürgermeister Anton Hugger aus Wehingen, der als Favorit gehandelt wird. Dann ist da noch Bürgermeister Gebhard Mattes aus Hohentengen und zu allem Überfluß der Spaichinger Ordnungsamtsleiter Hugo Hermle. Das ist alles andere als eine günstige Konstellation.

Erschwerend kommt hinzu, daß Erwin Teufel in Spaichingen nur drei Leute kennt. Einer davon ist Franz Schuhmacher, der früher Dekanatsjugendführer in Spaichingen war. Es ist der Beginn einer langen Freundschaft, die bis heute andauert. Schuhmacher wird später Gemeinderat in Spaichingen und Abgeordneter für die CDU im Landtag von Baden-Württemberg.

Sein zweiter Gang führt den Kandidaten zum CDU-Ortsvorsitzenden, dem Teufel klarmacht, daß er keine Unter-

Selbstsicher und redegewandt:
der Bürgermeisterkandidat Erwin Teufel.

stützung von den Parteifreunden erwartet, aber auch nicht, daß sie ihm das Leben schwermachen. Anschließend besucht er zwei Dutzend Spaichinger und fragt sie nach den wichtigsten Menschen in der Stadt. Die Strategie hat sich bewährt. Mit den Mehrfachnennungen hat er schon bei seinen politischen Gehversuchen in Zimmern gute Erfahrungen gemacht.

Der Bewerber nutzt die Sommerpause, um sich ins Gespräch zu bringen. Er will ein glaubwürdiger Zeuge des C im Namen seiner Partei sein. Aber mit den Vorsätzen ist das so eine Sache, wenn einem nachgesagt wird, noch ein Grünschnabel in der Rathauspolitik zu sein und man zugleich dem Gerücht begegnen muß, die Stadt nur als Karrieresprungbrett zu benutzen. Einige Mitbewerber streuen, daß sich Teufel als Bürgermeister spätestens nach zwei Jahren wieder aus dem Staub machen würde. Der Kandidat kontert mit dem Versprechen, im Falle seiner Wahl für mindestens acht Jahre in Spaichingen zu bleiben.

Was er sich in den Kopf setzt, das will er durchziehen. Das ist ein Wesenszug. Der junge Bewerber geht neue Wege im Wahlkampf, veranstaltet eine der ersten Frauenversammlungen in Baden-Württemberg und kümmert sich vor allem um junge Wähler. Sein Alter ist das größte Problem. Würde er gewählt, wäre Erwin Teufel der jüngste Bürgermeister in Deutschland. Hätten die Spaichinger den Wahltermin drei Wochen früher anberaumt, wäre er gar nicht zugelassen worden. Damit sieht sich der Anwärter auf das Amt des Bürgermeisters konfrontiert. Er ist, wie in seiner weiteren Laufbahn noch öfter, der Jüngste. Das ist zunächst kein Vorteil. Später wird er der Dienstälteste sein. Auch das wird man ihm vorhalten.

Aber die Spaichinger lassen sich überzeugen. Das selbstsichere Auftreten des Bürgermeisterkandidaten mit der niederalemannischen Sprachfärbung paßt nicht zu seinem Alter. Er redet frei, ist um keine Antwort verlegen, kennt sich aus in der großen Politik und in der kleinen Stadt. Das spricht sich herum. Von Begabung ist die Rede. Bei seinem ersten Auftritt in einer proppevollen Wirtschaft werden die Fenster ausgehängt, damit auch das Publikum vor der Türe hört, was der redegewandte Hoffnungsträger zu sagen hat, der seiner Zeit voraus zu sein scheint.

Es ist nicht vermessen, wenn man konstatiert, daß Erwin Teufel im Alter von 24 Jahren die Aura eines Politikers umweht, der eine große Zukunft vor sich hat. Hätte den Spaichingern damals jemand erzählt, daß namhafte Zeitungen diesen Mann später mit Attributen wie schwerblütig und bieder versehen würden, sie hätten den Überbringer dieser Botschaft vermutlich für komplett verrückt erklärt. Für die Primtäler verkörperte er wie kein anderer den Aufbruch. Nicht von ungefähr sind die Zeitungen jener Zeit voll des überschwenglichen Lobs für den Bürgermeisterkandidaten. Die Schwäbische Zeitung schreibt von einem Phänomen, das allein in der Persönlichkeit zu finden sei: „Er besitzt ausgesprochenes rhetorisches Talent. Seine Wahlversammlungen waren, das mußten selbst die Gegner zugeben, Glanzstücke gekonnten Diskutierens."

Ähnlich kommentiert der Heuberger Bote: „Erwin Teufel sieht nicht nur älter aus als er ist, sondern sein Wissen und sein Können haben ihn schon sehr früh zu einer ungemein selbstsicheren Persönlichkeit geprägt, die mit einem beneidenswerten rhetorischen Talent ausgezeichnet ist."

Weniger ausgezeichnet ist der Ruf von Spaichingen, das erst 1828 endgültig städtische Rechte erhielt und in den sechziger Jahren als verschlafenes Nest gilt. Unterm fast 1000 Meter hohen Dreifaltigkeitsberg zieht sich die schmale Stadt über drei Kilometer entlang der Bundesstraße 14. In der Ortsmitte dampfen Misthaufen. Vom Primus an der Prim, wie die Stadt später für sich wirbt, kann keine Rede sein. Im 17. und 18. Jahrhundert war der damalige Obervogteisitz, in dem später ein Oberamtmann saß, Ausgangspunkt eines starken Hausierhandels mit Nägeln, Zundern, Sämereien, Wollwaren und Uhren. Aber das ist eben lange her. Überregionale Schlagzeilen macht Spaichingen selten. Eine der wenigen hat die Stadt einem französischen Soldaten zu verdanken, dessen Flucht aus deutscher Gefangenschaft 1941 im ehemaligen Oberamtsgefängnis von Spaichingen endet. Es war François Mitterand, der spätere französische Staatspräsident.

In der Stadt, die Erwin Teufel für sich erobern will, leben 8000 Menschen. Darunter sind viele Vertriebene aus den Ostgebieten, vor allem aus dem Banat, die hier eine neue Heimat gefunden haben. Spaichingen leidet unter der Krise der untergehenden Möbel- und Zigarrenindustrie mit 1400 Beschäftigten. Die Stadt hat den Strukturwandel verpaßt. Einige Kilometer weiter läuft es besser. Auf dem Heuberg haben sich Metallfabriken angesiedelt. Ihnen gehört die Zukunft.

Spaichingen aber lebt in der Vergangenheit – und die reicht weit zurück. In einer Schenkungsurkunde an das Kloster Sankt Gallen ist die Siedlung 791 zum ersten Mal erwähnt, 1381 fiel sie an die Habsburger, 1805 an Württemberg. Leben hat es hier schon früh gegeben. Auf dem Dreifaltigkeitsberg gibt es Reste von uralten Wallanlagen, welche den Schluß nahelegen, daß die Anhöhe bereits in der späten Jungsteinzeit ein Ort der Zuflucht war.

Erwin Teufel will Spaichingen zu einem moderneren Ort der Zuflucht und mehr noch der Zukunft machen. Der Kandidat wirbt bei den Bürgern überzeugend für sich und seine Ziele. Er schlägt tiefe Wurzeln in der Wählergunst.

Im ersten Wahlgang holt er mit 36 Prozent die meisten Stimmen, ist aber wegen der starken Konkurrenz noch nicht am Ziel. Im zweiten Wahlgang am 27. September sind nur noch Hugo Hermle und Erwin Teufel im Rennen. Der Auswärtige wird am Ende mit 51, 25 Prozent der Stimmen gewählt. Die Wahlbeteiligung liegt bei 84 Prozent. Spaichingen hat den jüngsten Bürgermeister der Republik. Er ist 25. Das jüngste Mitglied des Gemeinderats ist 14 Jahre älter.

Der neue Schultes hat einen harten Wahlkampf hinter sich – und die schönsten Jahre seines Lebens vor sich. Er wird eine neue Dreieinigkeit unterm Dreifaltigkeitsberg schaffen: Spaichingen, Teufel, CDU. Vom ersten Tag an legt er sich ins Zeug, daß den alten Stadtvätern hören und sehen vergeht. Er nutzt die Gunst der Stunde, und es ist nicht übertrieben, wenn man sagt, daß in Spaichingen eine neue Zeitrechnung begonnen hat. „Wir spürten schon in der ersten Sitzung, daß ein neuer Wind wehte: Der Gemeinderat annullierte auf Antrag von Erwin Teufel den bestehenden Bebauungsplan Stadtmitte und beschloß einen städtebaulichen Wettbewerb für den Bereich", schreibt der damalige Ratsherr Wolfgang Honer in einem Beitrag über die Ära Teufel in Spaichingen.

Was sich nach trockener Verwaltungsarbeit anhört, ist für die Stadt eine Revolution, weil sieben Bürger in dem umgewidmeten Gebiet bereits einen Bauplatz samt Baugenehmigung haben. Der neue Bürgermeister besucht die Familien und teilt ihnen mit, daß sie ihre Pläne nicht verwirklichen können, was aus nachvollziehbaren Gründen bei den betroffenen Häuslebauern keine Freude auslöst. Der Bürgermeister aber läßt sich nicht aus dem Konzept bringen. Er sieht die einmalige Chance, dem Straßendorf eine Mitte zu geben und auf 20 Hektar den Stadtkern neu zu gestalten. Die Wohngebäude hätten der Stadt diese einmalige Perspektive verwehrt.

Die Familien ziehen mit und freunden sich am Ende mit anderen Bauplätzen an. Es folgt ein städtebaulicher Wettbewerb. Die ursprünglich am Stadtrand vorgesehene Grund- und Hauptschule wird in dem neuen Quartier gebaut, in dem auch Platz ist für das Gymnasium und zwei Kindergärten, für die Stadthalle und das Evangelische Gemeindehaus. Spaichingen gibt Millionen aus, kauft elf ältere Häuser im Stadtkern auf. Es entsteht ein neuer Marktplatz, der Schritt für Schritt durch Geschäfte, Banken und Büros belebt wird. Auch das neue Rathaus wird dort 1977 eingeweiht. Aber da ist Erwin Teufel nicht mehr in Spaichingen. Ohne seinen Blick fürs Ganze wäre dieses Zentrum jedoch nicht möglich gewesen.

Auch sonst bringt der neue Rathauschef einiges in Bewegung. Gleich in der ersten Ratssitzung stellt er die im Osten unter dem Dreifaltigkeitsberg geplante Umgehungsstraße in Frage, die seit langem im Flächennutzungsplan ausgewiesen ist. Teufel schlägt dem Gemeinderat vor, die Straße nach Westen unterhalb des Zundelberges zu verlegen. Im Osten hätte sie die bauliche Entwicklung der Stadt gehemmt und ihr die Möglichkeit genommen, ein neues Baugebiet auszuweisen. Außerdem wäre der Straßenlärm im ganzen Tal zu hören gewesen. Seine Argumente überzeugen die Ratsherren, was nicht selbstverständlich ist, wenn man bedenkt, daß es dieselben Gemeinderäte waren, die sich vor seiner Zeit für die Umgehungsstraße unterm heiligen Berg ausgesprochen haben.

In der Rückschau bezeichnet Erwin Teufel seinen Auftritt in der ersten Ratssitzung als tollkühn. „Heute hätte ich nicht mehr diesen Mut und würde es vermutlich langsamer angehen“, sagt er. Tatsächlich hat der ehrgeizige Bürger-

Der junge Bürgermeister leistet im November 1964 seinen Amtseid. Er bleibt acht Jahre in Spaichingen.

meister seinen Gemeinderäten einiges zugemutet. Die alten Spaichinger sprechen noch immer davon. Dabei ist auffällig, daß sich im Abstand der Jahre keiner findet, der Schatten über diese Zeit breitet. Dies mag mit dem Umstand zu tun haben, daß der Gegenstand dieser Reflexion inzwischen erster Mann im Lande ist. Vielleicht ist es Teufel aber auch durch reichlich Überzeugungsarbeit gelungen, in der verschlafenen Stadt eine Aufbruchstimmung zu verbreiten, die ihm über Parteigrenzen hinweg Respekt eingetragen hat. Vieles deutet darauf hin.

Unter den Zuhörern im Ratssaal ist bei den ersten Sitzungen auch Franz Schuhmacher, Chef eines Präzisionsteilebetriebs und Vorsitzender des Stadtverbands. „Erwin Teufel hat auch die alten Gemeinderäte umgestimmt, die nicht für ihn waren", sagt der Unternehmer. Schuhmacher kann sich noch an eine Tagung erinnern, in der es um den neuen Haushalt gegangen ist. Eugen Schwärzer, ein örtlicher Nudelfabrikant und gestandener Gemeinderat von den Freien Wählern, habe über die Zeitung angekündigt, daß seine Fraktion dem Etat nicht zustimmen werde. Der Vorsatz sollte nicht lange Bestand haben. „Der Bürgermeister hat dann in der Sitzung alle Argumente der Freien Wähler zerpflückt. Wir haben am Ende den Haushalt einstimmig verabschiedet", berichtet Schuhmacher. „Seine Überzeugungskraft war sagenhaft."

Es geht politisch zu im Gemeinderat von Spaichingen, aber nicht parteipolitisch. Die CDU hat die Hälfte der Sitze. Würden alle anderen Räte gegen die Christdemokraten koalieren, wäre die Stimme des Bürgermeisters entscheidend. Aber so weit kommt es nicht unter Erwin Teufel, nicht ein einziges Mal. Er setzt auf die Kraft des Arguments und auf breite Mehrheiten. Denn es gibt in seiner Stadt viel zu entscheiden.

Der Bürgermeister erschließt nicht nur neue Baugebiete, sondern hebt eine Realschule aus der Taufe und einen Berufsschulverband, wirkt mit am Konzept für ein Kreiskrankenhaus in Spaichingen. Teufel praktiziert eine volksnahe Verwaltung, indem er den Bürgern nicht fertige Pläne aus der Schublade präsentiert, sondern seine Vorschläge in öffentlichen Gemeinderatssitzungen diskutieren und reifen läßt. „Motivation der Bürger für die Stadt, das war sein großes Leitmotiv", schreibt der Gemeinderat Honer. „Bei Festen und Feiern war überall Aufbruch zu spüren."

Kaum ein Monat vergeht, in dem der neue Bürgermeister nicht für Gesprächsstoff sorgt. Erwin Teufel gründet eine Partnerschaft mit der französischen Stadt Sallanches im Departement Haute Savoie am Fuße des Mont Blanc. Europa ist ihm ein zentrales Anliegen und ein Bündnis für den Frieden. Wer den Krieg erlebt hat, weiß Europa zu schätzen. In seinem Leben nach dem Bürgermeisteramt wird er Mitte der neunziger Jahre Kulturbeauftragter der Bundesrepublik für die deutsch-französischen Beziehungen und Kommandeur der Französischen Ehrenlegion. Er wird zum 40. Jahrestag des deutsch-französischen Freundschaftsvertrags vor dem französischen Senat in Paris sprechen und die deutschen Länder engagiert im Europäischen Konvent vertreten, dessen Aufgabe es ist, den Entwurf einer neuen Verfassung für Europa zu erarbeiten. Das alles ist bereits angelegt in der Zeit des Spaichinger Bürgermeisters.

Die Stadt wächst unter ihm in die Rolle eines selbstbewußten Mittelzentrums hinein. Der ruhelose Rathauschef stößt nach kurzer Zeit eine Verwaltungsgemeinschaft mit sieben Gemeinden und 17 000 Einwohnern an, der es bestimmt ist, den Wirtschaftsraum zu stärken, ohne die Selbständigkeit der einzelnen Partner zu unterwandern. Die

Aufgaben der Verwaltungsgemeinschaft, man ahnt es, werden durch die Stadt Spaichingen wahrgenommen.

Der Heuberger Bote zieht nach einem Jahr eine Zwischenbilanz. Das Blatt fürchtet, daß sich der volksnahe Kommunalpolitiker womöglich zu viel auflädt: „Die Erwin Teufel näher kennen, und hier insbesondere seine engsten Mitarbeiter auf dem Rathaus und im Gemeinderat, haben allerdings eine Sorge: Sie fürchten, daß dieser tüchtige und begabte junge Bürgermeister gesundheitlich nicht durchhält, wenn die nächsten sieben Jahre so verlaufen wie die ersten zwölf Monate."

Der Redakteur richtet deshalb allen Ernstes einen Appell an die Bürgerschaft: „Wir wüßten, wie man ihn ein wenig entlasten könnte: Erwartet nicht, daß er jede Einladung zu abendlichen Veranstaltungen annimmt, sondern gönnt ihm nach des Tages harter Arbeit die Entspannung im Kreis seiner Familie. Schreibt es ihm ruhig, daß ihr ihn gern dabeigesehen hättet, daß ihr aber Verständnis dafür habt, wenn er hin und wieder, was selten genug vorkommt, nur Ehemann und Vater daheim in seinen vier Wänden ist."

Ungeachtet aller Ratschläge treibt Erwin Teufel seine Stadt mit unbändiger Kraft voran. Er geht auf in seiner Arbeit, die es ihm ermöglicht, mehr zu gestalten als zu verwalten. Er verfolgt, was in anderen Städten und Gemeinden passiert und zieht daraus seine Schlüsse für Spaichingen. Auch nach Bietigheim fährt der Bürgermeister, weil dort ein neues städtebauliches Konzept umgesetzt wird. Es trägt die Handschrift eines rührigen Verwaltungsmanns, der mit den Gedanken manchmal schneller ist als mit den Beinen. Bei der ersten Begegnung läuft der Bietigheimer gegen eine Tür. Später sollten sich für diesen Mann viele Türen öffnen. Er heißt Lothar Späth.

Es bleibt eine flüchtige Begegnung in der Stadt an Enz und Metter, denn sowohl Lothar Späth als auch Erwin Teufel sind für die große Politik noch nicht bereit. Der Bürgermeister von Spaichingen muß erst noch seine Hausaufgaben an der Prim erledigen. Er baut Spielplätze, plant ein Mahnmal für gefallene Soldaten, erhöht die Zuwendungen für kulturtreibende Vereine, erweitert die Kläranlage. Auch im Rathaus tut sich einiges. Der Bürgermeister verfügt als Personalchef über ein glückliches Händchen und schart eine Mannschaft von begabten Leuten um sich, die bereit sind, mit ihm in Spaichingen ehrgeizige Pläne zu verwirklichen. Dazu gehört Hans Volle und nach ihm der Kämmerer Wolfgang Rückert, der später Beigeordneter der Stadt Leonberg wird. Auch andere politische Talente reifen in Spaichingen heran: Franz Ziwey, später Bürgermeister in Stockach; Roland Ströbele, später Bürgermeister von Bärenthal im Landkreis Tuttlingen und CDU-Landtagsabgeordneter; Georg Hiller, später Bürgermeister von Blaubeuren und Landesgeschäftsführer der Freien Wähler.

Teufel kann die talentierten Verwaltungskräfte mit Rücksicht auf seinen Personaletat nicht lange halten. Einem von ihnen bleibt er stark verbunden: Hans Volle. Er kennt ihn von der Verwaltungsschule in Haigerloch und holte ihn als Leiter des Hauptamts. Aber auch der Schwarzwälder, der sich wie sein Chef aus kleinen Verhältnissen hocharbeitet, bleibt Spaichingen nicht erhalten. Volle wird Bürgermeister von Alpirsbach im Kreis Freudenstadt und Erwin Teufel zu einem guten Freund. Die Familien fahren zusammen in den Urlaub.

Im Jahr 1978 nimmt Volle die nächste Stufe auf der Karriereleiter und richtet sich als Landrat in Tuttlingen ein, was nicht ohne Auswirkungen bleibt für die politische Zukunft des Landes. Denn als Ministerpräsident holt Erwin Teufel seinen langjährigen Freund nach dessen Pensionierung für ein wichtiges Projekt an seine Seite zurück. Er wird Berater in einer Arbeitsgruppe zum Aufgaben- und Bürokratieabbau. In der Öffentlichkeit überschätzt wird wohl der direkte Einfluß des versierten Verwaltungsmanns auf ein anderes zentrales Vorhaben des Regierungschefs: die große Verwaltungsreform. Teufel legt zur Überraschung seines Kabinetts 2003 ein Reformpapier vor, das auf eine weitreichende Flurbereinigung der Behörden in Baden-Württemberg abzielt und dem Ministerpräsidenten als großer Coup angerechnet wird.

Auch wenn Volle seinem Freund Teufel bei dem Konzept nicht direkt die Feder geführt hat, verwundert es nicht, daß durch den skizzierten Behördenumbau vor allem die Landräte in Baden-Württemberg gestärkt werden. Zwar sehen einige Minister, die im Zuge der Verwaltungsreform an Macht und Einfluß verlieren, aber auch die Protagonisten der Regionalverbände, die vergeblich auf mehr Kompetenzen gehofft hatten, fälschlicherweise im spätberufenen Berater Hans Volle den Belzebub, der eine Teuflische Reform ins Werk gesetzt hat. Gerne verweisen die Kritiker auch darauf, daß Erwin Teufel noch einen Schwager habe, der gleichfalls als Landrat in Amt und Würden ist. In Wirklichkeit ist es wohl so, daß Teufels Überzeugungen längst gefestigt waren und die Pläne fertig in der Schublade liegen, als er die Reform in die Wege leitet. Den letzten Anstoß dafür gibt die FDP, die von ihren regionalen Vorstellungen abrückt. Teufel selbst setzt konsequent seinen Leitgedanken um, daß die kleinere Einheit die Aufgaben besser erledige als die nächst höhere Ebene – zumal wenn, wie von den Landräten versprochen, sich auch noch Kosteneinsparungen von zwanzig Prozent ergeben. Dennoch läßt sich die Affinität Teufels zu den Landräten, die aus dem gleichen kommunalen Holz geschnitzt sind wie er selbst, durchaus in der Verwaltungsreform ablesen, deren Grundstein letztlich bereits in der Spaichinger Zeit gelegt wurde.

Es werden noch andere Grundsteine gelegt unter dem neuen Bürgermeister im Primtal. Vor allem der kränkelnden Wirtschaft, von der Krise der Möbel- und Zigarrenfabriken heftig gebeutelt, verhilft Erwin Teufel zum Aufschwung. Der junge Rathauschef studiert die Wirtschaftsteile überregionaler Zeitungen und legt einer Reihe von Unternehmen, denen gute Zukunftsperspektiven bescheinigt werden, den Standort in Spaichingen wärmstens ans Herz. Er schreibt Firmenchefs an, und fragt nach, ob sie nicht eine Filiale in seinem Industriegebiet gründen wollen. Diese Politik macht sich bezahlt. Es gelingt Erwin Teufel, insgesamt acht Metallbetriebe in der Stadt anzusiedeln, die Hunderte von Arbeitsplätzen schaffen. Die Dimension des Strukturwandels wird an Zahlen deutlich: Zwischen 1958 und 1978, in der Teufel acht einschneidende Jahre in Spaichingen verbringt, steigt die Zahl der Erwerbstätigen in der Metall- und Elektroindustrie von 358 auf 1470. Im selben Zeitraum sinkt die Zahl der Beschäftigten in der Holzindustrie von 715 auf 195 und in der Nahrungs- und Genußmittelindustrie von 700 auf 100. Heute nennen Zeitungsleute die Stadt an der Prim manchmal „Klein-Sindelfingen“, weil sich die Spaichinger als Produzenten von Drehteilen einen Namen gemacht haben und mit Autowerken wie Daimler-Chrysler verbandelt sind.

Es ist eine gute Zeit für den Schultes von Spaichingen. Nichts spricht sich mehr herum als der Erfolg. Bereits ein Jahr nach seiner Wahl wird Teufel mit Glanz und Gloria in den Kreistag gewählt. Es sieht nach Lebensplanung aus. Aber er haßt diesen Begriff. „Die Lebensplanung liegt in Gottes Hand“, wird er später sagen. „Deswegen halte ich nichts davon. Wenn man plant, kommt es dreimal anders.“

Daß es anders kommen wird, ist seinen Vertrauten längst klar. Sie wissen um seine Stärken. „Daß er für höhere Aufgaben qualifiziert ist, das haben viele in Spaichingen gespürt", sagt Franz Schuhmacher, der seit 1968 im Gemeinderat der Stadt ist und dieses Amt bis heute bekleidet. Auch Hermann W. Maier vom Heuberger Boten macht sich bereits 1965, ein Jahr nach Teufels Amtsantritt, ernste Sorgen, wie einem Zeitungsartikel zu entnehmen ist:

„Die Bürger fürchten, daß er nicht lange in Spaichingen bleiben wird, daß man ihn in die große Landes- oder Bundespolitik rufen wird. Aber davon will Erwin Teufel nichts wissen. Er hat sich zur Aufgabe gestellt, in dieser achtjährigen Amtszeit die Weichen in der städtischen Entwicklung so zu stellen, daß Spaichingens Zukunft gesichert ist. Man darf deshalb als sicher voraussetzen, daß er bestimmt bis 1972 Bürgermeister von Spaichingen bleiben wird. Dann wäre er 33, und bis dahin fließt noch viel Wasser die Prim hinunter."

Der Redakteur sollte recht behalten. Obwohl es ihm nicht an verlockenden Angeboten von größeren Städten wie Tuttlingen gefehlt hat, bleibt Teufel bis 1972 in Spaichingen. Ein Jahr vor seinem Abschied kann er seine Arbeit als Bürgermeister krönen: Seine Stadt landet im Bundeswettbewerb „Bürger es geht um deine Gemeinde" ganz vorne und wird mit der Goldmedaille ausgezeichnet. Bei der Preisverleihung in Bonn, die von Graf Lennart Bernadotte von der Bodenseeinsel Mainau eröffnet wird, erhält die Rathausmannschaft allerhöchstes Lob. Das Urteil der Jury: „Spaichingen hat sich auf Grund starker Initiativen sowohl seitens der Allgemeinheit und auch seitens der Stadtverwaltung aus einer wirtschaftlich ungünstigen Position zu einer aufstrebenden, beispielgebenden Gemeinde entwickelt. Die Stadt ist ein gutes Beispiel für den heute vieldiskutierten und gewünschten demokratischen Planungs- und Entwick-

1971 wird Spaichingen bei einem bundesweiten Wettbewerb als vorbildliche Stadt gewürdigt. Es ist die Krönung für den ehrgeizigen Bürgermeister Erwin Teufel (ganz rechts). Zur Preisverleihung nach Bonn fahren auch der Kämmerer Wolfgang Rückert (zweiter von links) und Teufels Sekretärin Hilde Troje.

lungsprozeß. Sie braucht als Siegergemeinde das Übermorgen nicht zu fürchten, weil sie erkannt hat, was das Morgen unausweichlich bringt."

Bei so viel Balsam für die Seele ist es nicht verwunderlich, daß die Abgesandten aus Spaichingen auf dem Foto zur Preisverleihung allesamt lächeln. Mitgereist ist neben der Sekretärin Hilde Troje auch Kämmerer Wolfgang Rückert und natürlich der Bürgermeister selbst, der die längste Zeit in Spaichingen gewesen ist. Das Land ruft.

Den Abschied aus Spaichingen läuten drei einflußreiche Herren aus Villingen-Schwenningen ein, die unabhängig voneinander dem bereits weithin bekannten Bürgermeister eine Kandidatur für den Landtag anbieten. Einer von ihnen ist Karl Brachat, der Erwin Teufel zu sich ans Sterbebett bittet. Der langjährige Landtagsabgeordnete kann die Legislaturperiode nicht mehr zu Ende machen und sieht in dem jungen Bürgermeister den kommenden Mann. Brachat stirbt am 24. Mai 1971. Für ihn rückt Alfons Stadler nach. Teufel sucht das Gespräch mit dem Parteifreund. Stadler hat keine Ambitionen.

Das Angebot, in Villingen für den baden-württembergischen Landtag zu kandidieren, ehrt den umworbenen Teufel, aber es belastet ihn auch. Es ist keine leichte Situation für den umtriebigen Schultes, zu dessen Charaktereigenschaften der Ehrgeiz gehört. In seiner Brust schlägt ein Herz für die Politik, aber auch eines für die Familie, die ihr viertes Kind erwartet. Für Edeltraud und Erwin Teufel ist deshalb eines klar: Gegen die Kandidatur spricht nichts, wenn die Zukunft in Spaichingen liegt. Es ist ihnen bewußt, daß mit dem Landtagsmandat eine Zäsur einhergehen wird. Aber als einfacher Abgeordneter kann der Lebensmittelpunkt weiter in Spaichingen sein. Die Stadt will Erwin Teufel nicht missen, schon gar nicht als Bürgermeister. Und

Edeltraud Teufel will vor allem ihren Mann nicht missen. Sie läßt keinen Zweifel daran, daß sie ihn auch weiter unterstützen wird. Aber ebenso klar ist für die junge Mutter, daß sie die Zukunft in Spaichingen sieht, in der Stadt, in der ihre junge Familie eingebettet ist.

Aber Erwin Teufel ist nicht irgendein Kandidat, er ist der Spitzenmann der Jungen Union. Da tun sich Fragen auf, bevor die Wahllokale öffnen. Was passiert, wenn die CDU bei der Landtagswahl zulegen kann? Was könnte das für ihn bedeuten? Wird er einfacher Landtagsabgeordneter sein, der nach den Sitzungen zurück in sein Rathaus nach Spaichingen fährt? Oder wird er sich auf Druck seiner Jungen Union mit einem Posten konfrontiert sehen, der seine Zukunft als Bürgermeister in Frage stellt? Könnte er ein solches Angebot, wenn es denn käme, guten Gewissens ablehnen? Die Antwort muß der Wähler geben – und der Ministerpräsident Hans Karl Filbinger. Wahrscheinlich hat Erwin Teufel zum Ende seiner ersten Amtsperiode als Bürgermeister von Spaichingen gespürt, worauf es hinauslaufen wird. Seit er 17 ist, macht er nun schon Politik. Mit 19 gehörte er dem Landesvorstand der Jungen Union, mit 21 dem CDU-Landesvorstand Württemberg-Hohenzollern an. Und jetzt?

Man spürt auch mehr als 30 Jahre später, daß Teufel damals in einem Gewissenskonflikt war. Wenn er auf dem Stuhl sitzt und seine Beine unaufhörlich hin- und herwetzen, dann ist das ein untrügliches Zeichen für verstärkte Anspannung. Bei der Rückblende auf die heißen Stunden im Frühjahr 1972 ist unterm Tisch einiges geboten. „Ich weiß nicht", sagt Erwin Teufel, „ob ich mich damals für das Landtagsmandat entschieden hätte, wenn mit klar gewesen wäre, was die Konsequenzen sind."

Die Konsequenzen sind bekannt. Eine an ihn herangetragene Berufung führt nach dem großen Wahlsieg der

CDU zu einem Bruch in seiner Biografie, der noch einer näheren Betrachtung bedarf. Das Ergebnis sei an dieser Stelle vorweggenommen: Erwin Teufel, 32 Jahre alt, wird unter dem neuen Innenminister Karl Schieß Staatssekretär im Innenministerium.

In Spaichingen heißt es Abschied nehmen vom Rathaus – und sich einrichten für die neue Zeit. Erwin Teufel setzt zum Ende seiner Amtszeit als Bürgermeister ein Zeichen und baut in Spaichingen für die Familie sein erstes und einziges Haus. Was die Zukunft bringt, muß sich zeigen. Eine große Karriere? In diesen Kategorien denkt er nicht, jedenfalls noch nicht. Der Architekt fertigt einen Entwurf für ein großes und schmuckes Haus, das nicht nur vier Kinderzimmer hat, sondern auch einen Preis von rund 500 000 Mark. Das ist viel Geld für einen Politiker, der nicht weiß, was ihn als Staatssekretär erwartet und wie lange er in Stuttgart sein wird. Erwin Teufel will nicht allein von der Politik abhängig sein, läßt deshalb die Finger von den teuren Plänen und baut ein günstigeres Fertighaus. Das läßt sich schneller abzahlen, auch ohne höhere Ämter. Man kann ja nie wissen. In Stuttgart sucht sich der Pendler eine angemessene Unterkunft, in der er übernachtet, wenn es nicht mehr nach Hause reicht. Er geht nicht ins Hotel, weil ihm das nicht liegt, sondern quartiert sich im Marienhospital bei den barmherzigen Schwestern vom heiligen Vinzenz ein. Er wird das schlichte Zimmer mit Bett und Naßzelle lange behalten – und es auch als Ministerpräsident des Landes Baden-Württemberg nicht aufgeben.

Wenigstens in einem Punkt wird dem scheidenden Bürgermeister der Wechsel nach Stuttgart erleichtert: Was seine Nachfolge im Rathaus anbelangt, zeichnet sich eine Lösung ab, die ihn in der Gewißheit gehen läßt, daß die Stadt in gute Hände kommt. Als sein Nachfolger bewirbt sich ein zwei Jahre jüngerer Mann seines Vertrauens, der mit der Bestnote die Inspektorenprüfung gemacht und dann mit 78 Prozent der Stimmen im ersten Wahlgang zum Bürgermeister von Möhringen gewählt worden ist. Die Stadt fusionierte später mit dem weit größeren Tuttlingen, und der Bürgermeister namens Albert Teufel suchte sich eine neue Herausforderung. In Spaichingen hat er unzweifelhaft einen Bonus – als Bruder des scheidenden Bürgermeisters.

Albert Teufel ist alles andere als zweite Wahl für Spaichingen. Er bleibt 32 Jahre lang Bürgermeister in der Stadt, die unter seiner Regie auf mehr als 12 000 Einwohner wächst. Vor seiner letzten Amtszeit schalten alle Fraktionen im Gemeinderat eine gemeinsame Anzeige und werben für den verdienten Amtsinhaber. Zu seinem Abschied 2004 veröffentlichen die Heimatzeitungen ganze Beilagen, und der Tuttlinger Landrat Guido Wolf huldigt Albert Teufel als einen ausgezeichneten Verwaltungsmann, der „Wärme ins Betonrathaus gebracht" hat. Zur Belebung der Bürokratenhochburg hat Albert Teufel im Untergeschoß einen Supermarkt angesiedelt. Ein Schmankerl, das der Südwestpresse nicht entgangen ist:

„Unten kaufen die Leute Hundefutter, und oben zahlen sie die Steuer für ihren Liebling."

Doch so lustig ist es nicht immer gewesen, denn der Stabwechsel im Rathaus hat auch kritische Kommentare nach sich gezogen. Daß Albert Teufel, der auch noch mit der Schwägerin seines großen Bruders verheiratet ist, in Spaichingen das Erbe von Erwin Teufel angetreten hat, legten Kritiker als Familienplanung aus. Es ist nicht das einzige Mal in seiner politischen Laufbahn, daß sich Erwin Teufel dem Verdacht ausgesetzt sieht, er betreibe Vetterleswirtschaft. Ein hoher Ministerialbeamter, der noch immer im Geschäft ist, will zwar so weit nicht gehen, sieht aber in der

Kontaktpflege ein nicht zu unterschätzendes Instrument, das Teufel gezielt für sich einsetzt: „Da gab und gibt es eine ungeheuere Vernetzung in seinem Gäu."

Doch beim Abschied in Spaichingen ist das alles kein Thema. Die Primtäler flechten ihm dicke Kränze. Der Heuberger Bote widmet Erwin Teufel eine Sonderseite und zitiert den stellvertretenden Bürgermeister Eugen Schwärzer mit den Worten: „Sie haben unsere Hoffnungen, die wir in Sie gesetzt hatten, übertroffen. Sie haben aus unserer Stadt eine Stadt mit Zukunft gemacht, die in den acht Jahren ihres Wirkens eine überaus steile Aufwärtsentwicklung genommen hat. Von der Ära Teufel wird man auch noch in späteren Generationen in Spaichingen sprechen."

Der scheidende Bürgermeister geht als eine Art Prinz in die Geschichte der Stadt ein, der die schlafende Jungfrau unterm Berg wachgeküßt hat. Der Schwarzwälder Bote berichtet zum Abschied, daß die Stadt ihren Schultes gerne zum Ehrenbürger ernannt hätte, was man jedoch „in Anbetracht seiner Jugend als Reserve bereithält".

Erwin Teufel bezeichnet die Jahre in Spaichingen als die schönsten in seinem Leben. Sie haben ihn ganz entscheidend geprägt. Die Zeit nennt ihn später „einen ewigen Bürgermeister". Aber bis in die Villa Reitzenstein ist es noch lange hin. Nach dem Abschied vom Rathaus muß Erwin Teufel lange warten, bis er einen ähnlichen Gestaltungsspielraum bekommt.

Spaichingen bleibt sein Lebensmittelpunkt. Über die Familie hält er auch später als Regierungschef den Kontakt zu Vereinen, schreibt ihnen Grußworte, läßt sich beim Jahrgangstreffen vor der Stadtkirche ablichten. Er wird eine Art Bürgerpräsident, der hin und wieder mit dem Hubschrauber abhebt. Als Mensch aber bleibt er auf dem Boden. Manchmal kommt der Stoiber aus Bayern nach Spaichin-

Im Gefolge des Oberbürgermeisters von Sankt Petersburg besucht ein junger Mann 1993 den Hof der Familie in Zimmern ob Rottweil und kehrt bei Gerold Teufel (zweiter von rechts) ein. Es ist Wladimir Putin (ganz links), damals noch Referent des Oberbürgermeisters Sobtschak und heute russischer Präsident.

gen. Einmal ist der frühere Oberbürgermeister von Sankt Petersburg, Anatolij Sobtschak, in die Primstadt gereist. Er will sich Spaichingen ansehen und in Zimmern auch das Geburtshaus des Ministerpräsidenten. Es ist der 7. März 1993. Auf den Fotos steht Sobtschaks persönlicher Referent neben Erwin und Gerold Teufel. Der Mann heißt Wladimir Putin und ist heute russischer Staatspräsident.

Bei alledem ist es nicht verwunderlich, daß die Spaichinger ihren Erwin Teufel am Ende doch noch auf den Schild gehoben haben. Im Februar 2003 bekommt er die Ehrenbürgerwürde. Die Laudatio bei der Feierstunde hält traditionell der Bürgermeister, der in diesem Fall ein naher Verwandter ist. Außer Erwin Teufel lebt in Spaichingen nur noch ein Ehrenbürger. Es ist der Bruder Albert.

Im Umbruch

Staatssekretär in Stuttgart

Es ist kurz vor 12 Uhr. Pünktlich ist die Kabinettssitzung zu Ende gegangen. Die große politische Konfrontation ist selten, wenn sich die Minister am ovalen Tisch in der Villa Reitzenstein treffen. Die Ministerialdirektoren der einzelnen Ressorts haben die Themen bestens vorbereitet. Droht Streit, dann wird er in aller Regel vorher entschärft. An diesem Vormittag sind sich alle einig. Es geht um die Verkehrs- und die Energiepolitik von Rot-Grün in Berlin. Die Pressemitteilungen sind formuliert, als Teufel wenig später vor dem Landtag aus dem Mercedes steigt und das im Schloßgarten liegende Parlamentsgebäude betritt. Zeit für die Journalisten. Erwin Teufel wird den Medien über eine Bundesratsinitiative berichten.

Wer hätte gedacht, daß er sich einmal der Presse des ganzen Landes stellen müßte? Eigentlich wollte Erwin Teufel Bürgermeister bleiben und Landtagsabgeordneter werden. Zumindest sagt er das. Dann verfällt er, der einst mit dem Beruf des Reporters geliebäugelt hatte, in die Sprache des Sports. Er redet vom Standbein, womit er das Amt des Bürgermeisters meint. Und er spricht vom Spielbein, dem 1971 anvisierten Landtagsmandat. Denn die Landespolitik sollte nicht das alles bestimmende Betätigungsfeld werden. Doch es kommt anders, ganz anders.

Das Jahr 1972, das in vielerlei Hinsicht so bedeutsam für die Geschichte der Bundesrepublik Deutschland und des Landes Baden-Württemberg werden sollte, es bedeutete auch einen Einschnitt im Leben Erwin Teufels und seiner Familie. Alles ist im Umbruch. Das hat mit Erwin Teufel selbst zu tun. Aber mehr noch mit dem politischen Klima, das in der Republik vorherrscht.

Es sind politisch bewegte Zeiten am Ende der sechziger und zu Beginn der siebziger Jahre. International und national. Der Krieg in Vietnam spaltet die Völker rund um den Erdball, vor allem der westlichen Welt. Die USA sind verunsichert, dort kämpfen die schwarzen Amerikaner um die ihnen seit Jahrzehnten vorenthaltene Gleichberechtigung. Die Morde an Robert Kennedy und Martin Luther King rütteln die Menschen auf, wie sie die ersten Schritte eines Menschen auf dem Mond bewegen – es sind die Amerikaner Neil Armstrong und Edwin Aldrin, die, Millionen Kilometer entfernt und von Millionen von Menschen am Fernseher beobachtet, das bisher Undenkbare wagen. In den Zeiten des kalten Kriegs gerät der Prager Frühling und mit ihm die gerade im Westen weitverbreitete Hoffnung auf ein menschliches Antlitz des Sozialismus unter die Panzerketten der Sowjets. Ein Gefühl von Unsicherheit macht sich breit, der Wettkampf der Systeme und das mühsam austarierte Gleichgewicht des Schreckens werden zur politischen Doktrin.

Es ziehen Stürme über Deutschland. Studenten protestieren gegen den Muff von tausend Jahren unter den Talaren und demonstrieren mit Ho-Chi-Minh-Rufen gegen den auch mit Napalmbomben geführten Feldzug der Weltmacht USA in Vietnam, die damit vergebens die kommunistische Expansion nach Süden stoppen wollen. Benno Ohnesorg wird in Berlin bei einer Demonstration gegen den Schah von Persien von einem Polizisten erschossen, zwei Jahre später strecken in einem aufgereizten Klima die Kugeln eines Attentäters den Studentenführer Rudi Dutschke nieder. Das kleine Deutschland, das sich nach dem Wirtschaftswunder komfortabel eingerichtet hat, ist zumindest in den Großstädten und an den Universitäten in Aufruhr.

Die Fragen nach der Rolle der Deutschen im Zweiten Weltkrieg, die Fragen nach dem Verhalten der Väter, die Fragen nach den Lehren aus dem Dritten Reich, die sich Erwin Teufel schon in den fünfziger Jahren gestellt und die ihn zum politischen Engagement in der CDU gebracht haben, stellen sich einer neuen politischen Generation. Ihre Antworten fallen anders aus, das wissen wir heute – auch wenn die Karriere, die Erwin Teufel in den siebziger Jahren machen wird, schon ein bißchen an das erinnert, was Linke später als Marsch durch die Institutionen bezeichnen werden.

Während sich Teufel im überschaubaren Spaichingen die ersten Sporen als Bürgermeister verdient, während er in der Union in Württemberg-Hohenzollern seine Kreise zieht, steht die Politik in Deutschland vor unübersehbaren Veränderungen. „Keine Experimente", dieser Wahlspruch des auch von Teufel verehrten ersten Bundeskanzlers Konrad Adenauer sollte ausgedient haben. Dabei sind die Bundes- und die baden-württembergische Landespolitik Mitte der sechziger Jahre personell und strategisch wohl so eng verzahnt, wie sie es zuvor nie gewesen waren und wie sie es bis heute nie mehr werden sollten.

Die CDU/CSU-FDP-Bundesregierung gerät unter dem von Adenauer und einflußreichen Kreisen um den CDU-Generalsekretär Bruno Heck wenig gelittenen Kanzler Ludwig Erhard in eine ernste Krise. Die Folgen wiegen schwer. Ende Oktober 1966 demissionieren die FDP-Minister aus dem gerade ein Jahr bestehenden zweiten Kabinett Erhardt. In Bonn bildet sich eine Große Koalition aus Union und SPD.

Dieser personelle und politische Wechsel bleibt auch im Südwesten nicht ohne Auswirkungen. Hier hat von 1953 bis 1960 eine Allparteienregierung unter Führung der CDU regiert, an deren Spitze nach der Wahl des Regierungschefs Gebhard Müller zum Präsidenten des Bundesverfassungsgerichts 1958 ein neuer Mann steht. Es ist Kurt Georg Kiesinger. Nach der Landtagswahl im Mai 1960 bildet er eine kleine Koalition mit der FDP unter Ausschluß der SPD. Erneuert wird dieses Bündnis 1964 nach Gewinnen der CDU, die jedoch auch auf das Aufsaugen der Vertriebenenpartei BHE, des Bundes der Heimatvertriebenen und Entrechteten, zurückzuführen sind. Die FDP muß in ihrem Stammland abermals Verluste hinnehmen.

Eigene Schwierigkeiten und mehr noch gravierende Bonner Veränderungen, die eine Spur Unstetigkeit in die bis dahin festgefügten Machtverhältnisse der noch jungen Republik bringen, destabilisieren die Stuttgarter Regierung. Eine sich abzeichnende Personalie beschleunigt den Zerfallsprozeß. Kurt Georg Kiesinger soll Kanzler der Großen Koalition in Bonn werden, unterstützt von Bruno Heck und vom CSU-Vorsitzenden Franz Josef Strauß.

Es ist relativ rasch klar, daß der seit 1960 amtierende Innenminister Hans Karl Filbinger Nachfolger im Amt des Stuttgarter Ministerpräsidenten werden soll. Das trägt auch die FDP mit. Doch die wegen ihrer Wahlniederlagen verunsicherten Liberalen legen aus anderen Gründen die Axt an die bestehende Koalition mit der CDU. In Bonn liebäugeln Union und SPD mit dem Mehrheitswahlrecht, das für die FDP das politische Aus bedeutet hätte. Auch die seit Beginn des Südweststaats ungelöste und von den Parteien unter-

Hans Filbinger ist Ministerpräsident, als Erwin Teufel seine Karriere in Stuttgart beginnt.

schiedlich bewertete Frage, ob Konfessionsschulen oder Gemeinschaftsschulen die Zukunft gehört, trübt das Koalitionsklima.

Vor diesem Hintergrund verhandelt die FDP an einem denkwürdigen Tag, dem 12. Dezember 1966, sowohl mit der CDU als auch mit der SPD über ein neues Bündnis. Doch statt des Trumpfasses der Mehrheitsbeschaffer, wie sie selber glauben, halten die sich ins Abseits taktierenden Liberalen am Ende eine Lusche in Händen. Filbinger einigt sich in dramatischen Stunden, die als „Nacht der langen Messer“ in die Landesgeschichte eingehen, mit der SPD auf eine Große Koalition nach Bonner Vorbild. Stellvertretender Regierungschef und Innenminister wird der SPD-Politiker Walter Krause. Als die Liberalen nach ausufernden Beratungen kundtun, sie hätten sich für die SPD entschieden, haben Rote und Schwarze längst ihre Einigung öffentlich gemacht. Die FDP erntet nur noch höhnisches Gelächter.

Filbingers spektakulärer Schwenk mitten in einer Legislaturperiode beruht einerseits auf dem Unwillen der Christdemokraten, sich weiterhin von den Liberalen vorführen zu lassen. Andererseits will die CDU mit aller Macht eine Situation wie 1952 verhindern, als sie nach der ersten Wahl im neuen Südweststaat und bei der Staatsgründung als stärkste Fraktion von einem Bündnis der anderen Parteien, wenn auch nur für ein Jahr, auf die Oppositionsbänke geschickt worden war.

Die Nacht der langen Messer sollte lange nachwirken. Filbinger legt mit dem bis heute in der Landesgeschichte beispiellosen Koalitionswechsel im Verlauf einer Legislaturperiode und ohne Bestätigung der Wähler die Grundlage für die absoluten Mehrheiten der CDU in den siebziger und achtziger Jahren – und weist der FDP in ihrem Stammland eine dreißig Jahre dauernde, bittere Rolle als Oppositionsfraktion zu. Erst Mitte der neunziger Jahre geht der Premier des Landes wieder einen Pakt mit den Liberalen ein. Es ist Erwin Teufel. Aber das ist lange hin.

Noch ist er Bürgermeister von Spaichingen. Während der junge Rathauschef die Stadt an der Prim umkrempelt, setzt in Stuttgart das neue Bündnis aus CDU und SPD seine Zwei-Drittel-Mehrheit im Parlament zur Lösung der leidigen Schulfrage ein. Die Regierung setzt sich im zaudernden Südwürttemberg über den erbitterten Widerstand der katholischen Kirche und Teilen der CDU hinweg, die an konfessionsgebundenen Bildungseinrichtungen festhalten wollen.

Filbinger und Krause stellen außerdem die Weichen für eine erste Verwaltungsreform, die von einer Kommission vorbereitet wird, in der neben dem späteren Stuttgarter Oberbürgermeister Manfred Rommel auch der aufstrebende Bürgermeister Erwin Teufel sitzt. Die Wege der beiden sollten sich künftig noch häufig kreuzen.

Unterdessen übersteht das vor allem an der Parteibasis ungeliebte Bündnis zwischen CDU und SPD auch die Landtagswahl 1968, bei der die rechtsextreme NPD überraschend ins baden-württembergische Parlament einzieht. Danach allerdings gerät der CDU-SPD-Pakt im Südwesten angesichts der bundespolitischen Großwetterlage in Turbulenzen. In Bonn wird 1969 in Willy Brandt erstmals in der bundesdeutschen Geschichte ein SPD-Politiker zum deutschen Bundeskanzler gewählt. Mehrheitsbeschaffer sind die Liberalen.

Vor der nächsten Landtagswahl, die Ende April 1972 stattfindet, gibt es nur zwei Möglichkeiten: eine SPD-FDP-Koalition auch im Land Baden-Württemberg oder die erste Alleinregierung der CDU in der südwestdeutschen Nachkriegsgeschichte. Es ist jene Landtagswahl, der ein erbitterter Wahlkampf vorausgeht. Ein Wahlkampf, der auch das Leben des jungen Bürgermeisters von Spaichingen entscheidend verändern sollte.

Erwin Teufel hat Anfang der siebziger Jahre bereits die Basis gelegt für wachsenden Einfluß, manche würden auch sagen für seine Macht, und seine Beziehungen, mit denen er innerhalb des folgenden Jahrzehnts zum zweiten Mann der baden-württembergischen CDU werden sollte. Er ist Vorsitzender der kommunalpolitischen Vereinigung der CDU und sitzt als einer der wenigen Kommunalpolitiker in den Führungsgremien sowohl der CDU in Württemberg-Hohenzollern als auch der Jungen Union auf Landesebene. Das alles folgt einer inneren Logik.

Die Christdemokraten im Südwesten sind zu dieser Zeit in einer wichtigen Umbruchphase. Nach dem Zweiten Weltkrieg gibt es zwischen Rhein und Neckar, zwischen Jagst und Donau vier Landesverbände der CDU: Nordbaden, Südbaden, Nordwürttemberg und Württemberg-Hohenzollern. Sie spielen beim Zusammenwachsen des jungen Südweststaats in den fünfziger Jahren eine wichtige, wenn auch unterschiedliche Rolle. Vor allem die Südbadener wehren sich lange und über das Gründungsdatum im Jahr 1952 hinaus gegen den Zusammenschluß der südwestdeutschen Länder.

Gerade in der CDU tobt der Kampf um Baden-Württemberg besonders stark. Hier treffen die Gegensätze in aller Schärfe aufeinander – auch deshalb, weil die Parteichefs zumeist die Staats- oder Ministerpräsidenten der drei Vorgängerländer Württemberg-Baden, Württemberg-Hohenzollern und Baden sind. Jedenfalls soll die ohnehin schwierige Zusammenarbeit nach der Gründung des Südweststaats nicht auch noch dadurch belastet werden, daß die vier Landesverbände der CDU fusionieren. Wie schwierig die Situation damals war, macht Paul Ludwig Weinacht in seinem Buch über die Geschichte der CDU Baden-Württembergs deutlich: „Die Auflösung des alten Bundeslandes Baden, richtiger, das Ausbleiben der Wiederherstellung des alten Baden, bringt die Partei in die schwerste Belastungsprobe ihrer Geschichte."

Vor diesem Hintergrund behalten die vier CDU-Landesverbände zunächst weiter ihre Eigenständigkeit, was allerdings zu erheblichen Reibungsverlusten vor allem in der Fraktionsarbeit, aber auch vor Bundes- und Landtagswahlen führt. Es gibt große Unterschiede in den Landesverbänden. In den stark katholisch und bäuerlich geprägten südlichen Landesteilen mit einer ländlich-kleinstädtischen Siedlungsstruktur ist die CDU von Anfang an die führende, mehr noch die dominante politische Kraft. Anders dagegen in Nordbaden und Nordwürttemberg mit dem hohen Anteil von Protestanten, Industriearbeitern, Heimatvertriebenen und Flüchtlingen. Hier tut sich die CDU viel schwerer, was sich auch in den Wahlergebnissen niederschlägt, die bis Anfang der sechziger Jahre in Südwürttemberg um bis zu 15 Prozentpunkte besser sind als in den nördlichen Landesteilen.

Der württembergisch-hohenzollerische Landesverband, dem auch Erwin Teufel angehört, zählt zu den stärkeren Kräften im Quartett der vier baden-württembergischen CDU-Organisationen. Das gilt vor allem personell. Die Ministerpräsidenten Gebhard Müller und Kurt Georg Kiesinger kommen aus seinen Reihen, mit Bruno Heck stellt er einen einflußreichen Bundespolitiker. Das gilt aber auch politisch, da er weitaus mehr gestaltende Kraft für den Zusammenschluß des neuen Landes Baden-Württemberg sein kann als der in einer strikten Verweigererrolle gefangene südbadische Verband.

Spätestens Anfang der sechziger Jahre werden die Stimmen lauter, die das Ziel haben, den Anachronismus von vier Landesverbänden in einem Bundesland zu beenden, und einen Zusammenschluß vorschlagen. Auch in der CDU Württemberg-Hohenzollern wird diese Debatte immer heftiger geführt, auch wenn sich der dortige Parteivorsitzende, der Bundestagsabgeordnete und spätere Staatssekretär im Bundesverteidigungsministerium, Eduard Adorno, zumindest abwartend verhält. An ihm wird sich Erwin Teufel noch reiben.

Einer der Wortführer der Fusion ist ein aufstrebender junger Mann, über den Uwe Dietrich Adam in dem von der Landeszentrale für politische Bildung herausgegebenen Buch „Die CDU in Baden-Württemberg und ihre Geschichte“ schreibt: „Er verkörpert den neuartigen Typus des nüchternen, einzig auf Effizienz bedachten, ideologisch weniger gebundenen Parteikarrieristen“, für den „gerade die Junge Union ein ausgesprochenes Karrierevehikel für den politischen Aufstieg darstellt“. Die Rede ist von Heiner Geißler. Vehement betreibt er mit der Jungen Union den Zusammenschluß der vier Landesverbände zu einer baden-württembergischen CDU.

Letztlich entscheidend ist aber, daß der Ministerpräsident Hans Filbinger, damals Vorsitzender der CDU Südbaden, den Zusammenschluß mit seinem ganzen politischen Gewicht fördert. Wenn schon ein Badener für die Fusion ist, dann kann eigentlich nichts mehr schiefgehen. Filbinger wird denn auch im Parteivorstand gegen Adorno zum neuen Landesvorsitzenden gewählt und auf dem Vereinigungsparteitag im Januar 1971 in diesem Amt bestätigt. Weit mehr Aufregung verursacht beim ersten Landesparteitag der baden-württembergischen CDU in Baden-Baden aber eine andere Personalie: Für das Amt des stellvertretenden

Landesvorsitzenden kandidiert gegen Adorno ein gewisser Erwin Teufel, der nur 19 Stimmen weniger als der Bundespolitiker erhält und später mit dem viertbesten Ergebnis als einer der 16 Beisitzer in den Landesvorstand gewählt wird. Zum ersten Mal gehören Teufel, der „geschichtemachende Bürgermeister in der Klavier- und Stumpenfabrik Spaichingen", wie die Stuttgarter Zeitung berichtet, landesweit die Schlagzeilen, von denen eine lautet: „Bei der vereinten CDU war der Teufel los."

Trotz der Niederlage gewinnt Teufel beim Parteitag an Profil. „Der geringe Vorsprung Adornos macht deutlich, daß der Widerstand insbesondere der Jungen Union gegen ihn doch erheblich war", heißt es bei Uwe Dietrich Adam. Teufel gilt als Kandidat, ja als Repräsentant der Jungen Union. Seine Bewerbung wird als „personelle Kontroverse Adorno-Teufel" in den Zeitungen beschrieben. Zudem gilt Teufel als Befürworter der auch in der CDU umstrittenen Verwaltungsreform – und er wird offen unterstützt vom Generalsekretär der Bundes-CDU, Bruno Heck, der Adorno in herzlicher Abneigung verbunden war.

Für Erwin Teufel sollte diese Kandidatur aus zwei Gründen eine prägende Erfahrung sein. Der junge Politiker wird auf dem Parteitag erstens durch eine geschickte Taktik der Adorno-Freunde überrumpelt. Zweitens muß er zur Kenntnis nehmen, daß eine Partei gelegentlich ihre eigene Dynamik entwickelt. Den Delegierten hat er ein ambitioniertes Sieben-Punkte-Programm für die fusionierte Landespartei präsentiert, das aber nicht die erwartete positive Reaktion auslöst. Es erscheint vielen Parteifreunden zu hochtrabend und kratzt an bestehenden Pfründen. „Ich bin immer noch der offensichtlich irrigen Meinung, daß sachliche Gegenargumentation in der Partei zieht", wird Teufel in Zeitungen nach der Wahlniederlage zitiert. Er wird auch andere Lehren gezogen haben. Danach jedenfalls wird Erwin Teufel keine wichtige Personalwahl mehr verlieren.

Die Kampfkandidatur Teufels gegen den etablierten Adorno macht deutlich, wie heftig die Konflikte sind, die es zwischen der Jungen Union und der CDU in den sechziger und siebziger Jahren gibt. „So beispielsweise in Württemberg-Hohenzollern, wo sich eine ganze Junge-Union-Generation, die teilweise noch heute in der CDU des Landes Ämter und Mandate innehat, am seinerzeitigen CDU-Vorsitzenden Eduard Adorno, den man als Vorsitzenden einer modernen Volkspartei für nicht mehr zeitgemäß hielt, abarbeitete", schreibt Claus-Peter Grotz in dem Buch „Parteien in Baden-Württemberg" über die Junge Union. Zu denjenigen, die sich abarbeiten, da sind sich viele in der CDU damals und heute einig, kann man auch Erwin Teufel zählen.

Die personellen Ränkespiele und taktischen Finessen belegen, daß die Fusion der vier Verbände am Ende beileibe keine Liebesheirat gewesen ist. Sie war eher von der Vernunft und der Einsicht geprägt, daß dies den Notwendigkeiten für die politische Arbeit in einem Bundesland und mit einer Landtagsfraktion entspricht. Unterm Strich freilich hat die CDU mit dem Zusammenschluß strukturell die Weichen dafür gestellt, daß sie die dominierende politische Kraft im Südwesten bleiben wird und ihr Einfluß auf die Bundespartei wächst.

Für Erwin Teufel allerdings hat die Geschichte noch einen anderen Aspekt. Im Vorfeld der Landtagswahl 1972 nämlich entbrennt ein Streit zwischen dem neuen Landesverband und der Landtagsfraktion, der für ihn nicht ohne Folgen bleiben sollte. Der Parteivorstand nominiert eine Führungsmannschaft. Die brüskierte Fraktion kontert ihrerseits mit einer 27 Namen umfassenden Liste für geeignetes Führungspersonal. Letztlich scheitert die Fraktion, das Modell mit dem sogenannten „Spitzensextett" setzt sich durch. Der neue Landesvorstand hat seine erste Machtprobe bestanden. Es ist auch ein Erfolg Filbingers, der deutlich macht, welche starke Stellung sich aus der Ämterkombination Landesvorsitzender und Ministerpräsident ergibt. Sie wird zu einer der bestimmenden Kräfte der Ministerpräsidentenpartei CDU werden.

Zur Sechsermannschaft gehören nicht nur die amtierenden Minister Robert Gleichauf (Finanzen), Wilhelm Hahn (Kultus), Friedrich Brünner (Landwirtschaft) und Adalbert Seifritz (Bundesangelegenheiten), sondern auch zwei externe Politiker: die Bundestagsabgeordnete Annemarie Griesinger und der Spaichinger Bürgermeister Erwin Teufel. Der damals 32jährige verdankt seine Nominierung in erster Linie dem gewaltigen Druck, den die Jungen Union aufbaut, um einen ihrer Vertreter in das Sextett zu bekommen. Teufels Nominierung gilt als einer ihrer größten Erfolge, er verkörpert den Anspruch des Parteinachwuchses auf eine Beteiligung bei der Ämterverteilung und, wenn man so will, an der Regierungsmacht.

Noch aber ist es nicht so weit. Obwohl mit der Verwaltungsreform, die kontrovers diskutiert wird, ein heißes landespolitisches Thema die Wahl hätte bestimmen können, steht die Landtagswahl 1972 unter bundespolitischen Vorzeichen. Sie gilt als Test für den Bestand der Bonner Koalition, auch als Stimmungstest für die von der Union heftig bekämpfte Ost- und Gesellschaftspolitik des sozialliberalen Bündnisses unter Willy Brandt und Walter Scheel. SPD und FDP hoffen im Land auf eine Koalition wie im Bund und wollen damit auch die Mehrheit im Bundesrat gewinnen. Die Union sieht nicht nur die Möglichkeit, eine absolute Mehrheit im Südwesten zu erringen, sie will mit einem Wahlsieg auch das Bonner Bündnis kippen.

Der Wahlkampf ist von ungewöhnlicher Schärfe. Filbinger, der sich ansonsten in der Rolle des über Parteigrenzen hinweg populären Landesvaters gefällt, und auch die stark mobilisierte CDU setzen ganz bewußt auf eine parteipolitische Polarisierung, die später mit dem Slogan „Freiheit oder Sozialismus" noch verschärft wird. Die mithin unter vielerlei Aspekten schicksalhafte und im In- und Ausland mit großem Interesse verfolgte Landtagswahl hat mit einer Wahlbeteiligung von 80 Prozent nicht nur den höchsten Nachkriegswert, sondern in ihrer Deutlichkeit auch ein sensationelles Ergebnis. Die CDU erringt unter Filbinger mit 52,9 Prozent erstmals die absolute Mehrheit. Auch die SPD legt kräftig auf 37,6 Prozent zu, während die FDP auf den Tiefstand von 8,9 Prozent abstürzt.

Die Auswirkungen dieses historischen Wahlgangs im Jahr 1972 sind vielfältig. Bundespolitisch will die CDU die wegen der Ostverträge mit der Sowjetunion und Polen bereits geschwundene sozialliberale Mehrheit endgültig brechen. Der CDU/CSU-Fraktionsvorsitzende Rainer Barzel beantragt am Montag nach der Wahl ein konstruktives Mißtrauensvotum. Es wird scheitern. Die Union sitzt bis 1982 im Bundestag auf den Oppositionsbänken.

In Baden-Württemberg wird die Zusammenstellung des Kabinetts Filbinger spannend, gerade weil die CDU eine Alleinregierung bilden kann. Plötzlich sind viele Posten zu besetzen. Obwohl Filbinger als Ministerpräsident unangefochten ist, muß er der erstarkten Fraktion zugestehen, daß sie bei der Personalauswahl ein gewichtiges Wort mitspricht. Ja, mehr noch: Es kommt zu der bisher einmaligen Situation, daß die Fraktion auf ihrer konstituierenden Sitzung Anfang Mai im Mannheimer Rosengarten die Minister der Ressorts wählt, für die sich mehrere Kandidaten bewerben oder vorgeschlagen werden.

Es gibt muntere Kampfkandidaturen in einem Ausmaß, das in der Geschichte des Landes nicht wieder erreicht wird. So setzt sich der Säckinger Landtagsabgeordnete Rudolf Eberle mit nur einer Stimme Mehrheit gegen den nordwürttembergischen Bezirksvorsitzenden Gerhard Mahler durch – und wird neuer Wirtschaftsminister. Auch um die Besetzung an der Spitze des Sozialministeriums kommt es zu einer Kampfabstimmung. Annemarie Griesinger siegt und wird erste Ministerin in der Geschichte Baden-Württembergs. Einer ihrer unterlegenen Gegenkandidaten ist Erwin Teufel. Der Neuling im Landtag wird „von der Landtagsfraktion nicht für ein Ministerium ausersehen", heißt es in der Presse.

Die Stellung der Jungen Union ist jedoch so stark, daß Filbinger und die Fraktion, die überraschend Lothar Späth zu ihrem neuen Chef wählt, sie bei der Regierungsbildung nicht übergehen können. Nur so ist es zu erklären, daß der Bürgermeister von Spaichingen unversehens vor einem neuen Amt steht: Er wird 1972 politischer Staatssekretär im Innenministerium unter Karl Schieß, dem früheren Landrat von Überlingen.

Erwin Teufel also wird im Strudel der politischen Ereignisse nach oben geschwemmt. Er sieht sich plötzlich in der Regierung und muß deshalb sein geliebtes Amt als Bürgermeister aufgeben. Seine Vorstellung ist eine andere gewesen. „Ich habe auf Jahre damit gerechnet, daß ich Bürgermeister und Landtagsabgeordneter parallel bin", sagte er im Rückblick. Zumindest die zweite achtjährige Amtszeit als Bürgermeister habe er erfüllen wollen. Er sei „in diese Sache hineingeschlittert".

Ein Positionswechsel wider Willen? Alles nur Zufall? Das Amt ruft den verdutzten Mann? Ganz so ist es wohl auch nicht gewesen. Erwin Teufel hat die Aufnahme in die

Wahlkampfmannschaft wenn schon nicht angestrebt, so doch zumindest als vorteilhaft für sich erachtet. Der Grund dafür ist durchaus taktischer Natur, denn als Spaichinger Bürgermeister hat er sich in dieser Zeit zwar um Rottweil und Tuttlingen herum durchaus einen Namen gemacht, nicht aber im benachbarten Villingen, das im Regierungsbezirk Südbaden liegt. „Dort“, räumt Teufel heute ein, „kannte mich damals niemand“. Deshalb habe er der Aufnahme in das Spitzensextett der CDU Baden-Württembergs zugestimmt. „Es kann mir nicht schaden im eigenen Wahlkreis, wenn ich dadurch landesweit herausgestellt werde“, hat er sich gesagt.

Das freilich ist zurückhaltend formuliert: Die Berücksichtigung in der Führungsmannschaft ist der Grundstein, auf dem sich die mit atemberaubenden Tempo ablaufende Karriere Erwin Teufels in den nächsten Jahren aufbaut. Was danach im Jahr 1972 passiert, erinnert im Rückblick an einen Dominoeffekt, bei dem ein Stein nach dem anderen fällt – eine Entwicklung, die durch nichts mehr aufzuhalten ist. Die CDU gewinnt die absolute Mehrheit, es sind viele Stellen frei, die Junge Union drängt Filbinger, ihren Mann zu berücksichtigen – und Erwin Teufel steht die „damals schwierigste Sitzung und Entscheidung“ ins Haus, die nämlich, ob er das Angebot annehmen soll, in die Regierung einzutreten.

Der ausgeprägte politische Instinkt bedeutet dem 32jährigen, die Chance zu nutzen, wenn sie sich bietet. Es beschleicht ihn auch das Gefühl, daß es wohl schlecht ankommen würde, wenn einer, der als „Frischling“ in die Fraktion kommt und das Angebot auf einen Staatssekretärposten hat, einfach ablehnt. Schließlich schielen auch erfahrene Abgeordnete auf einen Posten in der Regierung, den Erwin Teufel nun im Blickfeld hat. Dahinter steckt auch die Befürchtung, dann auf Jahre hinweg nicht mehr gefragt zu werden – und das ist eine Konsequenz, die ihm noch weniger behagt als die Aufgabe des Bürgermeisterpostens.

Spätestens nach den Gesprächen unter vier vertrauten Augen zu Hause in Spaichingen muß Erwin Teufel bewußt gewesen sein, daß ihn eine Karriere in Stuttgart einen hohen Preis kosten wird. Er wird pendeln und dem Politiker ein Stück vom Familienmenschen opfern müssen. Er kann vieles mit seiner Edeltraud nur noch am Telefon besprechen. Genau 111 Kilometer sind es von Spaichingen in die Landeshauptstadt. Das kann weit sein.

„Es war eine Gemengelage von Vor- und Nachteilen, das war nicht einfach – und nun ist es halt so herum gelaufen", sagt Erwin Teufel im Abstand der Jahre. Er hat damals wohl keine Chance gesehen, sich anders zu entscheiden. Und der Reiz, den der politische Aufstieg in der Landeshauptstadt bietet und den er wohl auch verspürt hat, der läßt sich noch heute erahnen, wenn er fast beiläufig erwähnt: „Staatssekretär im Innenministerium: Das ist ja auch net nix." Net nix – im Schwäbisch-Alemannischen ist das ein Satz, der einem Superlativ gleichkommt. Net nix, das ist ein überaus lohnendes Ziel.

Für Leute, die Erwin Teufel länger kennen, ist der Aufstieg des Bürgermeisters allerdings fast eine Selbstverständlichkeit. Sein Bruder Albert sagt, er habe den Wechsel nach Stuttgart als ganz normale Entwicklung angesehen. Und dem frühen Freund in Spaichingen, Franz Schuhmacher, ist schon nach den ersten Bürgermeisterjahren klargeworden, daß „er nicht bei uns bleiben kann, weil er an höherer Stelle gebraucht wird". Fast schon nebenbei erinnert sich Edeltraud Teufel in einem Gespräch an die Entscheidung, der intensive Beratungen in der Familie vorausgingen. Sie erwartete gerade ihr viertes Kind. „Er ist ein politischer Mensch", sagt sie, „den man nicht aufhalten kann". Sie hat es nie versucht.

In Stuttgart angekommen, legt sich Erwin Teufel wie schon seinerzeit bei seiner neuen Aufgabe als Bürgermeister vom ersten Tag an mächtig ins Zeug. Es vergeht kein Jahr, da wagt der junge Staatssekretär schon den nächsten Karriereschritt. Es geht um die Partei. Filbinger kann, weil er CDU-Landesvorsitzender ist und sich daraus Interessenskonflikte ergeben können, nicht mehr das Amt des Bezirksvorsitzenden in Südbaden ausüben. Deshalb wird 1973 ein neuer Bezirksvorsitzender gesucht. Früh meldet der Bundestagsabgeordnete Heinz Eyrich, der zuvor Vorsitzender der Jungen Union Südbadens war und später Justizminister in Baden-Württemberg werden sollte, seine Bewerbung an. Er gilt als Favorit, doch wenige Tage vor dem Wahlparteitag kündigt Erwin Teufel überraschend seine Gegenkandidatur an. Das ist schon deshalb unerwartet, weil der Bewerber dem Bezirk Südbaden offiziell erst seit der Kreisreform wenige Monate zuvor angehört. „Daß ich einmal Bezirksvorsitzender in Württemberg-Hohenzollern werden könnte, das war nach dem Weggang von Heiner Geißler zu erwarten", sagt er. „Aber in Südbaden war ich damals nicht verankert."

Er wird von einigen Kreisvorsitzenden zur Kandidatur ermuntert, und auch der Landesvorsitzende der Jungen Union, Hans-Peter Repnik, legt ihm diesen Schritt nahe. Schließlich stützen auch die ländlichen Kreisverbände den Neuling, die „ein Ende der jahrzehntelangen Vorherrschaft des Freiburger Kreisverbands in Südbaden anstrebten, die mit Eyrich, dem Favoriten Filbingers, weiter bestanden hätte", schreibt eine Zeitung. Der neue Staatssekretär im Innenministerium, der nichts zu verlieren hat, spricht zum

Als Staatssekretär in Diensten des Landes.

ersten Mal vor den südbadischen Delegierten. Er spricht in seinem bis heute gepflegten Timbre, das so gar nichts mit dem badischen Tonfall zu tun hat. „In Südbaden war ich der Schwabe", sagt Teufel – eine riskante Angelegenheit in einem Verband, der von dem Altbadener Leo Wohleb, der zeitlebens gegen die württembergische Vorherrschaft polemisierte, geprägt worden war.

Doch die Stimmung der Delegierten ist gegen die bisherige Vorstandschaft eingestellt, aus der Eyrich kommt. Ein Neuanfang wird gefordert. Teufel sagt eine Erneuerung der CDU zu und eine Politik der Chancengleichheit für die benachteiligten ländlichen Gebiete. Die „kluge und beherzte Vorstellungsrede", so das Urteil von Paul-Ludwig Weinacht, bleibt nicht ohne Wirkung. Teufel gewinnt am Ende überraschend deutlich mit 151 zu 65 Stimmen gegen Eyrich und wird Bezirksvorsitzender in Südbaden. Ein Amt, das er bis 1991 innehaben sollte, als er zum CDU-Landesvorsitzenden gewählt wird.

Damit steht erstmals ein Vertreter der jungen Generation und ein Vertrauensmann der Jungen Union an der Spitze der südbadischen Union. Innerhalb weniger Jahre ist aus Erwin Teufel, dem Bürgermeister der Kleinstadt Spaichingen, ein Mitglied des Landtags, ein Staatssekretär im Innenministerium und ein CDU-Frontmann geworden. Letzteres ist nicht zu unterschätzen. „Bezirksvorsitzender, das war für mich eine wichtige Basis", urteilt er heute selbst.

Der neue Mann profiliert sich im Innenministerium. Die Bürgermeisterzeit hat ihm zu wichtigen Erkenntnissen verholfen. Jetzt kann er sie nutzen. „Die Landespolitik ist mit der Kommunalpolitik enger verzahnt als man glaubt", erkennt Teufel. Kindergarten, Schule, Straßen, Abwasserbeseitigung – das alles sind Themen, die sowohl den Kommunal- als auch den Landespolitiker beschäftigen. Zudem befaßt sich der Staatssekretär im Innenministerium, das damals als Ressort nicht nur wie heute für die Kommunen und die Polizei zuständig war, sondern auch für den Wohnungsbau und den Verkehr, vornehmlich mit der Verwaltungsreform. Es ist ein Renommierprojekt aus der Großen Koalition, das die nun alleinregierende CDU in ihrem Sinn verändert. Teufel hat in einer CDU-internen Kommission an dieser als „Jahrhundertaufgabe“ bezeichneten Reform mitgewirkt, deren Ziel es ist, Verwaltungsaufgaben nach unten zu delegieren: vom Land auf die Kreise, von den Kreisen auf die Kommunen. Dazu müssen schlagkräftigere und verwaltungsstärkere Einheiten geschaffen werden. Die Zahl der Landkreise wird von 63 auf 35 reduziert, zwölf Regionalverbände entstehen, von 3300 selbständigen Gemeinden bleiben durch Zusammenschlüsse noch 1100 übrig. Die im Reformpaket enthaltene Auflösung der Regierungspräsidien, auf die die SPD gepocht hatte, kippt die allein regierende CDU wieder.

Es gibt kaum einen Ort, der nicht von dieser Gebietsreform betroffen ist. In den meisten Fällen erfolgt der heftig debattierte Zusammenschluß schließlich freiwillig, wobei so manches finanzielle Zugeständnis des Landes die Zustimmung Betroffener erleichtert. Einige Fälle landen aber auch vor dem baden-württembergischen Staatsgerichtshof. Entscheidend freilich ist, daß die Landesregierung und die CDU-Fraktion in der aufgeheizten Stimmung, die manchen Beobachter an eine „Revolution“ erinnert, im September 1972 ein Gesamtkonzept für die abschließende Gemeindereform ausarbeiten und sich nach einer ausufernden Debatte im Februar 1974 darauf einigen, daß Änderungsanträge zum Regierungskonzept im Plenum nur gestellt werden dürfen, wenn die Gesamtfraktion dem zustimmt. Damit werden einzelne CDU-Abgeordnete diszipliniert, die wegen des Drucks aus ihren jeweiligen Wahlkreisen auf Korrekturen drängen.

Die Verwaltungsreform beschäftigt den Staatssekretär Erwin Teufel beinahe rund um die Uhr. Bis tief in die Nacht dauern die Gespräche in allen Ecken des Landes. Wertvolle Kontakte entstehen, aber Teufel weiß seine Gesprächspartner auch zu überzeugen. Eine Meldung aus jenen Tagen belegt, wie sehr die Gebietsreform die Emotionen befördert hat und liefert mehr noch den Nachweis, daß Teufels Bemühen nicht immer von Erfolg gekrönt ist. Wie es in der Notiz heißt, fordert im Juli 1974 die Trossinger CDU eine parteiinterne Rüge für das Verhalten Teufels während der Debatte um die Gemeindereform. Der Staatssekretär, so die erbosten Trossinger CDU-Gewaltigen, habe sich dafür eingesetzt, daß die Gemeinde Aldingen der Verwaltungsgemeinschaft Spaichingen zugeschlagen wird, wo ausgerechnet Teufels Bruder Albert amtiert. Damit habe Teufel die Bemühungen des für die Gegend zuständigen Tuttlinger CDU-Abgeordneten konterkariert. Es sei nur am Rande erwähnt, daß es sich dabei um Wilhelm Buggle handelte. Das ist jener Parlamentarier, der vor der Landtagswahl 1972 auf Teufels Frage, ob er auch 1976 kandidieren werde, mit Ja antwortetet. Daraufhin entschloß sich Teufel, der Buggle nicht verdrängen wollte, in Villingen anzutreten.

Auch im Innenministerium bleiben Konflikte um die Reform nicht aus. In Detailfragen haben Teufel und Minister Schieß in der Fraktion so stark abweichende Meinungen vertreten, daß ein CDU-Abgeordneter damals verärgert dem Minister öffentlich rät, seinen Staatssekretär zu entlassen. In den Stuttgarter Nachrichten heißt es dazu weiter: „Teufel will sich das Recht des Abgeordneten, bei der Meinungsbildung der Fraktion dem Minister zu widersprechen, auch künftig nicht nehmen lassen. Dies mache ihm der

Minister auch nicht streitig. Hernach will Teufel sich an die Entscheidung halten und, ganz gleich wie sie ausgefallen ist, nach außen hin vertreten. Auch ihm geht die Loyalität zum Minister über alles."

Ansonsten erhält der neue Staatssekretär gute Noten. „Er geht in seiner Arbeit auf", heißt es in der Presse. „Da läuft allerhand." Für ihn ist es jedoch eine schwierige Phase. Er hat zwar viele Themen aus der Zeit als Bürgermeister gekannt. Doch die Abläufe in einem Ministerium, die verschlungenen und mit allerhand Fettnäpfchen gepflasterten Wege in der Ministerialbürokratie, sind auch für ihn neu. Das gilt für die Organisation, aber auch für die Vorbereitung von Sitzungen des Parlaments und des Innenausschusses. Erwin Teufel weiß wohl, daß erfahrene Abgeordnete versuchen werden, ihn als Neuling aufs Glatteis zu führen.

Es müssen solche Erfahrungen gewesen sein, die den Mann bis heute zum Aktenfresser machen, zu einem, der schriftliche Unterlagen wirklich liest, zu einem, der weiß, daß umfassendes Wissen über den Vorgang der entscheidende Vorteil in einer Sitzung sein kann. Dazu zählt auch eine Liebe zum Detail, die bis ins Anekdotische reicht. So kann Teufel mit einiger Begeisterung noch heute davon berichten, wie damals der Postlauf im Innenministerium organisiert wurde. In dieser Zeit beginnt er damit, die Briefe seiner Sekretärin – es ist schon Hilde Troje – auf der morgendlichen Bahnfahrt von Rottweil nach Stuttgart zu diktieren. Dann werden auch die wirklich wichtigen Probleme zu Papier gebracht – beispielsweise die Farbe der Stifte, mit der ein neuer Staatssekretär zeichnet. Um Mißverständnisse zu vermeiden, benutzt der Minister grüne Stifte, der Amtschef zeichnet mit rot. Staatssekretäre gibt es in der Landesregierung aber erst nach der Wahl von 1972. Die Frage, mit welcher Farbe sie abzeichnen sollen, beschäftigte die Ministerialbürokratie einige Zeit. Sie entscheidet sich für violett, Teufel akzeptiert.

Die fünf neuen Staatssekretäre, zwei davon mit Stimmrecht im Kabinett, führen zwar zu einer enormen Aufblähung des Regierungsapparats, sie passen aber in die seitdem stark von parteipolitischem Interesse geprägte Regierungsarbeit. Dazu zählt der Ausbau des Staatsministeriums, das mit seiner starken Stellung die Richtlinienkompetenz des Ministerpräsidenten verkörpert. Die Staatssekretäre haben vor allem die Aufgabe, den Ministern den Rücken freizuhalten von den reinen Verwaltungsaufgaben und ihre politische, man kann auch sagen, parteipolitische Rolle zu stärken. Es ist eine Aufgabe, die durchaus in Konkurrenz zur starken CDU-Landtagsfraktion steht, deren ohnehin nicht unterentwickeltes Selbstbewußtsein unter der Führung des ambitionierten Lothar Späth noch wächst.

Nicht von ungefähr stehen die Staatssekretäre unter Beschuß der Opposition, die deshalb sogar vor den Staatsgerichtshof zieht. Auch Erwin Teufel will eine Änderung des Gesetzes. Er hat nämlich erfahren müssen, daß seine Dienstjahre als Bürgermeister nicht auf seine Pension angerechnet werden sollen, weil er freiwillig das Rathaus in Spaichingen verließ. „Diese besoldungsrechtliche Lücke führt in meinem Fall dazu, daß meine Frau und die vier Kinder gegenwärtig nur 235 Mark Pension zu beanspruchen hätten, falls mir etwas geschieht“, erklärt er, nachdem die Sache publik geworden war – und die Zeitungen mit einem kritischen Unterton berichten.

Diese Artikel sind erste Anzeichen dafür, daß der Aufstieg Teufels im Schatten Filbingers wahrgenommen wird. Der Novize in der Landespolitik, der die Stufen der Karriereleiter, für die manche Jahre brauchen, gleich doppelt nimmt, erlebt auch die Kehrseite des Aufstiegs. Er muß sich unversehens mit dem Vorwurf auseinandersetzen, der Staatssekretär im Innenministerium nutze das Amt für eine ihm genehme Personalpolitik. Anlaß der Angriffe ist ein kleiner Zirkel von Absolventen der Haigerlocher Verwaltungsschule. Die umtriebigen Verwaltungsleute treffen sich häufiger privat. Sie sprechen über vieles, auch darüber, in welchem Flecken ein Rathausstuhl momentan unbesetzt ist. Das nährt Spekulationen.

In der Stuttgarter Zeitung heißt es: „Kaum eine Bürgermeisterwahl gibt es noch in der Ecke an Donau und Neckar, bei der Teufel und seine Kurskollegen nicht die Finger im Spiel hätten, sei dies in Dotternhausen, Spaichingen, Schramberg, Leonberg, Rottweil, Balingen oder Stockach. Inzwischen nennt man den kommunalen Frühschoppen in der CDU Südbadens bereits den größten Personalverschiebebahnhof des Landes." Der Staatssekretär Erwin Teufel reagiert darauf ungewöhnlich heftig, nämlich mit einer Gegendarstellung in der Zeitung: „Diese Behauptung ist unwahr. Tatsache ist, daß ich bei keiner der genannten Bürgermeisterwahlen meine Finger im Spiel hatte."

Auch sein Intimus Hans Volle ist häufiger Gegenstand journalistischer Betrachtungen. Er hat gerade eine Amtsperiode als Bürgermeister von Alpirsbach absolviert, als er sich 1974 als hauptamtlicher Vorsitzender der Region Schwarzwald-Baar-Heuberg bewirbt und am Ende zwei hoffnungsvolle CDU-Mitglieder verdrängt. Die Südwestpresse in Ulm vermutet, daß Erwin Teufel im Hintergrund die Strippen gezogen hat: „Volle war, welcher Zufall, zuvor Leiter des Hauptamtes in Spaichingen unter Erwin Teufel gewesen sowie dessen Wahlkampfmanager. Volles Nachfolger wiederum, welcher Zufall, im Alpirsbacher Rathaus wurde der dort tätige Amtmann Dombrowsky, der mit, welcher Zufall, einer Schwester Teufels verheiratet ist."

Tatsächlich löst Peter Dombrowsky, der mit Rosa Teufel verheiratet ist, in Alpirsbach Hans Volle als Bürgermeister ab. Jahre später wird der Schwager von Erwin Teufel zum Landrat in Freudenstadt gekürt. Es mag naheliegen, hinter all dem einen Teufelskreis zu vermuten und organisierte Familienpflege. Doch so etwas weist Teufel noch heute empört zurück. Tüchtige Leute seien das, die seine Unterstützung gar nicht nötig gehabt hätten. Und er reagiert empfindlich, wenn nochmals nachgefragt wird. Neider seien da am Werk gewesen, die ihn als Ehrgeizling abstempeln wollten, sagt er dann: „Ich weiß schon, wer dahintergesteckt ist." Wer es war, will er aber nicht sagen.

Seine heftige Reaktion auf die angeblichen Seilschaften mag auch darin begründet liegen, daß der aufstrebende Politiker schon damals das schützen will, was ihm im Laufe der Jahre immer wertvoller werden sollte: ein Kreis von Freunden, denen er vertraut und die in ihm nicht den Ministerpräsidenten sehen, sondern einen der ihren. Das geheimnisumwitterte Quintett aus Haigerlocher Zeiten pflegt seit mehr als vierzig Jahren regelmäßige Kontakte. Aus den angehenden Bürgermeistern von einst sind in Ehren ergraute und pensionierte Rathauschefs geworden, und wäre da nicht Erwin Teufel, würde man diesen Kreis in die Kategorie eines Stammtischs einordnen, dem keine weitere Bedeutung beizumessen ist. Für den Ministerpräsidenten aber ist dieser Zirkel ein wichtiges Refugium, das er mannhaft verteidigt. Die Familien der Kurskollegen aus alten Zeiten begrüßen in trauter Runde das neue Jahr. Das hat eine lange Tradition. Und Erwin Teufel will sie nicht missen, was man ihm nicht verdenken kann.

Die Gerüchte über den angeblichen Strippenzieher belegen vor allem eines: Bereits als junger Staatssekretär sieht sich Erwin Teufel mit Fallstricken konfrontiert. Er wird

Nach seinem Wechsel von Spaichingen nach Stuttgart legt sich Erwin Teufel mächtig ins Zeug. Zu Hause bei den Eltern, die stolz auf ihren Ältesten sind, ist er nur noch selten.

wahrgenommen als einer, der zunächst mit Unterstützung der Jungen Union, nun auch noch als Vorsitzender des starken Bezirks Südbaden nicht nur manchen altgedienten Hierarchen, sondern auch aufstrebenden Mittdreißigern gefährlich werden kann. Denn Teufel profiliert sich in Stuttgart nicht nur in der Regierungsarbeit, sondern auch in der Partei, die in diesen Jahren noch mehr einer behäbigen Honoratiorenvereinigung gleicht, denn eine schlagkräftige politische Organisation ist.

Der Spaichinger vertritt in Stuttgart nicht selten unbequeme Positionen. Sogar nach dem Gewinn der absoluten Mehrheit 1972 geht Erwin Teufel mit den siegestrunkenen Christdemokraten hart ins Gericht. In zehn Thesen für eine dynamische CDU erneuert er seine Forderungen, die schon bei seiner Kandidatenrede für den stellvertretenden Landesvorsitz 1971 Aufsehen erregten. Die CDU dürfe nun nicht selbstzufrieden den Erfolg genießen, denn „eine absolute Mehrheit zu erhalten, ist schwieriger als sie zu gewinnen“. Die Partei müsse Reformbereitschaft zeigen, müsse sich „mit den Millionen Menschen in den Fabriken und in den Büros identifizieren“. Er fordert ein Grundsatzprogramm, schließlich bestehe politische Arbeit „nicht nur aus Tagespolitik, nicht nur aus Taktik und nicht nur aus Personalpolitik“.

Die Worte müßten mit den Taten der Politiker übereinstimmen, schreibt Teufel damals – und wer ihn heute reden hört, der weiß, daß er diesen Sätzen treu geblieben ist. Er legt Wert auf die Stetigkeit in seinem Tun. Sein Wegbegleiter Franz Schuhmacher schätzt diesen Wesenszug: „Er ist absolut verläßlich, ich habe bei ihm nie einen Bruch erlebt“, sagt er. „Was ihm etwas wert ist und was seine Fundamente sind, dazu ist er früher gestanden, und dazu steht er heute noch.“

Erwin Teufel bleibt sich auch darin treu, daß er sein angehäuftes Wissen nicht für sich behält, sondern weitergibt. Das hat er immer getan. Im Bezirk Südbaden beginnt er als Staatssekretär mit einer intensiven Bildungsarbeit, die „die Mitglieder in den Stand setzt, für das Gespräch mit dem Bürger, für ihre Aufgaben in der Partei und für die geistigen Auseinandersetzungen mit unserer Zeit, die unter anderem gekennzeichnet ist durch das Wiederaufleben totgeglaubter Ideologien". Da spricht einer, der Erfahrung mitbringt aus der katholischen Bildungsarbeit. Da spricht aber auch einer, der trotz allem an die Kraft des Arguments glaubt, der die „Wald-und-Wiesenversammlungen" in den Kreisverbänden durch Problemtagungen mit einer breiten Debatte ersetzen will.

So jemand ist immer im Gespräch und gut für neue Posten.

Er ist keine sechs Monate im Amt als Bezirksvorsitzender in Südbaden, als Erwin Teufel öffentlich dementiert, daß er, wie schon 1971, gegen Eduard Adorno antreten will, um unter Filbinger stellvertretender CDU-Landesvorsitzender zu werden. Das ist schon deshalb klug, weil kaum zwei Südbadener an der Spitze des neuen Landesverbands stehen könnten. Bezeichnend indes ist auch, daß Teufel seiner offiziellen Absage den in Zeitungen zitierten Satz hinzufügt, er habe nicht die Absicht, einer Aufforderung von Parteifreunden zur Kandidatur zu folgen.

Dabei wird ein Schema deutlich, das immer wieder zu beobachten ist, wenn Erwin Teufel mit neuen Posten in Verbindung gebracht wird. Er will gerufen werden, er will, bis heute übrigens, den Eindruck verhindern, er schiele auf neue Ämter – ob er es denn im geheimen nicht doch tut, steht auf einem ganz anderen Blatt. Jedenfalls erklimmt er im Sommer 1974 die nächste Stufe. Der auch für den

Umweltschutz zuständige Landwirtschaftsminister Friedrich Brünner operiert auf diesem, wegen einiger Müllskandale von der Bevölkerung intensiv verfolgten Themenfeld so unglücklich, daß Filbinger einen Staatssekretär für Umweltschutz im Agrarministerium installiert und Teufel mit dem neuen Posten auf einem politischen Zukunftsfeld betraut.

Zwar gibt es in der von Lothar Späth geführten Fraktion zunächst Widerstände, weniger gegen den Posten und die Person, „aber über die Methode, wie Filbinger seinen Pflegling ins Umweltressort hievte", so die Stuttgarter Nachrichten. Dessen ungeachtet tritt Erwin Teufel im September 1974 das neue Amt an. Sein Lieblingsjob ist es nicht. Aber er nimmt ihn an, wie er vieles in seinem Leben angenommen hat. Man hat ihn wohl auch in der Erkenntnis ausgewählt, daß sich jemand um das immer stärker aufkommende Thema kümmern muß. Und Teufel kümmert sich. Auch wenn er die neue Aufgabe für sich nicht unkritisch sieht. Wenige Tage nach seiner Ernennung sagt er Mitte September: „Ich habe mich zu dieser Aufgabe nicht gedrängt, sondern ich bin einem Wunsch des Ministerpräsidenten und des Umweltministers nachgekommen."

Der neue Staatssekretär tritt sein Amt mit Vorschußlorbeeren an, die erahnen lassen, welchen Ruf sich Teufel bereits nach zwei Jahren in der Landesregierung und im Landtag erarbeitet hat. Von einem klug taktierenden Mann ist in der Presse die Rede, der im neuen Amt aber „mehr Profil und Standvermögen beweisen muß als in den Untergliederungen und Kommissionen seiner Partei, denen er diesen Erfolg verdankt". An seinen Qualitäten wird nicht gezweifelt. Dem 35jährigen Politiker bescheinigen die Kommentatoren eine agile Arbeitsweise und eine enorme Energie. Seine rationalen Argumente und seine nüchterne Offenheit werden mit Lob bedacht, als er kaum zwei Monate im Amt ein Naturschutz- und Abwassergesetz vorstellt.

Aber die Journalisten schreiben auch von einer Aufgabe, die kaum undankbarer sein könne. Teufel sei zum Erfolg verurteilt, die schweren Bewährungsproben stünden ihm noch bevor – und ein Beobachter fragt: „Wird er auch dann noch so gut aussehen, wenn es den nächsten Müllskandal gibt?" Der Mann hatte prophetische Gaben, wie sich in wenigen Jahren zeigen sollte.

Zunächst kann sich Erwin Teufel weiter profilieren. Ihm ist die Bewahrung der Schöpfung ein zentrales Anliegen – bereits in einer Zeit, als es die Grünen noch gar nicht gibt. Die Welt zu bewahren, damit künftige Generationen leben können, das ist für ihn ein Auftrag, der weit über das Politische hinausgeht. Der Erhalt der natürlichen Lebensgrundlagen, das ist eine Forderung, die ihn bis heute innerlich bewegt und überzeugt. Auch die praktischen Probleme des Umweltschutzes, die damals vor allem im Bau von Abfalldeponien, von Abwasserkanälen und Kläranlagen sowie in der Berücksichtigung von Umweltgesichtspunkten in der Siedlungsplanung lagen, sind dem ehemaligen Kommunalpolitiker nicht fremd.

„Der Neuling im Landtag war auch in Stuttgart kein Hinterbänkler", so beginnt der Text in seinem Wahlprospekt für die Landtagswahl 1976, bei der die CDU mit 56,7 Prozent das beste Ergebnis ihrer Geschichte holt. Ein Hinterbänkler – das sollte Teufel auch in Zukunft nicht sein. Im Gegenteil. Zunächst honoriert der strahlende Wahlsieger Filbinger, der auf der Höhe seines Ansehens und seiner Macht angekommen ist, die Bereitschaft Teufels, ins damals ungeliebte Umweltressort zu wechseln. Filbinger tut es, indem er seinem Umweltstaatssekretär Kabinettsrang einräumt. Teufel sitzt erstmals direkt am ovalen Kabinettstisch in der Villa Reitzenstein. Es ist ein Hort der Macht.

Ein anderer ist die vom Senkrechtstarter Lothar Späth geführte Fraktion. Späth hat damals bewußt das Angebot Filbingers ausgeschlagen, Innenminister zu werden. Für die politischen Auguren ist es ein untrügliches Zeichen, daß sich da einer darauf vorbereitet, Nachfolger des Ministerpräsidenten zu werden.

Auf Lothar Späth wie auf Erwin Teufel warten bereits höhere Aufgaben. Der Spaichinger muß davor allerdings eine Bewährungsprobe überstehen. Von ihr hängt alles ab, seine gesamte politische Karriere. Es ist eine Weggabelung, die ihm, dem jungen Familienvater, der gerade sein Haus gebaut hat unterm Dreifaltigkeitsberg, wie ein Angriff auf seine Existenz vorkommen muß. Der Umweltstaatssekretär wird zur Zentralfigur eines politischen Ränkestücks, in dem es um Abfall geht, den keiner haben will.

Ein heikles Thema ist in jenen Jahren die Lagerung des Sondermülls, der nicht mehr auf den normalen Müllhalden der Kreise und Städte landen sollte. Einer der ausersehenen Plätze liegt bei Billigheim im Neckar-Odenwald-Kreis, ein anderes Areal muß im Süden des Landes noch gefunden werden. Zur Debatte stehen im Jahr 1974 zwei Standorte, die nur wenige Kilometer voneinander entfernt sind. Sie befinden sich im Schwarzwald-Baar-Kreis, auf halbem Weg zwischen Teufels Wohnort Spaichingen und Villingen-Schwenningen. Ein Platz liegt auf Markung Tuningen, der andere auf Markung Durchhausen. Das Brisante dabei ist, daß Tuningen zum Wahlkreis des Umweltstaatssekretärs Teufel gehört, Durchhausen aber nicht. Das Kabinett entscheidet sich schließlich im Herbst 1974 für Durchhausen. Im Frühjahr 1976 erhebt eine Bürgerinitiative schwere Vorwürfe. Erwin Teufel habe dafür gesorgt, so heißt es, daß der Deponiestandort Durchhausen ausgewählt worden ist.

Es kommt zu Ehrenerklärungen Filbingers für seinen Umweltstaatssekretär, der beteuert, er habe sich an der Entscheidung wegen Befangenheit nicht beteiligt. Sie sei vom damaligen Minister Brünner gefällt worden, der dies auch bestätigt. Ein von der SPD beantragter Untersuchungsausschuß fördert indes Akten ans Tageslicht, die den Schluß nahelegen, Teufel habe die Entscheidung zumindest vorbereitet, wenn nicht gar durch sein Verhalten beeinflußt. Der Staatssekretär wird selbst vernommen, seine Mitarbeiter müssen unter Eid aussagen. Sogar Teufels Anwesenheit während dieser Aussagen im Ausschuß wird zum Thema – und in einem Gutachten des Justizministeriums als unzulässig gerügt.

Selbst der Spiegel im fernen Hamburg entdeckt das „Kippen-Spiel" und breitet eine Seite lang die Geschichte von einem „burlesken Stück" aus, in dem ein „ehrgeiziger CDU-Aufsteiger" in einer Doppelrolle agiere: Erwin Teufel sei Angeschuldigter und Zeuge zugleich, der dem Vorsitzenden die Stichworte souffliere und bisweilen gar die Vernehmung der anderen Zeugen führe.

Der vermeintliche Skandal und seine Aufklärung ziehen sich über sechs Monate bis ins Frühjahr 1977 hin. Am Ende stellt die CDU-Mehrheit fest, daß Teufel „keinen rechts- oder sachwidrigen Einfluß" auf die Standortentscheidung genommen und sein Amt auch nicht für persönliche Ziele mißbraucht hat. Er habe pflichtgemäß die Arbeiten zur Standortfindung bis zur Entscheidungsreife vorangetrieben, dann sich aber „wegen der Nähe der Standorte zu seiner Wohnung beziehungsweise zu seinem Wahlkreis aus dem Entscheidungsprozeß herausgehalten, als die Alternativen noch offen waren". Die SPD beurteilt den Fall ganz anders.

Sie ist davon überzeugt, daß es den Standort Durchhausen „ohne das persönliche Eingreifen Teufels nach menschlichem Ermessen nicht gäbe“. Der Staatssekretär habe sich „klar für Durchhausen entschieden, um sich unnötigen Ärger in seinem Wahlkreis zu ersparen“.

Auch bei den journalistischen Beobachtern bleiben Zweifel. Es sei „für schwäbische Verhältnisse fast ein Skandal gewesen“, meint ein Kommentator. Teufel, so ein anderer, sei „schon ins Schleudern“ geraten. Und wie reagiert Teufel heute auf den in Vergessenheit geratenen Fall, den damals selbst sein Lieblingsblatt, die Frankfurter Allgemeine Zeitung, als einzigen Flecken auf der ansonsten weißen Weste Teufels bezeichnet hat? „Furchtbar“ sei die Zeit gewesen, sagt er. Der Deponiestandort sei als geeignetster aus einem Gutachten herausgekommen, und er sei eben in die Schußlinie derer geraten, die diesen Platz nicht wollten. Aber der Untersuchungsausschuß habe bewiesen, daß „ich nichts Unrechtes getan“ habe. Sonst, sagt Teufel heute, „hätte ich das nicht überstanden“. Eine schwierige Phase sei das gewesen. Deshalb habe er alles minutiös nachvollzogen, „damit ich auch nicht im kleinsten Detail eine Aussage mache, die ich nicht beeiden kann“. Es ist eine bittere Zeit für ihn. Schließlich ist der Ort ganz in der Nähe Spaichingens gewesen, und „an jedem zweiten Scheunentor hing ein Plakat, auf dem stand, ich sei dafür verantwortlich, daß der Platz kommt“.

Diese Erfahrungen haben ihn vorsichtiger werden lassen und vielleicht auch mißtrauischer. Entgegen seinem Naturell öffnet er sich heute Menschen, die er nicht näher kennt, nur sehr langsam. Das war nicht immer so. Erwin Teufel, der Problemen sonst rational auf den Grund zu gehen versucht, hat im Fall Durchhausen die Irrationalität des politischen Geschäfts erlebt. „Es gibt Vorgänge“, sagt er in diesem Zusammenhang, „da setzt jede Vernunft aus, da gibt es einhundert Prozent Emotion – dafür braucht man solche Erfahrungen".

Einer wie Erwin Teufel, der von sich sagt, er habe ein reines Gewissen in dieser Sache gehabt, ist jetzt noch nahezu fassungslos, wenn er davon berichtet. „Es gibt Fälle, da sagst du zwei und zwei sind vier. Die Leute widersprechen. Dann legst du zwei Äpfel und nochmals zwei auf den Tisch und fragst, wie viele Äpfel das sind. Und die Leute sagen, das Ergebnis vier stimmt im Normalfall schon, aber in diesem Fall muß man es hinterfragen. Und du fragst dich dann, bist du eigentlich der einzig Normale?"

So redet einer, der glaubt, daß diejenigen, die auf Vernunft setzen, einfach zum gleichen Ziel kommen müssen. So redet einer, der auf die Kraft seiner Argumente setzt und der es nur schwer verstehen kann, wenn andere Schlüsse ziehen, die sich der Ratio entziehen. Und so redet einer, der auch in schweren Stunden weiß, was er will. „Es gibt solche Ausnahmesituation", sagt Erwin Teufel, „aber wenn du mit dir und deinem Gewissen im reinen bist, dann stehst du jede Situation durch. Und wenn du in Schwierigkeiten bist, dann mußt du da durch".

Die Wellen der Empörung sind zu seiner Freude abgeflacht. Die Sondermülldeponie wurde nie gebaut, die Bedarfsprognosen waren falsch. Und auch jene, die prophezeiten, mit der Affäre Durchhausen sei die schnelle Karriere des Erwin Teufel zumindest für einige Zeit gestoppt, sollten sich irren.

Der Aufstieg

An die Spitze der Fraktion

Es ist zwölf Uhr. Eine Stunde dauert das ritualisierte Frage-und-Antwort-Spiel mit den Journalisten im Bolzsaal des Landtags. Der Ministerpräsident ist keiner, der knackige Schlagzeilen liefert, seine langen Ausführungen zu Sachthemen sind gefürchtet. Für ihn ist die Regierungspressekonferenz nur Zwischenetappe. In seinem Landtagsbüro wartet bereits eine Landtagsabgeordnete, die Probleme im Wahlkreis hat. Um 14 Uhr muß er zur Fraktion ins gegenüberliegende Haus der Abgeordneten. Dort ist Teufel nicht Irgendwer. Er ist Acht-Sterne-Abgeordneter. Als solcher ist er im Landtagshandbuch ausgewiesen. Acht Legislaturperioden gehört er dem Parlament an – so lange wie kein anderer Parlamentarier. Und 13 Jahre lang hat er in diesem Haus selbst die Fraktion geführt.

Als Erwin Teufel im Frühjahr 1978 seine erste Fraktionssitzung im Stuttgarter Landtag leitet, hat er innerhalb weniger Jahre einen raschen Aufstieg hinter sich. Noch schneller auf der Karriereleiter unterwegs ist allerdings Lothar Späth, der es in nur zehn Jahren vom Landtagsabgeordneten zum Ministerpräsidenten bringt. Ein anderer, ein Freund Erwin Teufels, mit dem er in den fünfziger Jahren im Wahlkampf von Wirtshaus zu Wirtshaus zog, hat zu jenem Zeitpunk ebenfalls bereits einen beachtlichen Lebensweg gemeistert.

Heiner Geißler, der begeisterte Alpinist, ist auch ein politischer Gipfelstürmer. Er wird Sozialminister in Rheinland-Pfalz und später unter dem Parteichef Helmut Kohl ein Ideen und Schlagzeilen liefernder Generalsekretär der Bundes-CDU.

Geißler und Teufel – das sind zwei unterschiedliche Charaktere mit gemeinsamer politischer Vergangenheit in Württemberg-Hohenzollern. Der Politikwissenschaftler Uwe-Dietrich Adam hat sich mit beiden Laufbahnen beschäftigt. „Ein ähnlich erfolgreiches Karrieremuster wie bei Geißler“, sagt er, „läßt sich auch bei Erwin Teufel nachweisen“. Es ist kein gewagter Satz, denn der Weg des Erwin Teufel, des Umweltstaatssekretärs und Landtagsabgeordneten, sollte nach oben führen. Steil nach oben.

Wer sich nicht positioniert, der wird positioniert, heißt es. Und Erwin Teufel positioniert sich auf dem politischen Schachbrett. Er ist, um im Bild zu bleiben, in diesem Spiel längst kein Bauer mehr, sondern ein Turm, der im Hintergrund bleibt, aber notfalls auch abräumen kann. Er hält Abstand zum König und bleibt doch in seiner Nähe. Mit dieser Spieltaktik sind die Christdemokraten im Land gut gefahren. Die parteiinterne Dualität zwischen Ministerpräsident und Fraktionschef hat ihnen nicht geschadet.

Auch zwischen Hans Filbinger und Lothar Späth gibt es diese Rivalität. Mehr als einmal muß dies auch Erwin Teufel spüren. So hat Späth in seiner Zeit als Fraktionschef die Ernennung des Spaichingers zum Umweltstaatssekretär verzögert, um Filbinger zu zeigen, daß er mit der Fraktion nicht alles machen kann. Ein bewährter Bestandteil politischer Taktik ist es, den schärfsten innerparteilichen Kritiker oder den gefährlichsten Konkurrenten einzubinden. Ein Ministerpräsident macht dies gewöhnlich, indem er ein Ministeramt anbietet. Späth hat dieses Angebot Filbingers im Frühjahr 1976 abgelehnt. Er setzt auf die Fraktion. Über sie, so glaubt Späth, führt der kürzere Weg in die Villa Reitzenstein.

In der Landespartei und in den Medien wird dennoch munter spekuliert, wer dereinst Filbingers Nachfolger werden könnte. Filbinger ist in dieser Zeit ein vielgelobter Mann, der ob seiner Wahlerfolge sogar als künftiger Bundespräsident genannt wird. Im Mannheimer Morgen stellt ein Beobachter bereits 1976 eine Rangliste möglicher Nachfolgekandidaten auf: „Lothar Späth, Manfred Rommel, Stuttgarts OB und, so sagt man, Filbingers Favorit, oder der ehrgeizige Erwin Teufel – dieser jedoch nur bei Ämterteilung im Parteivorsitz." Es sind Gedankenspiele damals, doch sie sollten früher als erwartet aktuell werden, wenn auch anders, als es sich Filbinger selbst vorgestellt hat.

In der Republik zieht der Herbst herauf, der Herbst des Jahres 1977. Es ist eine der dramatischsten Epochen der Nachkriegsgeschichte. Deutscher Herbst – das ist eine Umschreibung für Ereignisse, die das Land treffen. Erschüttert wird Deutschland durch die Entführung und Ermordung des Arbeitgeberpräsidenten und Daimler-Managers Hanns-Martin Schleyer und seiner Begleiter; durch die Entführung der Lufthansa-Maschine Landshut und den GSG-9-Einsatz in Mogadischu; durch die Selbstmorde der Terroristen Gudrun Ensslin, Andreas Baader und Jan-Carl Raspe im Hochsicherheitstrakt in Stuttgart-Stammheim.

Zwar sind sich die Parteien weitgehend einig, daß sich ein demokratischer Staat nicht erpressen lassen darf. Aber wie groß die Härte sein muß, mit der er auf die terroristische Gewalt reagiert, darüber wird heftig gestritten. Diese Auseinandersetzung wird noch härter geführt als durchsickert, daß in den Stammheimer Hochsicherheitstrakt scharfe Waffen geschmuggelt worden waren. Justizminister Traugott Bender nimmt wenige Tage vor einem CDU-Landesparteitag freiwillig seinen Hut, auch eine Solidaritätsadresse stimmt den persönlich integren Mann nicht um.

Weitaus bedeutender für die künftige Entwicklung im Lande sollte indes eine andere Personalentscheidung werden. Neuer Stellvertreter des mit großer Mehrheit wiedergewählten Landesvorsitzenden Filbinger wird Lothar Späth, der Vorgänger Adorno hatte sich nicht mehr zur Wahl gestellt.. Späth ist nun offiziell der zweite Mann hinter Filbinger, er ist der Kronprinz – und die öffentlichen Spekulationen über das schwierige Verhältnis der beiden so unterschiedlichen Männer reißen nicht ab.

Filbingers Regierung gerät im Winter 1977 in eine schwere Krise. Die massiven Polizeieinsätze bei Demonstrationen um das geplante Atomkraftwerk im sübadischen Wyhl, das neue Hochschulgesetz, gegen das Tausende von Studenten auf die Straße gehen, und die mangelhaften Sicherheitsvorkehrungen in Stammheim, die sogar einen Untersuchungsausschuß beschäftigen, sorgen für Schlagzeilen und Protestkundgebungen. Das Bild Filbingers, der sich in der Rolle des Landesvaters wohlfühlt, bekommt Kratzer. Der Glanz des grandiosen Wahlsiegs von 1976 verblaßt, die Unruhe in der Partei und in der Fraktion wird größer. Filbinger baut im Februar 1978 sein Kabinett um, besser gesagt: Er muß es umbauen. In der aufgeheizten innenpolitischen Debatte rückt Lothar Späth für Karl Schieß an die Spitze eines stark aufgewerteten Innenministeriums. Das Kultusressort wird in ein Schul- und ein Wissenschaftsministerium aufgeteilt, was den renommierten Minister Wilhelm Hahn verbittert in die Flucht schlägt, nicht ohne Filbinger öffentlich zu kritisieren, der ihm gegenüber von der „Notwendigkeit eines Figurenopfers“ gesprochen habe.

Späths Eintritt in die Regierung macht den Posten des Fraktionsvorsitzenden frei. Als Favorit gilt der auch von Späth geförderte Roland Gerstner, bisher Späths Stellvertreter. Doch es wird ein anderer den Finger heben, der erst kurz vor der entscheidenden Sitzung seine Bewerbung bekanntgibt und eine glänzende Vorstellungsrede hält: der Staatssekretär Teufel. Der Mann ist solche Situationen gewohnt. Auch in Spaichingen hatte ihn damals bei der Bürgermeisterwahl zunächst keiner auf der Rechnung, auch im CDU-Bezirk Südbaden gilt der später Siegreiche zuerst als Außenseiter. In Stuttgart läuft es nicht anders. Am Ende setzt sich Teufel durch. Er gewinnt im dritten Wahlgang gegen Gerstner mit 35 zu 27 Stimmen.

„Faustdicke Überraschung" heißt es in den Zeitungen über den „erklärten Außenseiter", der in allen drei Wahlgängen die meisten Stimmen erhalten hat. Überrascht wird registriert, daß Teufel, damals 39 Jahre alt, der erste Politiker in Baden-Württemberg ist, der freiwillig einen profilierten Posten in der Exekutive mit dem Amt in der Legislative tauscht. Er wird in den Presseartikeln als außergewöhnlich ehrgeizig dargestellt, als einer, der ungewöhnlich häufig in den Gemeinden und in den Parteiveranstaltungen anzutreffen sei, dessen Spuren „allenthalben bei personalpolitischen Schachzügen ebenso wie bei mehr politischen als sachlichen Entscheidungen" zu entdecken seien.

Es sind keine Loblieder, die auf den Nachfolger Späths in der Öffentlichkeit gesungen werden. In den Kommentaren kommt aber der Respekt für einen Politiker zum Ausdruck, der sich durchgesetzt hat. Natürlich wird bei der publizistischen Aufarbeitung an den Untersuchungsausschuß zur Mülldeponie Durchhausen erinnert, daran, daß Teufel „eher durch politische Affären denn durch politische Leistungen bekannt geworden war". Spekulationen ziehen sich durch die Blätter. Ganz offensichtlich habe bei der Personalie eine Rolle gespielt, heißt es, daß der neue Agrarminister Gerhard Weiser den ungewöhnlich großen Bewegungsspielraum einschränkte, den Teufel bei dessen Vorgänger Brünner hatte. Aber es heißt auch, der neue Fraktionschef habe sich „ein breites politisches Feld" erobert, wenngleich in vielen Beiträgen die Einschätzung mitschwingt, es handle sich letztlich um eine Notlösung, weil die Schuhe Späths für den Nachfolger eine Nummer zu groß seien.

Erwin Teufel nimmt es gelassen, wie er es immer getan hat. Er wird seinen Kritikern beweisen, daß sie ihn zu Unrecht als Leichtgewicht eingestuft haben. Er ist immer an seinen Aufgaben gewachsen. Und es ist eine reizvolle Aufgabe. Mit dem Amt des Fraktionschefs sichert sich Teufel nicht nur eine wichtige Position, er kehrt gewissermaßen auch zu der Art von Arbeit zurück, die ihm aus dem Rathaus vertraut ist und die ihn zeitlebens fasziniert hat. Der Mann, der als Bürgermeister von Spaichingen den Reiz erlebt hat, den der umfassende Blick auf die Politik ausmacht, ist nun auch in der Landespolitik an einer entscheidenden Stelle, in der es keine thematischen Beschränkungen gibt.

Der Staatssekretär im Innenministerium mochte mit den Bürgermeistern um die Gebietsreform streiten, er mochte in Versammlungen über Polizei und Wohnungsbau referieren – mehr konnte er aber nicht. Und der Umweltstaatssekretär war zwar ein früher ökologischer Experte und einer, der vor Bauern die Agrarpolitik des Landes vertrat, ansonsten freilich war er nicht gefragt. Zumal Teufel in dem 1976 von Gerhard Weiser übernommenen Landwirtschaftsministerium alles andere als glücklich war: Der nach außen joviale Minister ist ein „harter Hund", wie Mitstreiter in respektvollem Unterton bekennen. Ein Mann, der seinen Mitarbeitern einiges abverlangt – und seien es Arbeitssitzungen früh um 5 Uhr in einer Autobahnraststätte.

Zwischen Weiser und dessen allmächtigem Ministerialdirektor war der Platz eng geworden für einen Staatssekretär, für den Politik weniger mit verwalten denn mit gestalten zu tun hat. „Wenn es in diesem Dreierbund an der Spitze eines Ministeriums eine Zwei-Gegen-Eins-Konstellation gibt, dann hat es der einzelne sehr schwer“, sagt ein heute im Lande amtierender Minister, der auch schon Staatssekretär war.

Deshalb ist Teufel froh über das neue Amt. Er weiß um die Herausforderung und um den Gestaltungsspielraum. Er weiß auch, daß es für einen so jungen Politiker ein gewaltiger Sprung nach vorn ist. Es sei für ihn keineswegs sicher gewesen, die Wahl zu gewinnen, sagt er im Rückblick. Aber er hielt sich für ausreichend gerüstet. Er sei damals Mitglied des Landesvorstands und des Landespräsidiums der Union gewesen und „immerhin Bezirksvorsitzender in Südbaden in der Nachfolge von Filbinger“. Diese Wortwahl legt den Schluß nahe, daß Erwin Teufel eher der Vertreter der Partei und der von Filbinger geführten Regierung gewesen ist als derjenige der Fraktion, der er erst sechs Jahre angehört hat. „Natürlich ist Teufel Fraktionsmitglied“, kommentiert die Stuttgarter Zeitung den Wechsel, „aber er gehört als Staatssekretär mit Kabinettsrang eher ins Regierungslager“.

Der neue Fraktionschef, dem kaum zugetraut wird, daß er sich neben Ministerpräsident Filbinger und Innenminister Späth würde profilieren können, tritt kein leichtes Amt an. Er mag es gefühlt haben. Daß es in den ersten Monaten so schwer werden würde, wie es dann geworden ist, daß sich das Personalproblem in der ungleichen Führungstroika der Union ganz anders stellen sollte als erwartet, das wußte zu diesem Zeitpunkt im Frühjahr 1978 noch niemand. Auch Erwin Teufel nicht.

1978 baut Filbinger sein Kabinett um. CDU-Fraktionschef Lothar Späth wird Innenminister. Für ihn rückt ein Mann nach, den nur wenige auf der Rechnung haben: Erwin Teufel.

Angefangen hat alles mit einem Beitrag in der Hamburger Wochenzeitung Die Zeit. Im Februar 1978 veröffentlicht der Dramatiker Rolf Hochhuth einen Auszug aus einer Erzählung, in der in wenigen Sätzen darauf eingegangen wird, daß Filbinger Marinerichter im Dritten Reich gewesen war. Die Rede ist von einem „furchtbaren Juristen". Der Artikel treibt dem Herrn der Villa Reitzenstein die Zornesröte ins Gesicht. Filbinger sieht sich von einem Neider angegriffen, der ihm seinen großartigen Erfolg mißgönnt. Er glaubt, daß sich längst Patina über die Geschichten aus dem Krieg gebreitet hat. Dieser Irrtum treibt den Premier zu einem folgenschweren Fehler: Filbinger klagt – ermuntert von Altministerpräsident Gebhard Müller, bis 1971 immerhin Präsident des Bundesverfassungsgerichts – auf Unterlassung und stößt damit einen Stein an, der eine Lawine auslöst, unter die er selbst gerät. Hochhuths Text ist gegen den Rat der Zeit-Rechtsberater erschienen, weil es für die Behauptungen des Schriftstellers zunächst gar keine Beweise gab, die erst nach Erhebung der Klage gesucht und gefunden werden.

Es ist hier nicht der Platz, um auf die Details dieser Affäre um Todesurteile einzugehen, an denen Filbinger beteiligt war. Es ist auch nicht der Platz für eine Diskussion um die fehlende innere Distanz von Hans Filbinger, der sich bis heute verfolgt und ungerecht behandelt fühlt. Für Erwin Teufel, den frischgebackenen Fraktionschef an der Seite von Hans Filbinger, um den es hier geht, sind es jedenfalls mehr als aufregende Wochen, in denen er sich bewähren muß.

Einerseits gilt unter den Christdemokraten lange die Devise, Solidarität mit dem in die Kritik geratenen Ministerpräsidenten zu üben. Die CDU-Fraktion trage die Regierung Filbinger, werde ihr wie bisher Ziele vorgeben und sie parlamentarisch kontrollieren, sagt Teufel Anfang August. Der neue Vorsitzende will, als die bereits seit Monaten schwelende Affäre kurz vor dem Flächenbrand ist, den Eindruck von Normalität vermitteln.

Andererseits ist vielen in der Partei bereits klar, daß Filbinger nicht mehr lange zu halten ist. Dies um so weniger, als sich die Vorwürfe zuspitzen und der Kritisierte sich so ungeschickt verteidigt, daß seine Glaubwürdigkeit nachhaltig beschädigt wird. Willy Brandt schreibt in seinen Erinnerungen zutreffend, daß „dem Marinerichter Filbinger weniger anzulasten war als vielen anderen und der dann doch Jahre danach an seiner Selbstgerechtigkeit scheitert".

Der Fall spitzt sich weiter zu. Auf dem Höhepunkt der bundesweit beachteten Affäre ist dann auch in der Landesunion nur noch von „kritischer Solidarität" die Rede, die rasant schwindet, als ein weiteres, wenn auch später in eine Freiheitsstrafe umgewandeltes Todesurteil bekannt wird, an dem Filbinger als Richter im Dritten Reich beteiligt war. Nach dieser Enthüllung treffen sich die Spitzen der Südwest-CDU erneut. Sie halten einen Rücktritt für unumgänglich.

Lothar Späth, der als aussichtsreichster Nachfolgekandidat gilt, muß sich mit öffentlichen Erklärungen zurückhalten, um nicht in die undankbare Rolle des Königsmörders zu geraten. Es ist wohl der Staatssekretär im Staatsministerium, Gerhard Mayer-Vorfelder, der Filbinger bei einem Besuch in dessen Regierungsvilla auf der Solitude den Verzicht nahebringen soll. Der störrische Filbinger weigert sich jedoch, er soll Mayer-Vorfelder sogar einen „Brutus" genannt haben, wird hinterher kolportiert.

Der Fraktionschef Teufel erklärt wenig später, daß eine Sondersitzung seines Gremiums einberufen werde, weil „eine neue Situation entstanden" sei. Die Fraktion sei sich ihrer Verantwortung „sehr wohl bewußt gegenüber dem Land Baden-Württemberg und seinen Bürgern, gegenüber der christlich-demokratischen Union und gegenüber dem langjährigen Ministerpräsidenten Dr. Filbinger". Eine Rangfolge, die bewußt gewählt ist und die auch öffentlich klarmacht, daß die Südwest-CDU von Filbinger abrückt. Schließlich mischt sich auch die Bundespartei ein, was vor dem Hintergrund anstehender Landtagswahlen verständlich ist. Generalsekretär Heiner Geißler fordert Filbinger im Namen des Parteichefs Helmut Kohl auf, aus Solidarität zur Partei zurückzutreten. Aber Filbinger gedenkt nicht, sich zu fügen. Noch nicht.

Nach einem weiteren, quälend langen Wochenende, während dem der innerparteilich Druck erhöht und konkrete Rücktrittsforderungen erhoben werden, gibt der zermürbte und überforderte Ministerpräsident schließlich auf. Die Partei sucht umgehend einen Nachfolger für Filbinger, in dessen Zeit die größten Stimmenernten aller Zeiten eingefahren worden sind. Der Innenminister Späth setzt sich bei der Wahl des Nachfolgers in der Fraktion gegen den populären Stuttgarter Oberbürgermeister Manfred Rommel durch, dem es nicht gelungen war, einen aussichtsreichen Kandidaten für das Rathaus der Landeshauptstadt zu finden, weshalb er nicht auf Einberufung des ihm zugeneigten CDU-Parteivorstands bestanden hatte.

Für Erwin Teufel sind es damals „sehr belastende Tage" gewesen. Intern gilt er als derjenige, der „bis es nicht mehr geht" zu Filbinger steht und erst umschwenkt, als der Fraktionsvorstand sich fast geschlossen von Filbinger abwendet. Auf Einzelheiten will er auch im Abstand der Jahre nicht eingehen. Vielleicht wird er es später tun, wenn er selbst nicht mehr in Amt und Würden ist. Es könnte ein Lehrstück über das Verhältnis von Realpolitik und Moral werden, von Tatsachen und Meinungen, von persönlicher Loyalität und parteipolitisch motivierter Härte. Nicht von ungefähr hat Erwin Teufel in jenen hektischen Wochen, als ganz Deutschland nach Baden-Württemberg blickte, ein Tagebuch geführt – es ist der einzige Zeitraum seines Lebens, in dem er dies getan hat. Das läßt darauf schließen, wie angespannt die Situation für den jungen Fraktionsvorsitzenden war und auch darauf, daß er, zumindest vor sich selbst, aber vielleicht auch einmal vor der Allgemeinheit, Rechenschaft ablegen will.

In der Rückschau läßt Teufel keine Zweifel daran, daß Filbinger nach seiner Ansicht einige Vorwürfe zu Unrecht gemacht worden sind. Der Ex-Ministerpräsident sei rehabilitiert, sagt er auch in der Öffentlichkeit, die Anschuldigungen seien größtenteils widerlegt. Es gibt nur wenige CDU-Politiker, die sich auch heute noch so vorbehaltlos an die Seite des hochbetagten Filbinger stellen, der unerschütterlich in eigener Sache unterwegs ist. Bei Teufel spielt sicherlich eine Rolle, daß Filbinger in den siebziger Jahren unbestritten zu den Gönnern des aufstrebenden Bürgermeisters gehörte. Eine Rolle spielt auch der Respekt vor der Lebensleistung Filbingers. Nicht auszuschließen ist aber, daß Teufel mit der bewußt gezeigten Solidarität für Filbinger auch ein Stück weit zu kompensieren versucht, was die CDU in jenen Tagen ihrem Frontmann abverlangt hat. Man wird diese Frage erst später klären können. Das Tagebuch liegt irgendwo in einem Karton, den zu öffnen sich Erwin Teufel zu einem späteren Zeitpunkt vorbehält.

In der öffentlichen Wahrnehmung gehört Erwin Teufel in den turbulenten Tagen des Wechsels zu denjenigen, die sich taktisch geschickt im Hintergrund halten. Er habe sich „in der Rolle als Krisenmanager“ bewährt, heißt es in der Stuttgarter Zeitung, in die er gedrängt worden sei. Teufel habe „bewundernswerte Ruhe bewahrt“. Und, so das Fazit:

„Der Entschluß, den Sessel des Staatssekretärs mit dem des Fraktionsvorsitzenden zu vertauschen, war aus seiner Sicht richtig."

Beobachter attestieren ihm, seine erste Bewährungsprobe hervorragend gemeistert zu haben. Mit dem Mann „der nach der dubiosen Affäre um die Sondermülldeponie bereits abgeschrieben schien, muß in der CDU wieder gerechnet werden", wird festgestellt.

Das Bild von Erwin Teufel ist in der Folgezeit dennoch keineswegs eindeutig. „Ehrgeiz und Stehvermögen" werden ihm zugeschrieben. Ansonsten herrschen zwei Denkrichtungen vor, die auch heute noch verbreitet sind und die von der Frankfurter Allgemeinen Zeitung schon damals so beschrieben werden: „Die einen meinen, Teufel werde unterschätzt, die anderen, er werde überschätzt. Die einen glauben, Teufel sei ein beweglicher und geschickter Taktiker, die anderen sehen in ihm vorzugsweise den praktizierenden Katholiken."

Erwin Teufel empfindet es nicht als Nachteil, daß man seine Person mit dem Glauben in Verbindung bringt. Er ist ihm ein Kompaß. Das hebt ihn ab von vielen Politikern, die bevorzugt auf die eigene Karriere starren oder die Politik lediglich als eine mehr oder weniger zufällige Abfolge pragmatischer Entscheidungen begreifen. Teufel kommt aus der katholischen Soziallehre, die neben dem Liberalismus und dem Konservatismus einer der drei Pfeiler ist, auf denen die Union steht. Politik ist für ihn nicht nur Erledigung von laufenden Tagesgeschäften, sondern auch schöpferische Gestaltung der Zukunft. Beides sei notwendig, sagt er, praktisches Tageshandeln und das Sichtbarmachen einer Grundlinie.

Aber Erwin Teufel ist nicht allein auf dieses Fundament zu reduzieren. Wer in dieser Liga spielt, der weiß, daß Politik auch mit Macht zu tun hat. Macht – das ist ein Wort, das er nie in den Mund nehmen würde. Er haßt dieses Wort und mehr noch die Attitüden der Macht. Als Fraktionschef will er gestalten, Verantwortung übernehmen, die Welt besser machen. Doch Erwin Teufel wird in den kommenden Jahren lernen müssen, daß auch Macht eine Kategorie in der Landespolitik ist und daß er sich als unruhiger Geist in Geduld üben muß. Mehr jedenfalls, als das von einem Bürgermeister verlangt wird, der in einer Sitzung einen ganzen Gemeinderat umdrehen kann. Das Bohren dicker Bretter, um das als richtig Erkannte in der politischen Arena durch- und in die Praxis umzusetzen – für Teufel werden dies prägende Erfahrungen sein.

Zunächst freilich zementiert der neue Fraktionschef seine innerparteiliche Position. Dabei ergeben sich für ihn durch den Abgang Filbingers weitreichende Perspektiven. Als der zurückgetretene Ministerpräsident im Jahr 1979 von der CDU nicht einmal mehr als Delegierter zu einem Bundesparteitag geschickt wird, wirft der Badener entmutigt das Handtuch und tritt auch als CDU-Landesvorsitzender zurück. Filbinger gibt das Amt preis, von dem aus er eigentlich seine Rückkehr in die Politik betreiben wollte. Lothar Späth, der als Ministerpräsident dank seines umtriebigen Wesens bereits nach wenigen Monaten große Sympathie im Lande genießt, wird auf einem Landesparteitag in Reutlingen zu Filbingers Nachfolger gewählt. Sein Stellvertreter wird Erwin Teufel, der mit 219 zu 188 Stimmen gegen den Bundestagsabgeordneten und späteren Bundesverteidigungsminister Manfred Wörner obsiegt. Wieder einmal hat er sich im direkten Vergleich durchgesetzt.

Es ist für die CDU wie für Erwin Teufel ein wichtiger Parteitag. Er macht deutlich, daß die Union die Monate der Verunsicherung nach Filbingers Rücktritt hinter sich hat. Aus der Filbinger-Partei ist eine Späth-Partei geworden. Auch die Wahl Teufels paßt ins Konzept des neuen Parteichefs. Der Fraktionsvorsitzende ist in der Landespolitik aktiv, Späth ist der christdemokratischen Seele weniger nahe. Er konzentriert sich auf das Große, auf die neuen Märkte, auf Bundespolitik und internationale Bühnen. Fast unbeachtet bleibt, daß Teufel nach diesem Parteitag an Statur gewonnen hat. Er ist Fraktionschef und südbadischer Bezirksvorsitzender und damit die Nummer zwei in der Landespartei. Mit seiner erfolgreichen Kampfkandidatur, die erneut nicht ohne Risiko war, weil für Manfred Wörner die nördlichen, für Teufel die südlichen Bezirksverbände votieren, hat er landespolitisch klar hinter Späth den zweiten Platz erobert.

Für einen Mann, der 1971 noch sagte, er wolle Bürgermeister bleiben und Landtagsabgeordneter werden, ist dies innerhalb von acht Jahren ein beachtlicher Aufstieg. Wahrgenommen worden ist das allerdings kaum. Denn Teufel positioniert sich im langen Schatten eines anderen Aufsteigers, der erst Ende der sechziger Jahre in die CDU eingetreten war und nun die Partei und das Bundesland führt. Lothar Späth, nur zwei Jahre älter, zieht alle Blick auf sich. Er ist der allgegenwärtige Newcomer, autoritätsbewußt, ein Medienmensch, gescheit und präsent. Späth legt los wie die Feuerwehr, was Helmut Schmidt zur Einschätzung bewegt, der junge Ministerpräsident sei „zu schnell, um wirklich klug zu sein“. Er sollte sich irren.

Späth und Teufel, die vieles gemeinsam haben und die doch vieles trennt, sind die beiden Männer, die die Landespolitik im nächsten Jahrzehnt bestimmen. Die CDU hat sich Ende der siebziger Jahre längst aus der bäuerlich-katholischen Prägung gelöst und ist zur überkonfessionellen, bürgerlich geprägten Volkspartei geworden. Organisatorisch

Erwin Teufel und Lothar Späth: Beide kommen aus der Verwaltung, beide begegnen sich mit Respekt – und doch trennen sie Welten.

geeint, schafft sie in der Zeit, als in Bonn die sozialliberale Koalition regierte, den Durchbruch zur „Landespartei" in Baden-Württemberg, vergleichbar nur noch der starken Stellung, welche die CSU in Bayern hat. Dies erlaubt es, Anhänger in entscheidenden Positionen im Land unterzubringen. Wer etwas werden will im Staate Baden-Württemberg, geht zur CDU. Diese Personal- und Versorgungspolitik setzt die Partei gezielt ein.

Das schon unter Filbinger zu einer politisch-strategischen Zentrale ausgebaute Staatsministerium nimmt diese Aufgabe unter Späth noch deutlicher wahr. In der Villa Reitzenstein werden nicht nur politische Ziele und Strategien entwickelt für den Ministerpräsidenten und das Land Baden-Württemberg, sie kommen wegen dessen Personalunion mit dem Landesvorsitz zugleich, zumindest indirekt, parteipolitisch der CDU zugute.

Schließlich wird die christdemokratische Landespolitik dadurch gekennzeichnet, daß sich die CDU-Fraktion als eigenständiges Machtzentrum begreift und auch gegenüber dem Regierungschef aus dem eigenen Lager auf eine unabhängige Rolle setzt. Vor diesem Hintergrund kommt es im folgenden Jahrzehnt zu einer spannenden Entwicklung, die geradezu manifestiert wird in den unterschiedlichen Charakteren von Lothar Späth und Erwin Teufel.

Zunächst aber dürfen der neue Ministerpräsident und der neue Fraktionschef gemeinsam jubeln. Trotz der Turbulenzen um Filbinger, trotz der Auseinandersetzungen um die Kanzlerkandidatur des polarisierenden Franz Josef Strauß gewinnt die CDU bei der Landtagswahl im Frühjahr 1980 in Baden-Württemberg mit 53,4 Prozent zum dritten Mal hintereinander die absolute Mehrheit. Erstmals ziehen dabei zwar die Grünen (5,3 Prozent) in das Parlament eines Flächenlandes ein. An der dominierenden Stellung der

Christdemokraten sollte dies aber nichts ändern, im Parlament jedoch wird es künftig bunter.

Es ist alles andere als ein konfliktfreies Verhältnis zwischen Teufel und Späth, zwischen dem Fraktionschef und dem Ministerpräsidenten. „Ich war immer loyal, auch wenn wir unterschiedliche Typen sind", sagt Erwin Teufel im Rückblick. Lothar Späth bestätigt diesen Wesenszug, wenngleich auch er nicht leugnen mag, daß sich in Stuttgart zwei Charaktere zusammenraufen mußten, die unterschiedlicher kaum sein könnten.

Teufel verkörpert den schwerblütigen, katholischen Schwaben, der auf den ersten Blick wie ein Kreissparkassendirektor daherkommt, einen Dickschädel, bedächtig und überlegt. Mit Visionen geht er sparsam um, und wenn es welche gibt, dann holt er sie schrittweise in die Realität. Späth verkörpert einen weltgewandten Politiker, der wie von Insel zu Insel von Politikfeld zu Politikfeld springt, sich auch mal im Schneidersitz neben einer Primaballerina fotografieren läßt. Der protestantische Schwabe gibt sich als Vorstandsvorsitzender der Baden-Württemberg AG und weiß ein überaus positives Bild von sich in der Öffentlichkeit zu zeichnen, so daß die böse Floskel vom Inspektor, wie er in Filbingers Staatsministerium noch hieß, sich rasch in das anerkennende Lob vom „Cleverle" verwandelt.

Wöchentlich treffen sich die beiden so unterschiedlichen Männer in der Villa Reitzenstein, in Teufels Büro im Landtag oder in Späths Haus auf der Solitude, um über die Landespolitik zu reden. Da sitzen sie sich dann gegenüber. Späth, der sich als liberaler Technokrat begreift, und Teufel, der von der christlichen Soziallehre kommt. Späth, der Aktenverächter, und Teufel, der Aktenfresser, der wie immer bestens vorbereitet ist. Von Späth heißt es im Ministerium: „Das bißchen, was er liest, schreibt er sich selbst."

Bei Teufel ist das anders. Später sollte das Bonmot die Runde machen, daß Erwin Teufel die Bücher liest, die Lothar Späth zitiert.

Teufel setzt sich bewußt ab von den Tugenden, die Späth zugeschrieben werden. Obwohl es das Angebot Späths gibt, nimmt er nie an Kabinettssitzungen teil. Er will sich als Fraktionschef nicht in die Regierungsarbeit einbinden lassen. Auch wenn er in der Öffentlichkeit neben dem agilen und medial-erprobten Späth nicht besonders auffällt, schärft er sein eigenständiges Profil. „Ich habe seine Erfolge und seine große öffentliche Wahrnehmung völlig neidlos gesehen", sagt Teufel später. Doch manch einer, der ihn damals begleitete, erinnert sich daran, daß das unstete Themenhopping in der Villa Reitzenstein beim Fraktionschef alles andere als wohlgelitten war. Diese politische Sprunghaftigkeit steht so sehr im Gegensatz zur Teufelschen Maxime, den Dingen auf den Grund zu gehen, daß der Fraktionschef auch mehrfach abwinkt einen Ministerposten zu übernehmen.

Solche Distanz spricht aus manchen Aussagen jener Zeit, bei denen man nicht so genau weiß, ob sie denn Lob oder Mahnung sind. „Lothar Späth legt ein Sprinttempo vor, und ich bin sicher, daß er sich auch auf der Langstrecke bewährt", sagt Teufel als Fraktionschef. Späth, der zahlreiche Reisen ins Ausland unternimmt und auf der Bonner Bühne mitspielen will, hat einen anderen Radius, als der sich auf die Landespolitik konzentrierende Teufel. „Er hat bundesweit agiert, als Fraktionsvorsitzender können Sie das nicht", sagt Teufel, „Sie werden bundesweit kaum wahrgenommen und sind nur einem kleinen Publikum bekannt".

Wohlmeinende charakterisieren das Verhältnis zwischen Späth und Teufel als „eher durch gegenseitigen Respekt als durch tiefe Freundschaft" gekennzeichnet – eine Beschreibung, an der beide auch heute noch nichts auszusetzen haben. Die Südwestpresse aus Ulm schreibt zutreffend von einem „kultivierten Nichtverhältnis auf niedrigem Niveau".

Teufel konzentriert sich als zweiter Mann auf die Arbeit in Partei und Fraktion. Er versteht es, den mehr als fünf Dutzend Abgeordneten trotz aller Eigeninteressen ein Solidaritätsgefühl zu geben. Die Fraktion macht gemeinsame Reisen, die Ehefrauen werden mitgenommen. „Es hat damals ein unglaublich gutes menschliches Verhältnis geherrscht", sagt Teufel, „es sind Freundschaften fürs Leben entstanden". Das bestätigen auch viele der alten Weggefährten. Sie begegnen ihm mit Respekt, auch wenn er ihnen mit seinem christlichen Wertekanon manchmal auf den Geist geht.

Der Fraktionschef wächst an seinem Amt. Er setzt ein, was er als Jugendleiter und als Bürgermeister erprobt hat.

Er moderiert die Gesprächstreffen. Bei Fraktionssitzungen, früher unter Filbinger von langatmigen Erklärungen zur politischen Lage und unter Späth von Aktionismus dominiert, herrscht eine andere Stimmung. Teufel erlaubt Debatten in der Fraktion, bricht auch heikle Auseinandersetzungen nicht ab, läßt eher zu viel als zu wenig diskutieren. „Ich kann von einem Abgeordneten nicht erwarten, daß er einen Mehrheitsbeschluß der Fraktion mitträgt, wenn es ihm nicht möglich ist, seine Meinung mehrheitsfähig zu machen", sagt er.

Nebenbei konzentriert sich Teufel auf die Partei, der er näher ist als Späth. Teufel will das „C" im Parteinamen profilieren. Sein Bezirksverband legt eine „Grüne Charta" vor, er spricht vom „umweltverträglichen Wachstum". Damit greift er Themen auf, die durch die Grünen ins Parlament getragen werden, die aber auch in der Gesellschaft virulent sind. Chemieunfälle und die Reaktorkatastrophe von Tschernobyl führen den Menschen im Land vor Augen, daß die Gefahren nicht an Grenzen halt machen.

Sogar eine Kulturcharta wird vom südbadischen Verband debattiert und verabschiedet. Für eine Partei, die sich wie die CDU eher als pragmatische Regierungspartei versteht denn als Programmpartei wie beispielsweise die SPD, ist das ein bemerkenswerter Aspekt. Die Delegierten danken es ihm. Der stellvertretende Landesvorsitzende erhält bei Vorstandswahlen fast durchweg bessere Ergebnisse als der Parteichef.

In Stuttgart erledigt Teufel die Kärrnerarbeit in der Fraktion und erträgt zumindest nach außen gelassen, daß Späth immer populärer wird. Er weiß, welche Bedeutung das Amt des Fraktionschefs hat. Die Aufgabe des Regierungsamts habe er noch keine Stunde bereut, lautet Teufels Begründung, als er 1983 das Angebot ablehnt, Innenminister zu werden. Roman Herzog hatte den Posten freigemacht. Ihn zog es vom Innenministerium zum Bundesverfassungsgericht. Als Späth die Spekulationen anheizt, der immer mächtiger werdende Fraktionschef könne doch in sein Kabinett einziehen, gibt Teufel noch vor der Landtagswahl 1984 klar und deutlich zu Protokoll: Die Tätigkeit eines Fraktionschefs befriedige ihn außerordentlich, er werde sie in den nächsten Jahren fortsetzen. So spricht nur einer, der dem Ministerpräsidenten auf Augenhöhe begegnet.

Aber Teufel kennt auch den schmalen Grat, auf dem der Fraktionschef einer mit absoluter Mehrheit regierenden Partei wandelt. Winken die Abgeordneten alles durch, heißt es, die Fraktion sei handzahm. Stellen sich die Abgeordneten quer, ist von innerer Zerrissenheit die Rede. Teufel betont deshalb mehr als einmal, daß es erste Aufgabe der Fraktion sei, der Regierung im Parlament eine Mehrheit zu sichern. Für mindestens genauso wichtig hält er aber die eigenständige Rolle der Fraktion. Sie müsse politische Ziele vorgeben, eigene Initiativen ergreifen und Erfolgskontrolle betreiben.

Das trägt dem ohne Gedöns auskommenden Frontarbeiter durchaus Sympathien bei den Seinen ein. Die Abgeordneten der CDU sind selbstbewußt, sie sind direkt gewählt, sie haben in ihren Wahlkreisen den Kontakt zur Basis in Partei und Bevölkerung. Sie wissen, wie das, was der gelegentlich zu Wolkenschiebereien neigende Späth und seine Regierung beschließen, draußen ankommt. Die Fraktion wird so automatisch zum Korrektiv, auch zum Gegenpol des Regierungschefs. Und dieser Gegensatz läßt sich personifizieren. Das ist heute so und war damals nicht anders.

Lothar Späth sagt über die gemeinsame Zeit mit Erwin Teufel: „Es gibt keinen Fraktionsvorsitzenden, der nicht Ministerpräsident werden will, außer er ist bereits altersmäßig darüber hinaus. Folglich entsteht automatisch eine Art Spannungsanspruch, und der entwickelt sich natürlich, der hat sich bei mir ganz schnell entwickelt, schon vom Altersunterschied zwischen Filbinger und mir. Zwischen Erwin Teufel und mir war das anfangs wegen des geringen Altersunterschieds weniger ausgeprägt, aber dann hat sich das natürlich genauso entwickelt."

Für die Partei ist diese Rivalität kein Schaden, sondern ein Geheimnis ihres Erfolgs. Sie hält sich konkurrierende Spitzenpolitiker in ihren Reihen, von denen einer für Beständigkeit und der andere für den Wechsel steht. Filbinger und Späth haben dies verkörpert. Der Stete und der Hansdampf. Auch bei Späth und Teufel ist es nicht anders. Zwei Männer, zwei Wesenszüge. Damit wird immer auch die Sehnsucht des Wahlvolks nach Kontrast bedient.

Der Politologe Hans-Georg Wehling sieht in dieser Dualität eine wesentliche Erklärung für die anhaltende Dominanz der CDU im Parteiensystem Baden-Württembergs und für die relative Schwäche der SPD. „Obwohl die CDU des baden-württembergischen Landtags fast immer Regierungsfraktion gewesen ist, hat sie sich zumindest in den letzten Jahrzehnten stets auch als Gegengewicht zur Regierung verstanden“, sagt Wehling. Spötter auf dem landespolitischen Parkett formulieren es gelegentlich noch drastischer. Für sie ist die CDU im Südwesten für alles verantwortlich – sogar für die Opposition.

In einer solchen Konstellation bleiben Spannungen nicht aus. Zumal neben den machtpolitischen Faktoren auch die Unterschiede der Persönlichkeiten im Fall von Späth und Teufel groß sind. „Wenn Konflikte entstehen, wird sich die Fraktion durchsetzen und nicht eine Niederlage erleiden“, sagt Teufel in seiner Ära als Fraktionschef. Das klingt großtuerisch. Allerdings hat er gegen Späth längst nicht immer gut ausgesehen. Anfang der achtziger Jahre setzt sich der Ministerpräsident in einer außergewöhnlich dramatischen Sitzung der CDU-Fraktion durch, als es wieder einmal ums Geld geht. Teufels weitergehende Sparvorschläge werden abgelehnt. Es habe eine Kraftprobe zwischen Späth und Teufel stattgefunden, wie sie die Fraktion noch nie erlebt habe, sagen Teilnehmer hinterher.

Teufel hält dies nicht davon ab, weiter eigene Themen zu besetzen. Er macht sich für neue Studiengänge stark, will die Schul- und Ausbildungszeiten verkürzen und legt sich dafür mit dem Schulminister Gerhard Mayer-Vorfelder an. Er propagiert gemeinsam mit dem Stuttgarter Oberbürgermeister Manfred Rommel die begrenzte Doppelstaatsbürgerschaft für Ausländer und das Ende des Arbeitsverbots für Asylbewerber, was von Lothar Späth in aller Öffentlichkeit abgelehnt wird. Der konservative Mayer-Vorfelder tadelt den Fraktionschef sogar vor versammelter Presse. Es sei besonders ungut, daß Teufel diese Ideen mit dem C im Parteinamen begründe, höhnt der streitbare Minister.

Auch sonst ist nicht alles wie im Honigmond. Als es darum geht, wegen der vielen arbeitslosen Lehrer die Pädagogischen Hochschulen zu schließen, fühlt sich die Fraktion von der Regierung überfahren und verweigert sich. Teufel entgegnet auf Späths Parforceritt kühl: „Erst wenn wir nach Abwägung aller Gesichtspunkte zum gleichen Ergebnis kommen wie die Regierung, stützen wir sie und gehen mit ihr durch dick und dünn."

Allerdings treibt Teufel die Konfrontation nie auf die Spitze, wie es zeitweise zwischen Filbinger und Späth der Fall war. Teufel weiß, daß allzuviel Sand im politischen Getriebe letztlich den Erfolg der CDU insgesamt gefährden würde, die in den achtziger Jahren zwar mit absoluter Mehrheit regieren kann, die von Wahl zu Wahl aber an Stimmen verliert.

Vielleicht gilt Teufel auch deshalb schon früh unausgesprochen als die Nummer eins, wenn es um die Ära nach Späth geht. Alleiniger Kronprinz ist er gleichwohl nicht. Mal wird der polternde Schulminister Gerhard Mayer-Vorfelder ins Gespräch gebracht, mal der ehrgeizige Innenminister Dietmar Schlee oder, immer wieder, der beliebte Oberbürgermeister Manfred Rommel. Doch solche Spekulationen entspringen in dieser Zeit eher dem Reiz, der von möglichen personellen Zweikämpfen ausgeht, als den wahren Machtverhältnissen in der Südwest-CDU.

Erwin Teufel ist zehn Jahre, nachdem ihn die Junge Union in Filbingers Führungsmannschaft plaziert hat, in jedem Fall eine feste Größe. Er selbst erklärt den Aufstieg als schrittweises Fortkommen, das sich so ergeben habe. Er erweckt den Eindruck, eine große Planung habe es nicht gegeben, schon gar nicht einen gezielten Karriereaufbau. „Ich bin ein politisches Leben ohne Gruppenbildung ausgekommen“, sagt er, „ohne daß ich Leute um mich geschart habe, ohne daß ich Vertraute habe, die ich am Sonntagabend am Telefon traktiere, damit sie am Montag in der CDU-Vorstandssitzung dies oder jenes sagen“. Er habe nie ein Netzwerk aufgebaut, er sei kein Strippenzieher, keiner, der in Zirkeln Politik mache, sagt er. Und viele, die ihn kennen, bestätigen diese Selbsteinschätzung.

Der Parlamentarier aus Spaichingen ist kein Politiker vom Schlage Helmut Kohls, der vom Telefon aus in die Partei hineinregiert, der Seilschaften knüpft und persönliche Abhängigkeiten schafft. Dennoch pflegt Teufel wie kaum ein anderer die Parteibasis. Er geht zu Kreismitgliederversammlungen, er kennt die Leute – und die Leute kennen ihn. Vielen in der Partei ist er lieber als der Weltökonom Späth, der die große Rede schwingt. Teufel ist einer aus der Partei. Er spricht ihre Sprache – und er sagt Sätze, die gerade in der ländlichen Union die Stimmungslage besser treffen als manches, was im fernen Stuttgart palavert wird. „Bildung ist nicht nur Hochschulbildung“, sagt der Fraktionsvorsitzende in den achtziger Jahren, „wer durch die Schulen unseres Landes gegangen ist und dann im dualen System einen Beruf ergreift, ist ein genauso gebildeter Mann wie einer, der ein Hochschulexamen erworben hat“. Das ist ein bemerkenswerter Satz von einem Nicht-Studierten, der sich aber mehr Bildung erlesen hat als viele Studenten in vielen Semestern.

Aufmerksame Beobachter wie Wulf Reimer von der Süddeutschen Zeitung erkennen bereits in dieser Phase, daß es eine Täuschung ist, wenn man in Teufel einen Mann sieht, „dem vor lauter Stilgefühl, moralischen Skrupeln und christlichen Grundwerten der Blick für die Forderungen des politischen Alltags getrübt ist: zumal wenn sich diese Forderungen zufällig auch als ganz vorteilhaft für das eigene Fortkommen erweisen". Allein die Zielstrebigkeit, mit der Teufel, eine Starthilfe der Jungen Union geschickt nutzend, seinen innerparteilichen Aufstieg zu beschleunigen verstand, sei Beweis genug, daß „er hinter den Kulissen zu taktieren weiß".

Weitere Beweise liefert Teufel nicht nur in den geschickt inszenierten Auseinandersetzungen mit Späth, er weiß auch sonst, wie man es macht. Anfang der achtziger Jahre erklärt er zunächst seine Bereitschaft, sich in den Bundesvorstand der CDU wählen zu lassen, sollte ein Platz für Baden-Württemberg frei werden. Als keiner der sechs Bundesvorstandsmitglieder verzichtet, zieht Teufel seine Bewerbung zurück. 1983 ist es dann soweit, als Annemarie Griesinger nicht mehr antritt. Der Landespolitiker ist im Führungsgremium der Bundespartei angekommen.

Teufel ist in Stuttgart überaus fleißig, erkennt Situationen, kann das politische Tagesgeschäft lesen – und er ist jemand, der keine Scheu hat, sich zur Wahl zu stellen. „Ich habe auch Wahlen verloren", sagt er. Doch taktisches Geschick ist ihm ebenso zu eigen wie der Mut. „Das wichtigste in der Politik ist Mut", zitiert Teufel gerne den ehemaligen amerikanischen Außenminister Henry Kissinger, Sachverstand könne man sich erwerben, aber Mut müsse man selbst haben. Teufel sagt aber auch, Mut sei „das Gegenteil von Tollkühnheit" und er sei „der Gegentyp von einem Tollkühnen". Der Fraktionschef dreht deshalb nie das ganz große Rad, wie es etwa Späth bei der erfolglosen Palastrevolution im Jahr 1989 gegen Helmut Kohl tun wird. Er frage sich, bevor er sich bewerbe, ob er sich das neue Amt zutraue – und „wenn das der Fall ist, dann gehe ich auch ein gewisses Risiko ein".

Was Erwin Teufel so beschreibt, nennen andere auch „den unbedingten Willen zur Macht“, der ihn auszeichne. Er selbst mag diese Kategorie nicht. „Ich habe keinen übertriebenen Ehrgeiz“, sagt Teufel, „aber in der Politik darf man den Hund auch nicht zum Jagen tragen müssen“. Für ihn bestehe ein Unterschied darin, „ob du ein Amt um der Menschen und um dieser Aufgaben willen anstrebst oder wegen deiner persönlichen Befriedigung und deines persönlichen Einkommens“. Es ist keine Frage, wo sich Teufel selbst einordnet.

Bei alledem kann Erwin Teufel auf eine lange Karriere in der Partei verweisen. Er hat in der CDU alles gemacht, Plakate geklebt, Ortsverbände gegründet, war Vorsitzender in unteren Gremien. Er hat das hinter sich gebracht, was viele die Ochsentour nennen. Das ist weniger in dem Sinn ein Vorteil, daß eine Partei dies dankbar zur Kenntnis nimmt oder sich gar dafür erkenntlich zeigt. Aber einer, der diese Erfahrungen gemacht hat, weiß, wie Parteien funktionieren, wie Entscheidungen, zumal Personalentscheidungen, vorbereitet werden müssen. „In der Partei“, hat Erwin Teufel einmal gesagt, „kann mir keiner etwas vormachen“.

Auf ErwinTeufel hat Manfred Rommel, der als Menschenkenner gerühmt wird, den Spruch gemünzt, es sei allemal besser, man werde unterschätzt als überschätzt. Teufel ist ein geschickter Taktiker, der auch die Fehleinschätzung seiner Kontrahenten über sich zu nutzen weiß. Zu seinen Stärken als Fraktionschef gehört die Fähigkeit, verschiedene Meinungen, Strömungen und Menschen zusammenzubringen. Dabei ist er durchaus fähig zu pragmatischen Lösungen. Er schließt Kompromisse, wo er glaubt, seine Meinung nicht durchsetzen zu können. Und er gibt seinen Mitstreitern in der Fraktion selten das Gefühl, daß er über andere hinweg entscheidet oder sie nicht ernst nimmt. All das sind Eigenschaften, die einem Positionswechsel ermöglichen, ohne sich allzu viel Feinde zu machen, und es sind Eigenschaften, die gepaart mit taktischen Fähigkeiten, einer Portion Härte und der Gewißheit, auf dem richtigen Weg zu sein, auch in schwierigen Zeiten Erfolg versprechen.

Hinzu kommt im Fall von Erwin Teufel eine gewisse Bauernschläue. Bräuchte es dafür einen Beleg, so wäre ein Handbuch zur Verbesserung der Parteiarbeit zu nennen, für welches der Fraktionschef im Februar 1981 ein Vorwort beigesteuert hat. Das Büchlein, verfaßt vom damaligen Fraktionsberater und späteren Verkehrsminister Ulrich Müller, liest sich wie ein Almanach der politischen Tricks. Erwin Teufel attestiert dem Werk in seinem Vorwort, ein „hilfreicher Beitrag“ zur Verbesserung der Parteiarbeit zu sein. Auszüge daraus mögen verdeutlichen, wie man sich eine Hausmacht in der Südwest-CDU erobert, über die Teufel zweifelsfrei verfügt.

Wörtlich heißt es: „Wer ein bißchen politische Erfahrung hat, der weiß, daß Entscheidungen nicht dort fallen, wo sie gefällt werden. Zunächst einmal gibt es in jeder Partei eine informelle Führungsstruktur der Leute, auf die es ankommt. Allgemein empfiehlt es sich in erster Linie nur zu wissen, wer die Drahtzieher sind, um gezielt ansetzen zu können. Von außen auf die Drahtzieher einzuwirken, Regie beim Marionettentheater zu führen, das wäre wohl die gekonnteste Form der Einflußnahme.“

So weit zur Theorie, nun zur Praxis: „Sie dürfen in einer Partei mit der Faulheit und dem Desinteresse der anderen rechnen. Wollen Sie also Einfluß nehmen, so schlagen Sie vor, das Problem müsse durch eine schriftliche Vorlage vorbereitet werden. Haben Sie einen Vorschlag gemacht, so liegt es in Ihrer Hand, wie kritisch die Sache angeschaut wird. Da gibt es ein ganz einfaches Gesetz: Je länger das

Papier, desto großzügiger die Kritik. In einer 20-Seiten-Resolution können Sie ohne große Gefahr auf Seite 16 ein paar ‚dicke Hunde' begraben, denn nur die ersten zwei bis drei und die letzte Seite werden aufmerksam gelesen. Und wenn Sie ganz raffiniert sein wollen, dann bringen Sie auf Seite zwei einen kleinen absichtlichen, mehr oder weniger offenkundigen Fehler an, über den sich dann die Kritiker hermachen, um anschließend zu glauben, sie hätten das Papier in einem entscheidenden Punkt verbessert und so könne man es nun verabschieden."

Doch damit nicht genug: „Es gibt auch noch andere Möglichkeiten, ‚Probleme zu verstecken'. Eine Möglichkeit ist die Überinformation, also das Erschlagen mit Details und Fachkenntnis; eine andere, einen Punkt relativ spät und eher beiläufig in der Sitzung anzusprechen."

Erwin Teufel kennt das Spiel, das in Parteien und Parlamenten gespielt wird. Daß er diese Lehrsätze anwendet, davon kann man ausgehen. Doch er ist, wenn überhaupt, nicht nur ein Techniker der Macht – Teufel ist mehr noch ein Überzeugungstäter, der sich für Themen einsetzt, die andere links liegen lassen. Für ihn läßt sich der Mensch eben nicht nur auf die Rolle als Erwerbsperson und Konsument reduzieren, wie es viele tun, die in der Wirtschaft und Politik Verantwortung tragen. Zum Menschsein gehört für ihn auch freiwilliges und soziales Engagement, das dem Leben einen Sinn gibt. Leistung, das ist für ihn mehr als nur Erfolg im Beruf. Leistung erbringt auch, wer erzieht und wer pflegt.

Wirtschaftswachstum als reiner Selbstzweck lehnt Teufel ab. Daraus ergeben sich Themen, die er nun in den achtziger Jahren anspricht und die auch heute noch auf seiner Agenda stehen. Er will Stellen im Landesdienst streichen, um die Schulden zu senken, will die Förderung der Forschung an den Hochschulen ausbauen, will mehr Kompetenzen für die Länder, er warnt vor einem Europa der Gleichmacherei und will eine Vielfalt der Kulturen. Leistungsbilanzen seien schon recht, sagt er im Wahlkampf 1988, noch wichtiger seien aber Zukunftsentwürfe. Es geht ihm bei allem Wohlstand um den Sinn des Lebens, um die Werte, die unser Dasein bestimmen. Und er trägt in diesen Tagen einen Zettel mit sich herum, auf dem ein Satz von Antoine Saint-Exupéry steht: „Warum für einen Garten sterben, der nur eine Summe von Bäumen und Gras ist."

Und der eigene Zukunftsentwurf? Erwin Teufel ist Fraktionschef, Lothar Späth ist Ministerpräsident – das geht schon zehn Jahre so, als die Union im Frühjahr 1988 bei der Landtagswahl zwar erstmals seit 16 Jahren unter die 50-Prozent-Marke rutscht, aber die absolute Mehrheit im Parlament verteidigt. Das Verhältnis der beiden Führungsleute wird schwieriger. Deutlicher als bisher betont Teufel die Eigenständigkeit der Fraktion. „Wer verändern will, ist beweispflichtig, daß nachher Besseres herauskommt", sagt er – und Späth muß von manchen Lieblingsprojekten, wie der Banken- und Rundfunkfusion, Abschied nehmen. Auch seine Bonner Hoffnungen erfüllen sich nicht, der Kohl-Kritiker Späth fordert den Kanzler zwar heraus, scheut aber vor der letzten Konsequenz, einer schon angekündigten Gegenkandidatur, dann doch zurück – und verliert seinen Sitz im Präsidium der CDU. Im Zuge dieses Machtkampfs, der die Union fast bis in die Grundfeste erschüttert, kippt Kohl Heiner Geißler aus seinem Amt als CDU-Generalsekretär. Und obwohl Teufel als Getreuer des Kanzlers gilt, bescheinigen ihm sowohl Geißler als auch Späth, er habe sich ihnen gegenüber korrekt verhalten in jenen Krisentagen der CDU, die Kohls Macht letztlich stärken sollten.

Das hat auch im Südwesten Auswirkungen. Eine bundespolitische Karriere kann sich der gedemütigte Lothar Späth, dem es im Land längst zu eng geworden ist, abschminken. Und auch Erwin Teufel, ohnehin schon Rekordhalter im Fraktionsvorsitz, macht sich Gedanken, wie es mit ihm weitergehen soll. Was ist übriggeblieben von den „großen Chancen, den Ministerpräsidenten zu beerben, der sich ja auch nicht am Ende seiner politischen Laufbahn sieht", wie ein Kommentator einmal feststellte? Daß Teufel mit der Situation nicht zufrieden ist, bleibt seinen engsten Mitarbeitern nicht verborgen.

Der Fraktionschef engagiert sich stark in den neuen Bundesländern, das scheint ihm historische Aufgabe und innere Freude zugleich zu sein. So wird er der Verbindungsmann zur sächsischen CDU, auf deren ersten Parteitag nach der Wende er im Dresdner Hygiene-Museum eine programmatische Rede hält. In Stuttgart aber erleben die Parteifreunde einen Mann, der ihnen frustriert und resigniert erscheint wie nie zuvor und nie mehr danach. Die Mannschaft weiß, daß er sich das Amt des Ministerpräsidenten zutraut, auch wenn er nicht darüber spricht. Und auch Späth merkt, daß Teufel durchaus Ambitionen entwickelt. Die Politik des Ministerpräsidenten ist dem Fraktionschef zu unstet und zu vordergründig. Und der Herr auf Reitzenstein kontert. Späth läßt seinen Fraktionschef spüren, daß er der charismatischere Politiker ist.

Es ist eine schwierige Situation für Teufel, der eine „politische Karriere von einer sogar für schwäbische Verhältnisse geradezu bilderbuchhaften Solidität und Folgerichtigkeit" hinter sich hat, wie die Zeit schreibt. Und doch scheint das Amt des Ministerpräsidenten weiter entfernt denn je. Bei allem leidenschaftlichen Engagement für die Fraktion, bei aller fleißigen Erfüllung der Pflicht wähnt er sich zunehmend in der Sackgasse. Er macht sich Gedanken über einen Ausweg. Soll er Minister werden? Soll er zurück in die Kommunalpolitik? Soll er sich ein Amt suchen in der politischen Bildungsarbeit? Er fühlt sich nicht unter Zeitdruck, er kann noch warten. Plötzlich kommt alles ganz anders, als alle erwarten. Es stellt sich eine neue, eine bisher undenkbare Frage. Und Erwin Teufel wird nicht zögern, eine Antwort zu geben.

Das hohe Amt

Auf Späth folgt Teufel

Dem Ministerpräsidenten bleiben vor seinem nächsten Termin noch einige Minuten, die er in seinem Amtssitz für die Post nutzen will. In der Villa Reitzenstein erfährt der Hausherr, daß Banater Schwaben aus Spaichingen zu Besuch sind. Er entschließt sich am späten Nachmittag zu einem spontanen Auftritt. Die Gäste erheben sich von ihren Stühlen und klatschen Beifall. Aus dem Stegreif hält Teufel eine Rede. Er wählt den aus Spaichingen vertrauten Dialekt und läßt nicht unerwähnt, daß er mitgeholfen hat, Donauschwaben aus dem kommunistischen Herrschaftsbereich freizukaufen. „Ganget no in den Park, der ischd schön", sagt Teufel. „Und kommet gut heim."

Die Banater Schwaben sind zufrieden. Sie werden zu Hause erzählen, daß sie den Ministerpräsidenten gesehen haben. Erst waren sie im Landtag, dann sind sie mit ihrem Bus hinaufgefahren in die Stuttgarter Höhenlage. Dort liegt das hochherrschaftliche Gebäude samt großem Park: die Villa Reitzenstein. Ende des 19. Jahrhunderts ist sie erbaut worden. Die damalige Besitzerin, die Baronin Helene von Reitzenstein, eine Verlegertochter und Witwe des Oberhofmeisters der Königin Charlotte, hat gerne herabgeschaut auf das Schloß und das Palais, in dem Wilhelm II. residierte. Hier war später der Sitz der württembergischen Regierung in der Weimarer Republik. Hier hat der Nazi-Gauleiter Wilhelm Murr die Befehle Hitlers exekutiert. Hier amtiert der baden-württembergische Ministerpräsident seit Bestehen des Südweststaats. Der Blick hinunter auf den Landtag, er hat seinen Reiz. Vor allem für jene, die auf dem Reitzenstein arbeiten. Für sie ist klar, wo oben ist in Sachen Landespolitik.

Wer sich der mit Kameras und Zäunen gesicherten Liegenschaft nähert, hat die schwarz-gelbe Landesfahne vor Augen, die über dem Dachfirst des Anwesens flattert. „Wenn der Lappa raushängt, isch der Lomp drinna", sagt der Volksmund. Das stimmt zwar nicht, weil die Fahne auch dann aufgezogen wird, wenn der Ministerpräsident nicht da ist. Aber den Satz, den wahrscheinlich ein frustrierter Amtsrat erfunden hat, muß sich jeder Hausherr in der Villa Reitzenstein gefallen lassen. Erwin Teufel ist erst der sechste Regierungschef des Landes, welches bedeutende Ministerpräsidenten hervorgebracht hat.

Ein besonderer Platz in der Geschichte gebührt gewiß Reinhold Maier, der am 16. Oktober 1889 in Schorndorf das Licht der Welt erblickt. Er wird Jurist und arbeitete zunächst viele Jahre in Stuttgart als Rechtsanwalt. In den zwanziger Jahren amtiert er als Vorsitzender der linksliberalen Deutschen Demokratischen Partei (DDP) in Stuttgart. Später profiliert er sich als Mitglied des Württembergischen Landtags, als Wirtschaftsminister des „Volksstaates Württemberg" und als Reichstagsabgeordneter. In den letzten Jahren vor 1933 fällt er als wortgewaltiger Streiter wider die Nationalsozialisten auf, stimmt aber mit seinem Parteifreund Theodor Heuss nach der NS-Machtübernahme für das Ermächtigungsgesetz, das Hitler nahezu diktatorische Vollmachten einräumt.

Im Dritten Reich arbeitet er noch als Anwalt, gehört aber zu den Verfemten des Regimes. Seine Frau Gerta, eine geborene Goldschmidt, muß aufgrund ihrer jüdischen Abstammung mit den beiden Kindern das Land verlassen. Sie emigriert nach England, ihr Mann harrt in der Heimat aus. In seinen Tagebuchaufzeichnungen schreibt er im August 1944 über das darniederliegende Stuttgart: „Immer wieder wird sich unser Leben lang das unvergeßliche Bild der schönen, gepflegten, sauberen Stadt vor unsere Seele stellen, und wir alle werden nie aufhören, sie zu vermissen."

Nach dem Krieg arbeitet Maier zunächst ehrenamtlich beim Landratsamt in Schwäbisch Gmünd. Der südwestdeutsche Raum ist aufgeteilt zwischen der amerikanischen Besatzungszone im Norden und der französischen Besatzungszone im Süden. Die Autobahn zwischen Karlsruhe, Stuttgart und Ulm markiert den Grenzverlauf. Auf amerikanischer Seite entsteht das Land Württemberg-Baden mit dem Zentrum Stuttgart, auf französischer Seite das Land Württemberg-Hohenzollern mit Tübingen als Hauptstadt sowie Baden mit Freiburg als Zentrum. Dank seiner früheren Rolle ist Maier für die Amerikaner kein Unbekannter. Im August 1945 bietet ihm der Chef der amerikanischen Militärverwaltung das Amt des Ministerpräsidenten von Württemberg-Baden an. Der Regierungssitz ist zunächst in der Stuttgarter Olgastraße 7. Die Anfänge sind bescheiden. Es gibt eine Schreibmaschine und ein Telefon.

Maier muß lange warten, bis zum September 1948, bis die Amerikaner die Villa Reitzenstein freigeben und er dort einziehen darf. Zuvor sitzt in der Villa der Länderrat der US-Zone, die Keimzelle der Bundesrepublik Deutschland. Maier macht sich zum Anwalt des Volkes gegen unsinnige Befehlshabereien und erweist sich als eifriger Vorkämpfer des Südweststaates. Überliefert sind Sätze wie diese: „Wir wollen die Freiheit ganz. Wir wollen sie überall. Wir wollen die wirtschaftliche Freiheit, die kulturelle Freiheit, die Freiheit im Innern, die Freiheit nach außen. Es gibt nicht einzelne Freiheiten, keine unter- und abgeteilten Freiheiten, sondern nur eine ganze Freiheit."

Am 25. April 1952 erlebt der liberale Politiker die Stunde des Triumphes, als er, gegen die Stimmen der CDU, zum Ministerpräsidenten gewählt, seine Taschenuhr zur Hand nimmt und um 12.30 Uhr eine weitreichende Botschaft verkündet: „Mit dieser Erklärung sind die Länder Baden, Württemberg-Baden, Württemberg-Hohenzollern zu einem Bundesland vereinigt. Meine Frauen und Männer! Gott schütze das neue Bundesland."

Es ist eine schwere Geburt gewesen, der eine Volksabstimmung über den Südweststaat vorausgehen mußte. Die Konflikte zwischen Badenern und Württembergern sind Thema vieler Auseinandersetzungen in dieser Zeit. Theodor Eschenburg prägt dafür den Begriff des „Nächstenhasses". Und der südbadische Staatspräsident Leo Wohleb, geistiger und politischer Kopf der Altbadener, fleht anno 1951 im Bundestag: „Lassen Sie uns unser kleines Land. Wir wollen nichts weiter als das Leben nach unserer Fasson."

Reinhold Maier versucht die Gräben im Kampf um den Südweststaat zuzuschütten. Er weiß um die unterschiedliche Kultur von Badenern und Württembergern, aber er hat ein klares Ziel. Nicht selten mahnt er seine Parlamentarier zur Besonnenheit. Legendär ist sein Spruch:

„O glaubet no net älles, was ihr so saget."

Seine Leidenschaft ist die Politik und das Wandern. Dabei trifft Maier viele Menschen, deren Sorgen ihn umtreiben. Besonders hübsch ist eine seiner Erzählungen: „Schon während des Krieges hatten sich die früher im Land ganz seltenen, kaum anzutreffenden Wildschweine fühlbar vermehrt. Forstbeamte und Privatjäger waren im Krieg, und so kam es nicht zum natürlichen Abschuß. 1945 waren von der amerikanischen Besatzungsmacht sämtliche Jagdgewehre weggenommen worden. Ihr Besitz oder gar Gebrauch war unter schwerste Strafandrohung gestellt. Die Wildschweine nahmen in der Zeit nicht nur bloß zu, sie nahmen rapide überhand. Der Schaden den sie anrichteten, war so groß, daß ich manches Mal in den Schurwald gerufen wurde, um an Ort und Stelle die in der Nacht angerichteten Schwarzwildschäden zu besichtigen. Ich glaube sagen zu dürfen, daß ich auch mit den letzten Fältchen des Problems vertraut war. Als dann die Militärregierung endlich doch der Ausgabe von Jagdgewehren an die Forstbeamten zustimmte, hörten die Klagen der Bauern über die Wildschweinplage allmählich auf. In einem Gebiet, im Walkersbacher Tal am Rande des Welzheimer Waldes, waren die Wildschweine besonders heftig am Werk gewesen, aber auch dort war es ruhiger geworden, nachdem ein Jagdkommando junger Forstanwärter auf die Schädlinge angesetzt wurde. Jedenfalls traf ich ein halbes Jahr später bei einer einsamen Wanderung in der Höhe des Haghofes einen Walkersbacher Bürger. Man sprach von diesem und jenem. Von den Wildschweinen aber sprach der Mann nicht. So stellte ich die Frage: Was machen denn eure Wildschweine? Die Unschuld vom Lande antwortete treuherzig: Seitdem Sie, Herr Ministerpräsident, dagewesen sind, haben wir keine Wildsau mehr gesehen."

Als Ministerpräsident bleibt Maier letztlich nur ein gutes Jahr, um das junge Land zu stabilisieren. Es ist das einzige Jahr in der Geschichte von Baden-Württemberg, in welchem die Parlamentarier der CDU auf den harten Bänken der Opposition sitzen und sich als stärkste Fraktion um die Früchte ihrer Arbeit für den Südweststaat betrogen fühlen. Maiers Regierung erweist sich jedoch als wenig krisenfest. Das schlechte Ergebnis der Bundestagswahl vom September 1953 nimmt der Regierungschef schließlich zum Anlaß, das

Gruppenfoto mit Seltenheitswert: Kurt Georg Kiesinger, Lothar Späth, Hans Filbinger und Gebhard Müller.

Reinhold Maier

Amt aus eigenem Entschluß niederzulegen. Er bleibt dem Landtag bis 1964 erhalten und zeigt sich auch im Bundestag, dem er von 1953 bis 1956 und von 1957 bis 1959 angehörte, als scharfer Gegner von Konrad Adenauer, dem der Satz zugeschrieben wird: „Die Württemberger sind gefährliche Leute, und der gefährlichste von allen ist ihr Reinhold Maier." Der Popularität des ersten Mannes an der Spitze des Südweststaats hat es nicht geschadet. 1957 bis 1960 ist er Bundesvorsitzender der FDP, 1963 wird er ihr Ehrenvorsitzender. Nach einem langen und bewegten Politikerleben stirbt Maier am 19. August 1971 im Alter von 81 Jahren in seiner Stuttgarter Wohnung.

Zweiter Ministerpräsident des neugeschaffenen Bundeslandes ist Gebhard Müller, geboren am 17. April 1900 im oberschwäbischen Dorf Füramoos im Kreis Biberach. Wie sein Amtsvorgänger ist auch Müller von Hause aus Jurist. Zunächst verdient er sein Geld von 1929 bis 1933 als Referent für Steuer- und Verwaltungssachen bei der Diözese Rottenburg. In dieser Zeit amtiert er auch als Vorsitzender der katholischen Zentrumspartei in Rottenburg. Später arbeitet er als Amtsrichter in Waiblingen, Tübingen, Göppingen und Stuttgart. Seine fundamentalen Ansichten über Recht und Gerechtigkeit tragen Müller während des Dritten Reichs heftige Auseinandersetzungen mit den Nationalsozialisten ein. Er weigerte sich standhaft, der Partei beizutreten, und versucht 1938 in der sogenannten „Reichskristallnacht" als rechtschaffener Richter in Göppingen, sowohl den Landrat als auch den Polizeidirektor und die Feuerwehr zu veranlassen, die Synagoge vor dem Feuer zu retten. Am Ende erstattet er Anzeige wegen Brandstiftung und Landfriedensbruchs, was von den Machthabern erst mit einer Versetzung und dann mit einem Stellungsbefehl quittiert wird.

Nach dem Krieg beauftragt ihn die Militärregierung mit dem Wiederaufbau der Justizverwaltung in Württemberg-Hohenzollern. Müller bringt es zum Ministerialdirektor und zum Vertreter des Justizministers. Der Jurist engagiert sich wieder in der Politik und wird Ende 1947 Landesvorsitzender der CDU in Süd-Württemberg und Hohenzollern. Am 13. August 1948 wählt ihn der Landtag von Württemberg-Hohenzollern zum Staatspräsidenten.

Nicht von ungefähr trägt die Landesverfassung seine Handschrift, auch das Landesverwaltungsgesetz sowie die Gemeinde- und die Landkreisordnung: Müller arbeitet in der Verfassungsgebenden Landesversammlung mit. Als Reinhold Maier unter dem Eindruck der vorausgegangenen Bundestagswahl seinen Posten räumt, kommt es 1953 zu einem Allparteienkabinett. Regierungschef wird Gebhard Müller, über den Manfred Rommel als Zeitzeuge schreibt: „Er wird heute noch unterschätzt wegen seines bescheidenen Auftretens, das aber die republikanische Würde von Schweizer Bundespräsidenten hatte."

Mit seinem Amtsvorgänger Reinhold Maier verbindet der neue Ministerpräsident herzlich wenig. Der FDP-Politiker aus dem Remstal hat Müller ein Jahr zuvor das Amt des Regierungschefs zunächst angeboten, ihn dann aber nach dessen Einschätzung böse hintergangen und eine Vier-Parteien-Regierung ohne die CDU gebildet. Müller bleibt am Ende deutlich länger im Amt als Maier. Er wird nach der Landtagswahl 1956 in dieser Funktion wiedergewählt und amtiert als Ministerpräsident, bis er Ende 1958 das mehrfach wiederholte Angebot annimmt und Präsident des Bundesverfassungsgerichts in Karlsruhe wird. Bei dieser Entscheidung spielt auch seine angeschlagene Gesundheit eine Rolle.

Müller bleibt nicht nur als Integrationsfigur des neuen Landes in Erinnerung, sondern auch als ein ungewöhnlich beliebter, nüchterner und vor allem bescheidener Mensch. Dieser Charakterzug verbindet ihn mit Erwin Teufel – und auch das wenig ausgeprägte Verhältnis zu Attitüden der Macht.

Unvergessen ist die Geschichte von Müllers Dienstwohnung, in der er mit seiner Familie mehr als zehn Jahre zu erreichen war: Die Rede ist von der Strafvollzugsanstalt in Ludwigsburg, unweit der alten elterlichen Wohnung, in der Müller nach dem Umzug der Eltern in die Barockstadt aufgewachsen ist. Davon kündet eine kleine Tafel an der Immobilie in Ludwigsburg. Noch als Ministerpräsident behielt der erste Mann des Landes aus Sparsamkeit diese Wohnung bei. Erst als die monatlichen Ratenzahlungen für seinen Bausparvertrag abgeschlossen waren, baute er sich ein eigenes Haus in Stuttgart. Bis er dieses Eigenheim beziehen konnte, blieb er seiner alten Wohnung treu.

Wie sich Ministerialbeamte noch heute genüßlich erzählen, lag dort nicht selten Post mit der Anschrift im Briefkasten: „Herrn Ministerpräsident Gebhard Müller, Zuchthaus Ludwigsburg.“ Auch sonst war der Herr der Villa Reitzenstein in eigener Sache recht sparsam. Hartnäckig hält sich die Geschichte, daß seine Frau Marianne einige Krawatten für den Ministerpräsidenten aus ihren abgetragenen Blusen fertigte oder auch selbst gehäkelt hat. Ein Beweis für diese amüsante Unterstellung ist freilich nie erbracht worden. Müller bleibt bis zum 71. Lebensjahr Präsident in Karlsruhe. Er stirbt am 7. August 1990 im Alter von 90 Jahren in Stuttgart.

Als Regierungschef folgt Kurt Georg Kiesinger. Er stammt aus dem württembergischen Ebingen. Dort ist er am 6. April 1904 geboren. Nach dem Abitur studiert Kiesinger in Berlin Rechts- und Staatswissenschaften und arbeitet als Rechtsanwalt. Er ist Mitglied der NSDAP und wird 1940 wissenschaftlicher Hilfsarbeiter in der Rundfunkabteilung des Auswärtigen Amts. Seine NS-Vergangenheit wird ihm später immer wieder zum Vorwurf gemacht.

Nach dem Krieg kommt Kiesinger in ein Internierungslager bei Ludwigsburg, nach seiner Entlassung hält er in Würzburg Kurse für Jurastudenten ab. Gebhard Müller erkennt sein Talent und gewinnt ihn als Landesgeschäftsführer für seine CDU in Tübingen. 1949 löst Kiesinger das Ticket in den Bundestag, dem er zunächst bis 1958 angehört. Er wird Vorsitzender des parlamentarischen Vermittlungsausschusses, später des Ausschusses für Auswärtige Angelegenheiten und liebäugelt mit dem Amt des Außenministers, das ihm Adenauer aber offenbar nicht zutraut. Statt dessen bietet sich ihm durch den Wechsel von Gebhard Müller zum Bundesverfassungsgericht die Chance, in Baden-Württemberg neuer Ministerpräsident zu werden. Am 17. Dezember 1958 wird Kiesinger gewählt. Er führt die Allparteien-Koalition Müllers fort, nach der Landtagswahl von 1960 verweist er die SPD in die Opposition.

Der vom Intellekt geprägte Politiker findet bei seinem Amtsantritt ein weitgehend geordnetes Staatswesen vor, was ihm die Möglichkeit gibt, jenseits der Tagespolitik konzeptionelle Planungen zu entwickeln. Kiesinger beschäftigt sich vor allem mit der Bildungspolitik, setzt Akzente in der Kulturpolitik, bereicherte die Kunstsammlung des Landes und widmet sich auch der Umweltpolitik, die in dieser Zeit noch ein zartes Pflänzchen ist. Er kümmert sich weitsichtig um den Bodensee und warnt in seinen Reden vor dem Raubbau an der Natur: „Wir sind dieser Erde, die uns anvertraut ist, vieles schuldig, in unserer Zeit mehr denn je, und wehe uns, wenn uns einmal die Geschichte leichtsinniger und fahrlässiger Verschwendung und Verderbens bezichtigen könnte."

Mit seiner pointiert zugespitzten Rhetorik stellt Kiesinger viele Politiker und Mitarbeiter in seinen Schatten. Dies bestätigt Manfred Rommel, der unter ihm seine politische Karriere beginnt: „Ganz ehrlich gesagt, es war mir fast unmöglich, etwas zu schreiben, was ihm gefiel. Ich habe immer wieder lesen müssen, ich sei eine Zeitlang Kurt Georg Kiesingers Ghostwriter gewesen. Jedesmal, wenn ich dies las, durchzuckte mich ein Schmerz, wie er den Christenmenschen durchzucken sollte, wenn dieser einer für ihn schmeichelhaften Lüge begegnet. Nein, ich konnte nicht so schreiben, daß er dies unkorrigiert übernommen hätte."

Kiesinger gibt in Stuttgart den überlegenen Geistesmenschen, den Grandseigneur, der sich auf die großen Linien der Politik konzentriert. Die Einzelheiten sind ihm weniger nahe. Journalisten schreiben in dieser Zeit über ihn, er habe in Baden-Württemberg eine Entprovinzialisierung eingeleitet, gelegentlich wie ein Fürst regiert und Glanz nach Stuttgart gebracht. Aber auch der Vorwurf der Schuldenmacherei hängt Kiesinger, unter dem Baden-Württemberg zum Land mit den höchsten Bildungsausgaben pro Kopf wird, lange an. In seine Regierungszeit fällt unter anderem die Gründung der Universitäten in Konstanz und Ulm.

1960 bildet er eine Koalition aus CDU und FDP, die auch im April 1964 beibehalten wird. Als ihm im Herbst 1966, nach dem Scheitern der Bundesregierung unter Ludwig Erhard, das Amt des Bundeskanzlers angetragen wird, zögerte Kurt Georg Kiesinger nicht lange und gibt den Regierungssitz über dem Stuttgarter Talkessel auf, um in Bonn Regierungschef einer Großen Koalition zu werden. Er bleibt Kanzler bis zu den Wahlen am 28. September 1969, nach denen SPD und FDP eine knappe Mehrheit haben. Kiesinger muß sich mit der ungeliebten Rolle des Oppositionsführers begnügen. Er verliert innerhalb der Partei zunehmend an Gewicht. Ins Licht der Scheinwerfer treten statt seiner der Fraktionsvorsitzende Rainer Barzel und der Ministerpräsident von Rheinland-Pfalz, Helmut Kohl. Kiesinger scheidet 1980 aus dem Bundestag. Der dritte Ministerpräsident des Landes und dritte Bundeskanzler der Republik stirbt am 9. März 1988 im Alter von 83 Jahren in Tübingen.

In Stuttgart folgt auf Kiesinger der Freiburger Hans Filbinger. Der neue Ministerpräsident steht nach dem Bruch der schwarz-gelben Koalition zunächst an der Spitze einer Großen und überraschend gut funktionierenden Koalition von SPD und CDU.

Geboren ist Filbinger am 15. September 1913 in Mannheim. Nach dem Abitur studiert er Jura, promoviert und arbeitet zunächst an der Universität Freiburg. Im Krieg wird Filbinger als Marinestabsrichter eingesetzt. Es gibt Strafverfahren, an denen er beteiligt ist, die mit Todesurteilen enden. Nach dem Krieg ist das aber zunächst kein Thema. Filbinger betätigt sich über viele Jahre als Rechtsanwalt in Freiburg im Breisgau, tritt in die CDU ein und amtiert in Freiburg als Stadtrat. Ministerpräsident Gebhard Müller wird auf ihn aufmerksam, schätzt seinen Sachverstand und gewinnt ihn als ehrenamtlichen Staatsrat für die Belange des badischen Landesteils. Filbinger wird 1960 in den Landtag gewählt und im selben Jahr von Kiesinger zum Innenminister bestimmt. Als sich die politische Großwetterlage ändert und Kiesinger an den Rhein berufen wird, setzt sich Filbinger gegen den prominenten Kultusminister Wilhelm Hahn durch und wird vierter Ministerpräsident des Landes.

In seine Regierungszeit fallen drei besonders weitreichende Entscheidungen: die Abschaffung der Konfessionsschulen in Südwürttemberg, die Kreis- und Gemeindereform und die Erledigung der leidigen Badenfrage. Auch in der Förderung von Kunst und Wissenschaft setzt er Akzente, unterstützt von einer hochmotivierten Mannschaft, in der sich Spitzenleute wie Manfred Rommel, Gerhard Mayer-Vorfelder und Benno Bueble ins Zeug legen. Was die Wirtschaft betrifft, ist der Regierungschef einer der ersten, die das Tor zum verheißungsvollen Reich der Mitte aufstoßen.

Mit seiner Verwaltungsreform sorgt Filbinger für Schlagzeilen. In der Badenfrage, kommt es am 7. Juni 1970 zu einer Volksabstimmung, bei der sich fast 82 Prozent für den bestehenden Südweststaat aussprechen. Nur 18 Prozent stimmen für die Wiederherstellung des alten Landes Baden.

Auch in die Partei wirkt der Regierungschef erfolgreich hinein. Mit der Vereinigung der vier selbständigen CDU-Organisationen Nordwürttemberg, Württemberg-Hohenzollern, Nordbaden und Südbaden zu einem einheitlichen Landesverband, der ihn zum Vorsitzenden bestimmt, baut Filbinger seine Macht aus. Es sind gute Jahre für die Seinen. Bei der Landtagswahl von 1972 holt die CDU mit 53 Prozent die absolute Mehrheit, vier Jahre später sogar unglaubliche 56,7 Prozent. Zu dieser Zeit liegt nach Einschätzung von Kommentatoren das hohe Amt des Bundespräsidenten für Filbinger nicht außer Reichweite.

Gegen Ende seiner Amtszeit gerät Filbinger in heftige Turbulenzen. Geschwächt durch den anhaltenden Streit um das geplante Atomkraftwerk in Wyhl und die Folgen des Selbstmords der RAF-Terroristen Andreas Baader, Gudrun Ensslin und Jan-Carl Raspe in Stuttgart-Stammheim, wird er von seiner Vergangenheit als Marinerichter eingeholt. Der Fall zieht Kreise und spaltet das Volk. Die einen fordern seinen Rücktritt, andere sehen den langjährigen Ministerpräsidenten weniger als Täter, denn als Opfer. Zu ihnen gehört der Historiker Golo Mann. Er spricht von „Menschenhatz und einer meisterhaft konzentrierten Hetze gegen Filbinger".

Die Partei aber entfernt sich und mit ihr Innenminister Lothar Späth und CDU-Fraktionschef Erwin Teufel. Eine prägnante Innensicht liefern Kurt Gayer und Hans Krämer in ihrem 1989 erschienenen und sehr erhellenden Buch „Die Villa Reitzenstein und ihre Herren":

„Manch einer der beflissenen Gratulanten, die ihn noch bei seinem sechzigsten Geburtstag bei dem Bürgerfest auf der Villa Reitzenstein feierten, ging nach Filbingers Sturz vorsichtig auf Distanz. Selbst seine Partei hielt es damals mit Rücksicht auf die anstehenden Wahlen in Hessen und Bayern für angezeigt, quasi unter dem Druck der Medien, von dem Manne etwas abzurücken, der für die CDU in Baden-Württemberg mehr Stimmen errungen hatte als irgendein anderer zuvor."

Am 7. August 1978 tritt Filbinger zurück und gründet wenig später das konservative Studienzentrum Weikersheim. Auch nach seinem Rücktritt reiben sich viele an dem unverbesserlichen Christdemokraten. Zuletzt im Mai 2004, als die baden-württembergische CDU den früheren Ministerpräsidenten Filbinger als Wahlmann für die Bundesversammlung aufbietet. Werner Birkenmaier kommentierte in der Stuttgarter Zeitung:

„Fehlt nur noch ein Thema, das am Vorabend der Wahl die Gefolgschaft des Kandidaten Horst Köhler durcheinander wirbelt, moralisch unter Druck setzt und in die rechte Ecke stellt. Da bietet sich die Person Hans Filbingers an, den die baden-württembergische Union als Wahlmann aufgeboten hat. Nun geht es wieder einmal um die Vergangenheit des ehemaligen Ministerpräsidenten, der 1978 weniger wegen seiner Tätigkeit als Marinerichter, sondern wegen seiner ungeschickten Verteidigung zurücktreten mußte. Nur,

Filbinger war zuvor schon zweimal Wahlmann, ohne daß dies Aufsehen erregt hätte."

Nach dem Ende der Ära Filbinger stehen bei den Christdemokraten zwei Kandidaten zur Wahl. Der eine ist Manfred Rommel, der beliebte Oberbürgermeister von Stuttgart. Der andere ist Lothar Späth, ein Mann, der erst im Februar 1978 bei einer durch die Selbstmorde der RAF-Terroristen in Stammheim ausgelösten Regierungsumbildung das Innenministerium übernommen hat. Er war zuvor Fraktionschef der CDU im Landtag und blieb dies auf eigenen Wunsch auch nach der für die CDU überaus erfolgreichen Landtagswahl von 1976. In der Fraktion setzt sich der Innenminister Späth am 16. August 1978 mit 42 gegen 27 Stimmen durch und wird fünfter Ministerpräsident des Landes. Rommel bleibt Oberbürgermeister in Stuttgart.

Geboren ist Lothar Späth am 16. November 1937 in Sigmaringen. Nach dem Abitur schlägt er eine Laufbahn im Verwaltungsdienst des Landes ein und beginnt seine berufliche Karriere bei der städtischen Finanzverwaltung in Bietigheim. Späth leitet die örtliche Baugenossenschaft und wird Geschäftsführer der Bietigheimer Wohnbau GmbH, die bis heute alljährlich Millionen an die Mutter Stadt abführt. Von 1965 bis 1967 amtiert er als Finanzreferent, von 1967 bis 1970 als Bürgermeister von Bietigheim. Anschließend wechselt der redegewandte Schwabe an die Spitze der Baugesellschaft „Neue Heimat", danach in den Aufsichtsrat und in den Vorstand der Stuttgarter Baufirma Baresel.

Politisch steht Späth von Hause aus eigentlich den Liberalen nahe, tritt aber 1967 der CDU bei. Ein Jahr später nimmt er bei der Landtagswahl in Ludwigsburg auf Anhieb den Genossen einen Wahlkreis ab und zieht in den Landtag ein. Im Mai 1972 wird Späth Fraktionschef der CDU.

Schließlich nutzt er die Chance und führt das Land als damals jüngster Ministerpräsident der Bundesrepublik.

Auch in der Baden-Württemberg-Partei, wie sich die CDU selbst gerne nennt, steigt Späth rasch auf. Im Juli 1979 wählt ihn die CDU nach Filbinger zum Landesvorsitzenden. In der Partei allerdings ist er weniger stark verankert als sein Fraktionschef Erwin Teufel. Lothar Späth punktet auf anderen Politikfeldern.

Er erkennt wie kein anderer die Chancen der globalen Märkte und schafft ein Klima der Innovation. Späth ist der Mann der Wirtschaft, profiliert sich als Vordenker, produziert Ideen vom Fließband. Der Ministerpräsident gibt sich als Pragmatiker, der sich für weniger Bürokratie einsetzt und für mehr bürgerliche Freiheit. Kurt Gayer beschreibt ihn aus dem Erleben während der Amtszeit als Vordenker technologischer Innovationen und als politisches Naturtalent:

„Die Medien stricheln bei ihren Porträtskizzen laufend an neuen Persönlichkeitsbestimmungen herum und müssen am Ende doch erkennen, daß der Mann nicht zu fassen ist, daß das ihm heute aufgedrückte Etikett, um aktuell zu bleiben, schon am anderen Tag durch ein neues ersetzt werden müßte."

Späth ist ein beliebter Ministerpräsident, der seine Gesprächspartner für sich zu gewinnen weiß. Nicht selten eröffnet er seine Reden vor englischsprachigem Publikum mit einem schwäbisch intonierten Standardsatz, der ihm verläßlich Lacher einträgt: „My relationship to the English language is somewhat similar to the relationship to my wife: I love her, but I have not fully mastered her."

Bei der Landtagswahl im März 1980 behauptet die CDU mit Späth an der Spitze die absolute Mehrheit. Vier Jahre später muß sie mit 51, 9 Prozent nur leichte Verluste hinnehmen. Und im März 1988 kommt die Partei immer noch auf 49,1 Prozent. Bei seiner Wiederwahl erhält der Ministerpräsident sogar noch zwei Stimmen der Opposition. Auf dem politischen Parkett wird er bereits als Kanzlerkandidat gehandelt. In den Hitparaden der beliebtesten Politiker rangiert er ganz oben.

Späth treibt zu Hause seine Mitarbeiter gewaltig an. Auch wenn ihm ein Hang zu politischen Luftnummern nachgesagt wird, kann sich das Land zwölf Jahre nach seiner Amtsübernahme sehen lassen. Baden-Württemberg ist Exportweltmeister und Spitze bei den angemeldeten Patenten, was Späth als seine Erfolge darstellen läßt, auch wenn er damit manchen Unternehmer verärgert. Universitäten und Hochschulen ballen sich hier wie sonst nirgendwo in der Republik. Der Ministerpräsident gründet wirtschaftsnahe Forschungsinstitute und Technologiezentren. Als erstes Land legt Baden-Württemberg außerdem ein Mediengesetz vor, das privaten Unternehmern den Einstieg in Rundfunk und Fernsehen eröffnet. Nicht zuletzt versteht sich Späth als großzügiger Förderer der Kunst. Erfolglos bleiben dagegen seine Bemühungen, die großen Banken unter dem Dach einer Landesbank zu vereinen und die beiden Rundfunkanstalten SDR und SWF zu fusionieren.

Ironie des Schicksals ist es, daß ausgerechnet dem auf beinahe allen Weltmärkten präsenten Wirtschaftsförderer Späth am Ende seine Reiselust und damit einhergehend sein vertrauensseliger Umgang mit einflußreichen Wirtschaftsführern politisch zum Verhängnis wird. Der ehemalige SEL-Konzernchef Helmut Lohr bringt den Fall mit einer Aussage vor Gericht ins Rollen. Er habe eine 90 000 Mark teuere Schiffsreise in die Ägäis, zu der die Familie des Ministerpräsidenten eingeladen war, als betriebsbezogene Ausgabe verbucht, sagt der Manager. Als bekannt wird, daß es eine

Ganz oben: Erwin Teufel, der Ministerpräsident und Parteivorsitzende.

Manfred Rommel bleibt lieber Oberbürgermeister in Stuttgart.

Reihe von Fällen gegeben hat, in denen Dienst- und Privatreisen auf Kosten von Unternehmen gegangen sind, tritt Späth im Januar 1991, nach zwölfeinhalb Jahren als Ministerpräsident, zurück. Auch sein Landtagsmandat gibt er ab und verzichtet später auf eine erneute Kandidatur als CDU-Landesvorsitzender. Der eingesetzte Untersuchungsausschuß spricht ihn ein Jahr nach seinem Rücktritt von persönlicher Schuld frei, und auch die Staatsanwaltschaft stellt ihre Ermittlungen ein. Späth, der schon Mitte des Jahres seine zweite Karriere als Chef der Jenoptik in Thüringen beginnt, hilft es nichts mehr. Längst hat ihn ein Mann als Ministerpräsident abgelöst, über den Manfred Rommel schreibt:

„Lothar Späths Nachfolger Erwin Teufel, dessen Wesen eher an Gebhard Müller erinnert, ist als Schwabe geboren, seit der Verwaltungsreform aber im südbadischen Regierungsbezirk wohnhaft, und damit jetzt eigentlich ein Badener. Umfassend gebildet, klar, vernünftig, tüchtig und verläßlich, spricht er ein fast als hochdeutsch empfundenes Schwäbisch."

Der Stuttgarter Oberbürgermeister hat den Lebensweg des Spaichingers wie kaum ein anderer verfolgt. Rommel war im Herbst 1990 mit weit mehr als 70 Prozent der Stimmen in seinem Amt bestätigt worden. Der 62jährige ist damals der mit Abstand populärste Unionspolitiker in Baden-Württemberg. Mit ihm, so denken einige Strategen, könne die CDU nach dem Späth-Rücktritt bei der Bevölkerung am besten punkten. Rommel gilt deshalb als aussichtsreichster Nachfolgekandidat. Er erinnert sich in seiner Autobiografie „Trotz allem heiter" an diese Zeit:

„Als Späth zurücktrat, meinten einflußreiche Parteifreunde, ich solle sein Nachfolger werden. Ich war aber der Ansicht, daß sich der wesentlich jüngere und dennoch auf allen Feldern der Politik erfahrene Erwin Teufel besser eigne. Ich kannte Teufel schon seit den sechziger Jahren als einen gescheiten, ernsthaften, erfahrenen und gebildeten Menschen. Wir hatten eng in der Verwaltungsreformkommission zusammengearbeitet, besonders nachhaltig, als es um die künftige Gemeindestruktur ging. Er war schon in jungen Jahren Bürgermeister geworden und damals der einzige unter uns, der die Politik auf Gemeindeebne wirklich aus eigener Anschauung kannte."

Es sind bewegte Stunden für Rommel wie für Teufel, als Späth seinen Rücktritt bekanntgibt. Erwin Teufel weiß, daß man nur einmal nach dem Amt des Ministerpräsidenten greifen kann. Seit 13 Jahren leitet er die Fraktion, er hat sich bereits Gedanken darüber gemacht, ob es für ihn Alternativen geben könnte. Wenn er jetzt nicht zugreift, wenn ihm nun ein anderer vorgezogen würde, müßte er der Landespolitik über kurz oder lang Lebewohl sagen. Teufel will dieses Amt, er hat es schon immer gewollt, er hat darauf hingearbeitet. Er wollte gerüstet sein, falls es so weit kommt. Er hat das Rüstzeug. Jetzt ist soweit.

„Ich habe nie für ein Amt kandidiert, das ich mir nicht zugetraut hätte", sagt Teufel. Er traut es sich zu, und er weiß, wie man sich durchsetzt. Noch am Sonntagabend telefonieren Teufel und Rommel miteinander. Der 51jährige Noch-Fraktionschef versucht auszuloten, was der Oberbürgermeister plant und verhehlt nicht seine eigenen Ambitionen. „Nee, des machet Sie", sagt Rommel am Ende des Gesprächs. Damit ist die Entscheidung für Teufel gefallen, andere Bewerber mit dem Format für dieses Amt sind nicht auszumachen. Tags drauf einigt sich die Fraktion auf ihren Vorsitzenden Teufel, bereits am 22. Januar 1991 wird er im Landtag zum sechsten Ministerpräsidenten gewählt. Teufel erhält sogar mindestens fünf Stimmen von der Opposition

– manche sehen darin die Morgengabe einer sich als Koalitionspartner andienenden FDP, der ein smarter und forscher Politikaufsteiger vorsitzt: Walter Döring.

„Das Amt muß zum Manne kommen, nicht umgekehrt", pflegt Erwin Teufel zu sagen, wenn er darauf angesprochen wird, wie er Ministerpräsident geworden ist. Das ist ein Satz, den er von einem Bauern aus dem Allgäu hat. Der Satz ist wahr, nicht ganz wahr ist, daß ihn das Amt wie der Blitz aus heiterem Himmel getroffen hat. Erwin Teufel hat sich durchaus auf das Amt zubewegt, auch wenn der Sturz Späths letztlich überraschend kam und er seinem Regierungschef bis zuletzt die Solidarität der Fraktion und ihres Vorsitzenden zugesichert hat.

Wagt man sich an eine Bilanz, so ist festzuhalten, daß Teufel dem Ministerpräsidenten ein loyaler Partner war. Zwar hat er hochtrabende Pläne Späths bei der Rundfunkfusion und beim Wasserpfennig konterkariert, doch zugleich hat der als Kohl-Mann geltende Teufel beim rigorosen Vorgehen des Kanzlers gegen die als Umstürzler verdächtigen Heiner Geißler und Lothar Späth für beide demonstrativ Partei ergriffen, was das Verhältnis spürbar verbesserte. Noch heute läßt Teufel keine Zweifel daran aufkommen, daß er bei aller sonstigen Wertschätzung das damalige Vorgehen von Helmut Kohl mißbilligt. Spricht man mit Teufel und Späth, so versichern beide, der jeweils andere habe sich beim Wechsel im Amt des Ministerpräsidenten korrekt verhalten. „Da bleibt nichts zurück", sagt Späth, „wir haben ein völlig entspanntes Verhältnis".

Vielleicht ist Erwin Teufel auch deshalb mit einem kleinen Bonus in das neue Amt gestartet. Einen Königsmörder jedenfalls hat ihn keiner genannt. Auch sonst steht der Neue für Solidität. Er ist keiner, der auf Segelbooten einflußreicher Wirtschaftsleute seine Ferien verbringt. „Er ist ein Politiker mit Sinn für Macht. Aber er hat auch einen ausgeprägten Sinn für Maß. Er gebraucht Macht und Einfluß, aber er mißbraucht sie nicht", schreibt der Journalist Klaus Wertel in der Badischen Zeitung. Andere Beobachter attestieren Teufel sogar einen Blitzstart. Und mancher in der CDU spottet bereits, daß dem neuen Ministerpräsidenten eine Affäre wie die des Vorgänger nicht passieren könne: „Teufel übernachtet lieber in einer Jugendherberge auf eigene Kosten."

Daß Teufel ein so ganz anderer Politiker als Späth ist, scheint in der Öffentlichkeit eher Gefallen zu finden. In Baden-Württemberg sichert sich die CDU ihre Mehrheiten damit, daß sie den parteipolitischen Wechsel nicht notwendig macht, indem sie den Personalwechsel selbst inszeniert. Teufel baut sich ein neues Kabinett. Er hält eine beachtliche Regierungserklärung, die von allen Journalisten als deutlicher Kurswechsel in der Regierungspolitik wahrgenommen wird. „Die Landesregierung wird einen Kassensturz vornehmen und die Prioritäten neu bestimmen müssen", erklärt er. Die unter Späth stark gestiegene Verschuldung soll abgebaut werden, dessen millionenschwere Kulturprojekte verschwinden bis auf den Ausbau der Stuttgarter Kulturmeile in der Schublade. Der sechste Ministerpräsident des Landes kündigt dafür neue Akzente in der Sozial-, Schul- und Verkehrspolitik an. Er setzt sich für ein flächendeckendes Angebot an Kinderhorten ein und begründet dies mit dem Satz: „Wir wollen die Rahmenbedingungen so gestalten, daß jede Familie ihre Vorstellungen von Familie besser realisieren kann." Das schließe Mütter ein, die sich für ein Nebeneinander von Familie und Beruf entscheiden. Auch daß sich Teufel in dem Banker und ehemaligen Filbinger-Berater Gerhard Goll einen ehrenamtlichen Staatsrat ins Kabinett holt und in Warnfried Dettling und Wulf

Schönbohm zwei enge Mitarbeiter Geißlers nach Stuttgart lockt, wird durchaus registriert.

Doch der Zauber des Neuen hält nicht lange an. Schon in den 100-Tage-Bilanzen wird in vielen Zeitungen beklagt, daß Teufel zwar einiges angekündigt, aber wenig umgesetzt habe. Zudem unterstellt die Opposition der neuen Regierung „babylonische Sprachverwirrung". Da wettert beispielsweise der Staatssekretär im Sozialministerium gegen den Vorschlag der Landesregierung für eine Pflegepflichtversicherung, die in seinem Ressort ausgearbeitet wird. Aber auch andere Minister widersprechen teilweise dem, was der Ministerpräsident sagt – oder umgekehrt. Die in der Öffentlichkeit als zukunftsweisendes Projekt vorgestellte Nahverkehrsabgabe wird ein Flop. Manch einer fühlt sich schon erinnert an die politischen Wolkenkuckucksheime eines Lothar Späth. Bei der Asylpolitik konterkariert Innenminister Dietmar Schlee Teufels zunächst liberale Ansichten, später schwenkt auch der Ministerpräsident auf die härtere Linie ein. Bei der Reform des Paragraphen 218 will die Sozialministerin Barbara Schäfer etwas anderes als der Regierungschef – sogar im Parlament werden die unterschiedlichen Ansichten ausgetragen. „Ich verlange nicht von meinen Ministern, daß sie alles vorlegen", sagt Teufel, „aber sie müssen damit rechnen, daß der Ministerpräsident anderer Ansicht ist".

Der eher kollegiale Umgangston im Kabinett unter Teufel, der so ganz anders ist als der „bonapartistische Führungsstil von Späth", wie der damalige SPD-Fraktionschef Dieter Spöri sagt, wird bald zum öffentlichen Thema. Manche Ressortchefs spielten sich am Kabinettstisch auf, heißt es. Zu hören ist auch, der neue Ministerpräsident nehme eine Fülle von Terminen wahr, delegiere zu wenig und kümmere sich um jeden Kleinkram. Der neue CDU-Fraktionschef Günther Oettinger registriert überrascht, daß sich auf Teufels Schreibtisch bis zu 50 Unterschriftenmappen stapeln.

Zumindest der Parteichef, zu dem Teufel im Oktober 1991 gewählt wird, sinnt auf Arbeitsentlastung: Der Bundestagsabgeordnete Volker Kauder wird ehrenamtlicher Generalsekretär, und der enge Vertraute Teufels hat dieses Amt bis heute inne. Damit kehrte die CDU unter Teufel zu einer Konstruktion zurück, die es bei Späth nicht gegeben hat. Der Generalsekretär, so dachten die Parteistrategen früher, könnte zu eigenständig werden. Sie haben das schlechte Beispiel der Bundes-CDU vor Augen gehabt. Kohl hatte mit Biedenkopf und Geißler gleich zwei fähige Generalsekretäre verprellt. Sie waren ihm zu mächtig geworden.

Teufel geht einen anderen Weg und entschließt sich nach langen Überlegungen, einen Vertrauten für die Partei zu installieren. Der Bundespolitiker Kauder kommt dem sich auf die Landespolitik konzentrierenden Teufel nicht in die Quere, das enge persönliche Verhältnis zwischen den beiden sorgt für ein harmonisches Miteinander. Kauders Einsetzung wird von vielen in der Partei als eine der wichtigsten Personalentscheidungen Teufels angesehen, um seine nicht immer unumstrittene Position in der Union zu stärken.

Erstmals in seiner steilen Karriere muß Teufel erfahren, daß er in den Medien gelegentlich auch verspottet wird. Der Ministerpräsident ist exponierter als der Fraktionschef. Und er muß einiges über sich ergehen lassen. Gerne wird Rezzo Schlauchs Wort von den außerirdischen Zügen des neuen Regierungschefs aufgegriffen, den er nur noch „E.T." nennt. Die Tatsache, daß unter den neuen Mitarbeitern auffallend viele Theologen sind, bringt dem bibelfesten Regierungschef den keineswegs freundlich gemeinten Titel des

Landespaters ein. Der Boulevard, dem Teufel anfangs die kalte Schulter zeigt, rächt sich mit journalistischen Stücken aus spitzer Feder. Aber es gibt auch eine andere Seite. Anerkennend wird registriert, daß da ein Ministerpräsident ist, der wieder die Pförtner grüßt. Teufel, den jetzt selbst der kritische Spiegel als affärenfreien Saubermann beschreibt, erscheint vielen als die richtige Besetzung nach Späth. Schließlich offenbart der Späth-Untersuchungsausschuß nicht nur die engen Beziehungen des Ex-Ministerpräsidenten zu Wirtschaftsführern, er kümmert sich auch um die Nähe des Wirtschaftsministers Hermann Schaufler zu einem Kasinobetreiber. Das schürt den Verdacht, unter den seit 20 Jahren mit absoluter Mehrheit regierenden Christdemokraten sei schwarzer Filz entstanden. Als personelles Kontrastprogramm zu alledem gilt Erwin Teufel.

Das Verhältnis zu den Medien bleibt jedoch gespannt. Der neue Mann ist weder Unterhalter noch Schauspieler. Talent für medienwirksame Auftritte ist ihm anfangs nicht gegeben. Das vermag auch eine eigens bestellte Fernsehfachfrau nicht zu ändern. Auf den Wahlkampfveranstaltungen im Land kommt der Südwestpremier nach repräsentativen Umfragen besser an als in den Städten. Die Frage, ob Erwin Teufel zu den erfolgreichsten Länderchefs gehört, beantworten in Dörfern und Kleinstädten 56 Prozent mit Ja. In Großstädten sind es nur 45 Prozent.

Vor allem im kleinen Kreis entwickelt er jene Schlagfertigkeit, die ihm im angestrengt absolvierten Stuttgarter Politikbetrieb oft abgeht. „Glaubt denn jemand, daß wir die wirtschaftlichen Herausforderungen der Zukunft bestehen können, wenn die Grünen die Regierung mitbestimmen können“, fragt er in einer Versammlung vor der Landtagswahl 1992. Und als sich ein Mann mit einem vernehmlichen Ja aus den Tiefe der Zuschauerreihen meldet, reagiert er sofort: „Kommen Sie nach vorne und stellen Sie sich vor. So einen Exoten wollen die Leute kennenlernen."

Es ist keine einfache Zeit, in der sich Teufel gut ein Jahr nach der Regierungsübernahme im Frühjahr 1992 den Wählern stellen muß. Die Euphorie nach der Wiedervereinigung ist längst vorbei, die von Kohl versprochenen und leider wenig blühenden Landschaften sind noch immer trockene Äcker, die eines großen finanziellen Zustroms aus dem Westen bedürfen. Das Ende des kalten Kriegs führt zu regionalen Konflikten. Im ehemaligen Jugoslawien tobt ein blutiger Bürgerkrieg. Immer mehr Menschen flüchten nach Deutschland. Um das Asylrecht wird heftig gerungen. Die politischen Parteien können sich auf Bundesebene nicht auf einen Kompromiß einigen. Vor der Wahl stellt sich die Frage, ob es der Union in Baden-Württemberg gelingen würde, ihre Alleinregierung zu halten: Es sollte die erste Bewährungsprobe für den neuen Ministerpräsidenten werden. Sie wird zur großen Enttäuschung für die Union – und für ihn.

In der Erdrutschwahl fällt die im Lande verwöhnte CDU unter die 40-Prozent-Marke, die SPD kommt nicht über die 30-Prozent-Hürde. Drittstärkste Partei werden aber nicht die Grünen oder die FDP, sondern die rechtsextremen „Republikaner", die fast elf Prozent der Stimmen holen und damit ihren Erfolg bei der Europa- und Kommunalwahl von 1989 ausbauen. Besonders stark sind die Rechtsextremen in den sozialen Brennpunkten der Städte im württembergischern Landesteil, vor allem Modernisierungsverlierer haben sie gewählt. Aber auch im ländlichen Raum haben sie Hochburgen.

Für die Union ist das Wahlergebnis ein Schock, sie verliert nach 20 Jahren ihre absolute Mehrheit und ist wieder auf Koalitionspartner angewiesen. Aber auf wen? Die FDP, mit der die Union in Bonn regiert, ist nicht stark genug, bleiben nur Grüne oder SPD. Zwar wird im Südwesten, vor allem dank des Engagements des Fraktionschefs Günther Oettinger und der pragmatischen Grünen-Führer Fritz Kuhn und Rezzo Schlauch einige Zeit über schwarz-grün verhandelt, doch mit Teufel ist ein solches Bündnis mit den Alternativen nicht zu machen. Es kommt am Ende, wie es kommen muß: zu einer Großen Koalition mit der SPD.

Die politischen Reibungsverluste sind erheblich. Zwei Parteien, die sich im Wahlkampf bekämpften, müssen sich zusammenraufen. Es ist ein von der Basis ungeliebtes Bündnis, und es ist ein Pakt der Wahlverlierer. Für Erwin Teufel geht es einher mit einer Herausforderung, die ihn innerlich aufwühlt und weit stärker belastet als die Suche nach gemeinsamen politischen Zielen. Obwohl das Kabinett größer wird, müssen neun Minister und Staatssekretäre die seitherige CDU-Alleinregierung verlassen – und derjenige, der die Entscheidungen treffen und die schlechten Botschaften überbringen muß, ist Erwin Teufel. „Eine solche Situation wünsche ich meinem ärgsten Feind nicht“, sagt Teufel noch heute über jene Tage, in denen auch Freundschaften zerbrechen.

Nur Justizminister Helmut Ohnewald räumt freiwillig seinen Stuhl. Zu scharfen internen Streitigkeiten kommt es wegen der Zukunft des Innenministers Dietmar Schlee. Das Innenressort, dem Teufel bereits 1991 die zu einem eigenen Ministerium aufgestiegene Verkehrsabteilung entrissen hat, reklamiert die SPD für sich, und Teufel bietet Schlee den Umzug ins Justizministerium an. Das Verhältnis zwischen Teufel und Schlee ist zu diesem Zeitpunkt bereits schwer belastet. Schlee galt in den achtziger Jahren ebenfalls als möglicher Anwärter auf den Posten des Ministerpräsidenten. Die beiden Männer können nicht miteinander. Klaus

Edeltraud Teufel muß sich erst an ihre neue Rolle als First Lady gewöhnen. Nicht selten kommt hoher Besuch ins Land, wie in diesem Fall der russische Präsident Boris Jelzin.

Die große Koalition wird von Erwin Teufel und Dieter Spöri zusammengehalten.

Fischer schreibt in der Stuttgarter Zeitung: „Schlee und Teufel verbindet wenig mehr als die Mitgliedschaft in derselben Partei."

Um den Regierungschef Teufel zu verhindern, hatte Schlee, der wegen seines konservativen Profils als kaum mehrheitsfähig galt, gemeinsam mit dem nordbadischen Bezirksvorsitzenden Gerhard Weiser ein Bündnis geschlossen. Sie versuchten Finanzminister Guntram Palm, den zur CDU übergetretenen ehemaligen FDP-Vorsitzenden, und Oberbürgermeister Manfred Rommel zur Kandidatur gegen Teufel zu bewegen. Doch als Schlee, der als einer der engsten Berater Späths galt, noch eifrig Pläne schmiedet, hat Teufel damals bereits Fakten geschaffen und sich mit Rommel abgesprochen.

Schlee hatte das Nachsehen. Auch Späths Vorschlag, den Parteifreund zum Fraktionschef zu machen, scheiterte letztlich am Widerspruch Teufels. Es ist das Resultat einer lange währenden Konkurrenz. Schlee war wie Teufel in der Jungen Union und in der CDU in Württemberg-Hohenzollern aktiv, war unter Filbinger Generalsekretär der Landes-CDU und unter Späth als Innenminister der starke Mann im Kabinett. Schlee hat den Verlust des Ministeramts letztlich Teufel angelastet. Das Verhältnis der beiden Männer sollte sich nicht mehr normalisieren, obwohl Teufel Jahre später mehrfach eine Annäherung versuchte. Schlee, der sich nach 1992 aus der Landespolitik zurückzog, Bundestagsabgeordneter und Bosnien-Beauftragter der Bundesregierung wurde, starb im August 2002. Er hatte sich ausdrücklich verbeten, daß Teufel auf der Trauerfeier spricht.

Für den Ministerpräsidenten, der darüber nicht einmal im kleinen Kreis spricht, muß dies eine seiner bittersten persönlichen Erfahrungen gewesen sein. Daß sich ein Spitzenpolitiker im Laufe der Jahre nicht nur Freunde in der Partei macht, ist klar. Wer Karrieren beenden und wer Laufbahnen befördern kann, wird nicht von allen geliebt. „Sie greifen in die Lebensplanung von Menschen ein“, weiß Teufel. Aber in der Praxis geht ihm das nahe. Der Harmoniesüchtige, der eigentlich mit niemandem im Unfrieden leben will, trägt schwerer an solchen Konflikten als man gemeinhin denkt. „Ich hoffe zumindest, daß durch mein Handeln keine Menschen zerbrochen sind“, sagt er. Und seine Miene verrät die Zweifel, die dabei mitschwingen.

Personalplanung hat weitreichende Folgen. Teufel, der schon kraft Amtes bei vielen Personalentscheidungen das letzte Wort hat, nutzt diese Möglichkeiten aus. Kaum eine Führungsposition im Land wird ohne sein Zutun besetzt. Unabhängig davon, daß auch ein Regierungschef es sich nicht leisten kann, nur aus Parteiräson oder persönlicher Vorliebe Karriere zu befördern, sind diese Besetzungen eine Form der Herrschaft – sowohl unter parteipolitischen Aspekten als auch der persönlichen Verbundenheit wegen. Die CDU und der Ministerpräsident verteilen diese Ämter, das sichert Einfluß.

Teufel weiß um diese Aspekte der Personalplanung. „Ich beobachte Leute lange und überlege mir, für welche Positionen sie geeignet sind“, sagt er. Er berät sich auch mit anderen darüber. Aber letztlich setzt er auf seine Intuition. Teufel philosophiert in solchen Momenten der Reflexion gerne über wissenschaftliche Erkenntnisse, wonach sich schon im ersten Augenblick entscheide, ob man eine Person sympathisch finde oder nicht. Dieses Vorurteil, wie er sagt, lasse sich dann nur noch in den seltensten Fällen korrigieren. Die Komplexität solcher Entscheidungsprozesse zwischen unkontrollierbaren Eindrücken und objektiven Kriterien reizt ihn. Einerseits sieht er sich als Mann der Vernunft, der rational begründete oder zumindest begründbare Beschlüsse faßt – und andererseits läßt er sich von einem Bauchgefühl leiten. Es ist ein Widerspruch, der unüberbrückt bleibt. Bei Personalfragen könne man „auch fürchterlich danebenliegen“, sagt Teufel. Auch er habe Fehlentscheidungen getroffen. Aber einer wie er nennt keine Namen.

Erwin Teufel ist nicht nur der Ministerpräsident und Landesvorsitzende, der Karrieren macht und verhindert. Auch er selbst hat erlebt, was es heißt, Opfer von schwer nachvollziehbaren Personalentscheidungen zu werden. Teufel macht diese Erfahrung im Jahr 1998. Die Union hat die Bundestagswahl verloren. Der neue Bundesvorsitzende heißt Wolfgang Schäuble, einer, den Teufel seit Jahrzehnten kennt. Sie waren zusammen in der Jungen Union, sie waren Vorsitzender und Stellvertreter im Bezirksverband Südbaden. Schäuble und Teufel, der Landespolitiker und der Bundespolitiker – sie sind sich nie ins Gehege gekommen.

Der Analytiker Schäuble hätte Bundeskanzler werden können, ja müssen, wie Teufel meint, der sich sogar als Bote dafür anbietet, Kohl auf das Unvermeidliche einzustimmen. Nach der verlorenen Bundestagswahl im September 1998 versucht Schäuble, die schwer gedemütigte CDU neu aufzustellen, wie es im neuen Politik- und Wirtschaftsjargon heißt. Er muß die Basis dafür legen, daß die Union wieder regierungsfähig wird. Und er will die Grundlage dafür schaffen, daß er, dem der uneinsichtige Kohl die Stabübergabe zur rechten Zeit verweigerte, der einzige Kandidat fürs Kanzleramt wird. Das nennt man heute Alleinstellungsmerkmal.

Niemand kann damals ahnen, daß diese Pläne wegen der ungeklärten Spendenaffäre um den Waffen- und Geldschieber Karlheinz Schreiber bald Makulatur sein werden. Schäuble will sich die Gefolgschaft mächtiger Landesverbände und deren Spitzenvertreter sichern. Er möchte die Unionsspitze verjüngen. Er macht Zusagen und Verspre-

Zwei Männer, deren Wege sich kreuzen: Erwin Teufel und Helmut Kohl beim Besuch von George Bush.

Wolfgang Schäuble, der Bundespolitiker, und Erwin Teufel, der Landespolitiker, sind sich lange Zeit nicht ins Gehege gekommen.

chungen, verheddert sich aber mit dem, was er mit anderen bespricht. Er braucht nicht nur für die baden-württembergische Kultusministerin Annette Schavan Platz im Präsidium. Er will, daß ein Mitstreiter aus alten Tagen seinen Platz räumt: Erwin Teufel.

Für den Ministerpräsidenten ist das eine Zumutung. Wochenlang legt er sich quer, beugt sich aber letztlich dem Druck – nicht aus Überzeugung, sondern aus Parteiräson und wohl auch aus einer gewissen Verpflichtung gegenüber Schäuble. Er sieht sich als Opfer, und es ist für ihn ein Opfer, daß er ohne zu kämpfen den stellvertretenden Bundesvorsitz abgibt. Wäre er angetreten, hätte er es auf eine Kampfabstimmung ankommen lassen, er wäre wohl Vize geblieben. Aber auch das hätte einen hohen Preis gekostet, einen zu hohen, wie Teufel damals befindet. Er gibt klein bei, auch wenn das Verhältnis zwischen Schäuble und Teufel einen Knacks bekommen hat. Offiziell freilich spricht Teufel auch heute noch von einem guten Verhältnis, das besser ist als viele andere Kontakte zu Politikern. Sein Freund Heiner Geißler ordnet diese Personalie ganz anders ein: „Das hat Erwin Teufel verletzt. Im nachhinein kann man sagen, daß dieses Opfer der Partei nichts gebracht, ihm aber auch nicht geschadet hat."

Auch in seinem ureigenen Sprengel muß der Ministerpräsident manches Opfer bringen und manchen Kompromiß schließen. Der 1992 als „Koalition der Vernunft" gebildete Pakt mit den Genossen übersteht die vier Jahre nur, weil Teufel und der stellvertretende Ministerpräsident Dieter Spöri von der SPD ein gutes persönliches Verhältnis aufbauen und selbst zurückstecken. Zwar ist das politische Bündnis keineswegs pflegeleicht und taumelt mehrfach am Rande des Zusammenbruchs, letztlich aber hält die auf Vertrauen aufgebaute Achse zwischen Teufel und

Spöri. Der Genosse spricht in diesem Zusammenhang von einem „persönlichen Anker der Verläßlichkeit", der auch bei schwierigen politischen Konstellationen Halt geboten habe. Gelegt wird dieser Anker weniger in den von kleinlichem Streit bestimmten Koalitionsrunden oder Kabinettssitzungen, sondern in nichtoffiziellen Treffen „beim Rostbraten nach dem Spaziergang auf dem Klippeneck, beim selbstgebackenen Kuchen zu Hause oder beim Hausmachervesper mit Blick auf den Bodensee", erinnert sich Spöri in der Festschrift zu Teufels 60. Geburtstag.

Die Szenerie ist mit Bedacht gewählt. Es ist nicht das einzige Mal, daß Teufel Koalitionen im südlichen Zipfel des Südwestens schmiedet. Dann sitzen die Granden um den Holztisch in der Ferienwohnung des Ministerpräsidenten, die aus zwei kleinen Zimmern besteht und durch einen Blick auf den See besticht. Hier entspannt er sich. Ein Handy benutzt er nicht, sein Fax in der Wohnung gibt selten Geräusche von sich. Das ist der Platz, an dem er entspannt und Kraft tankt, an dem er perspektivisch denkt, seine Regierungserklärungen schreibt und Personalentscheidungen trifft, während Edeltraud Teufel in der kleinen Küche seine Lieblingsspeise anrichtet: geröstete Maultaschen

Für die politische Arbeit seien Begegnungen im kleinen Kreis am Bodensee ergiebiger gewesen als die vielen offiziellen Treffen, sagt er. Es ist eine Erfahrung, die viele machen: Der in größeren Runden oft verschlossen und angestrengt wirkende Teufel versprüht im kleinen Kreis eine große Herzlichkeit und eine mitunter entwaffnende Offenheit. Da kann er ungemein gewinnend sein und Witze erzählen, die auch mal nicht ganz hasenrein sein können.

Zum Leim für die Große Koalition, die beiden Partnern politische Zugeständnisse abverlangt, wird auch die krisenhafte Wirtschaftslage des Landes. Wenn Tausende um ihren Arbeitsplatz bangen, hat der politische Streit keine Konjunktur. Baden-Württemberg hat seit seinem Bestehen eine beeindruckende wirtschaftliche Entwicklung genommen. Das an Rohstoffen arme Land muß schon früh auf die Karte Industrialisierung setzen. Die Wachstumsdynamik in den Nachkriegsjahren mit Raten von zehn Prozent pro Jahr vor allem der Investitionsgüterbranche ist enorm. Insgesamt kann von einer überdurchschnittlichen Entwicklung in der zweiten Hälfte des 20. Jahrhunderts gesprochen worden. Zunächst ist es der große Nachholbedarf nach dem Krieg, der vom Staat unterstützt wird. Bald aber boomt auch die Nachfrage im Wirtschaftswunderland Bundesrepublik. Früher als andere setzt die baden-württembergische Industrie auf die Karte Export – vor allem im Maschinenbau, der Fahrzeugherstellung und der Elektrobranche. Hinzu kommt eine vom Staat von Anfang an unterstützte Forschungs- und Innovationspolitik. Bis heute gilt Baden-Württemberg auf diesen Feldern als Primus unter den deutschen Bundesländern.

Das Land der Dichter und Denker ist auch ein Land der Tüftler und Lenker. Die neuen Universitäten und eine starke duale Ausbildung garantierten gut ausgebildete Fachkräfte und technologischen Fortschritt, der in einem Hochlohnland wie Baden-Württemberg die Basis des wirtschaftlichen Erfolgs ist. Das sind auch die Grundlagen dafür, daß das Land die ersten Konjunktureinbrüche im Zuge der Ölkrisen vergleichsweise gut überstand. Betroffen waren damals vor allem die Textil- und Bekleidungsunternehmen, die Uhrenindustrie und die Hersteller von Unterhaltungselektronik, die besonders stark im südlichen Württemberg angesiedelt sind.

Erwin Teufel sind deshalb wirtschaftliche Krisen und deren Folgen nichts Neues. Er hat in Spaichingen den

Die kränkelnde Wirtschaft treibt den Ministerpräsidenten zu Beginn seiner Amtszeit um. Die weltwirtschaftliche Abschwächung schlägt im Land voll durch. Beim Managergipfel bespricht sich Teufel mit dem Daimler-Vorstandsvorsitzenden Jürgen Schrempp und mit Porsche-Chef Wendelin Wiedeking.

Untergang der Möbelindustrie erlebt und für den Umschwung durch die Ansiedlung neuer Betriebe gesorgt. Mitte der siebziger Jahre wird er als Landtagabsgeordneter keineswegs stummer Zeuge einer Krise, die renommierte Betriebe in seinem Wahlkreis trifft. Es ist ihm noch heute gegenwärtig, was los war in St. Georgen, als dort die Firma Dual Tausende von Stellen abbaute. Er weiß noch, wie er eines Tages zu einem Betrieb in Villingen ging, der ein ganzes Werk mit einigen hundert Arbeitsplätzen schließen wollte. Eigentlich möchte er nur mit der Geschäftsleitung und dem Betriebsrat reden. Als er ankommt, erwartet ihn die Belegschaft im Hof. Teufel spürt, daß er nicht einfach durch das Spalier in das Haus gehen kann. „Es war eine Stille da, man hätte eine Stecknadel fallen hören“, sagt er. Der Besucher weiß, daß von ihm eine Aussage erwartet wird. Er weiß aber nicht, mit welchen Gedanken die Beschäftigten stumm verharren. Machen sie ihn für die Lage mit verantwortlich? Was erwarten sie von ihm? Noch bevor er zu reden beginnt, fangen die Beschäftigten an zu klatschen. Für Teufel ist der Bann gebrochen. Er weiß, was er zu sagen hat. Er verspricht der Belegschaft, sich für sie einzusetzen, ihr Anwalt und Fürsprecher zu sein.

Es sind solche Erfahrungen, die Teufel prägen. „Arbeit ist nicht alles, aber ohne Arbeit ist alles nichts“ – diesen Satz wird Teufel im Lauf der Jahre auf Versammlungen immer wieder sagen. Manchem klingt er abgedroschen, mancher vermutet dahinter nur eine Phrase. Aber es ist mehr: Teufel weiß, was es bedeutet, keine Arbeit zu haben. Rahmenbedingungen zu schaffen, damit möglichst viele Arbeitsplätze erhalten und geschaffen werden, ist eine Antriebsfeder seines politischen Handelns. Mehr kann die Landespolitik nicht tun.

Zu Beginn der neunziger Jahre ist die Lage dramatischer als je zuvor. Baden-Württemberg erlebt den stärksten Konjunktureinbruch aller westlichen Bundesländer. Der Boom der Wiedervereinigung ist vorbei. Die weltwirtschaftliche Abschwächung schlägt voll durch. Strukturelle Mängel werden sichtbar. Hinzu kommen wechselkursbedingte Schwierigkeiten. Die starke Exportabhängigkeit des Fahrzeug- und des Maschinenbaus erweist sich als Nachteil. Auch Ministerpräsident Teufel muß erkennen, daß „Baden-Württemberg weit stärker als andere Länder in den Keller gefahren ist". In dieser Situation spürt er die Kälte der Politik.

Die Zahl der Beschäftigten sinkt innerhalb von zwei Jahren um 135 000, von 1991 bis 1994 verdoppelt sich die Zahl der Arbeitslosen im Land von 160 000 auf 330 000. Während die Unternehmen ihr Heil darin suchen, Arbeitsplätze abzubauen, zu rationalisieren und die Kosten zu senken, sind die Handlungsmöglichkeiten der Politik naturgemäß begrenzt. Zwar greift die Landesregierung mit finanziellen Unterstützungsmaßnahmen ein, wenn Betriebe wackeln oder Arbeitsplätze gefährdet sind. Dabei bewährt sich auch die Zusammenarbeit zwischen Teufel und Spöri, was angesichts der parteipolitischen Konkurrenz und der Profilierungsmöglichkeiten des Wirtschaftsministers als Betriebsretter keine Selbstverständlichkeit ist. Die Millionenbürgschaften des Landes sind nicht unumstritten. In einigen Fällen wie bei Kaelble in Backnang muß der Staat am Ende zahlen. „Ohne diese Anstrengungen, in die Arbeitgeber und Gewerkschaften einzelner Branchen einbezogen waren, wären unverzichtbare Teile des industriellen Fundaments Baden-Württembergs heute nicht mehr da", resümiert Spöri.

Außer diesen konkreten Hilfen versuchen CDU und SPD auch Versäumnisse der Vergangenheit aufzuarbeiten. So hatte sich der Schuldenstand des Landes in der Ära

Späth von 18 auf über 40 Milliarden Mark mehr als verdoppelt. Eine Entwicklung, die auch vom damaligen CDU-Fraktionschef Teufel mitverantwortet werden muß. Der Großen Koalition gelingt es immerhin, das Wachsen der Schulden trotz des schwierigen wirtschaftlichen Umfelds zu verlangsamen. Dessen ungeachtet wird auch in jenen Jahren kräftig investiert. Die Forschungsinfrastruktur wird ausgebaut. Der Dienstleistungssektor wird gestärkt, um die Abhängigkeit von der Produktion zu verringern. Mit dem Ausbau von Autobahnen und des Flughafens Stuttgart wird die Verkehrsinfrastruktur zumindest teilweise verbessert. In den Wohnungsbau wird jährlich mehr als eine Milliarde Mark gepumpt. Eine Zukunftskommission Wirtschaft 2000 macht Verbesserungsvorschläge, die mit 1,1 Milliarden Mark finanziert werden. Der Verkauf der Gebäudebrandversicherungsanstalten und das Zusammengehen von Badenwerk und Energieversorgung Schwaben sind erste Schritte von Privatisierung und Fusion, die Teufels spätere Politik bestimmen werden. Daraus erlöst er Geld für Zukunftsoffensiven, die im landespolitischen Betrieb unter Erwin I und Erwin II rubriziert werden.

In dem von der Wirtschaftskrise besonders hart getroffenen Mittleren Neckarraum wird mit dem Verband Region Stuttgart ein neues Konzept verwirklicht, das vor allem ein Ziel hat: die Kirchturmspolitik zu beenden und die gesamte Region wirtschaftlich zu stärken. Auch diese Weichenstellung fällt in die Zeit der Großen Koalition.

Rückblickend hat die schwarz-rote Allianz durchaus Beachtliches geleistet. Die politischen Akteure allerdings denken nur mit Schrecken an diese Jahre zurück. „Regieren, nicht resignieren“ hat Teufel als Devise zu Beginn des CDU-SPD-Bündnisses ausgegeben, als ihm mehr als ein

Dutzend Abgeordnete der Koalitionsfraktionen die Gefolgschaft verweigern. Bei der Eingliederung verschiedener Sonderbehörden, sozusagen einem kleinen Vorgänger der Verwaltungsreform des Jahres 2004, stellt sich Umweltminister Harald B. Schäfer quer. Der Sozialdemokrat strapaziert mit langatmigen Ausführungen in den Kabinettssitzungen ohnehin schon die Geduld Teufels und der CDU-Minister. Als er sich öffentlich gegen den Kabinettsbeschluß stellt, wirft Teufel die Frage auf, ob er die Regierungspolitik „noch glaubwürdig und überzeugend“ vertreten kann. Die Genossen toben.

Es ist nicht die einzige Zerreißprobe. Auch um die Pflegeversicherung wird heftig gestritten und um die Sommersmogverordnung. Dabei stimmt Baden-Württemberg im Bundesrat zu, obwohl die SPD dagegen ist – und die Regierung sich deshalb laut Koalitionsvertrag hätte enthalten müssen. Die verärgerten Genossen votieren daraufhin im Landtag gegen die CDU. Im Sommer 1995 scheint es nur noch eine Frage der Zeit, bis das Bündnis vorzeitig auseinanderbricht. Doch ein gemeinsam erstellter Nachtragshaushalt und der beidseitige Wille zu „solider“ und „sachlicher“ Zusammenarbeit retten den Pakt bis zum Ende der Legislaturperiode.

Mehr als die vielfältigen Entscheidungen hat in dieser Zeit ein anderes Thema die öffentliche Wahrnehmung Erwin Teufels bestimmt. Es geht darum, daß für die Pflegeversicherung ein Feiertag gestrichen wird. Dem Christenmenschen aus Spaichingen will es nicht in den Kopf, daß die Protestanten auf den Buß- und Bettag verzichten sollen, wie es die meisten wollen, und dafür der Pfingstmontag, dessen kirchliche Bedeutung gering und der selbst im Vatikan ein Arbeitstag ist, erhalten bleiben soll. Teufel schert sich nicht um die Proteste von Schaustellern und

Wirten, ihn kümmert wenig, daß auch in der Bevölkerung ein trister Novembertag vom Freizeitwert her gegenüber einem langen Pfingstwochenende als weniger attraktiv gilt. Teufel setzt sich gegen die Stimmen der SPD durch. Der Pfingstmontag wird abgeschafft, lautet der Beschluß. Es ist ein Pyrrhussieg, denn kein halbes Jahr später wird die Entscheidung revidiert. Erwin Teufel steht schlecht da, und doch wähnt er sich noch heute im Recht.

Gottes Segen

Glaube und Politik

Es ist 17.06 Uhr. Am Schillerplatz in Stuttgart fahren die Limousinen vor. Die CDU-Parteivorsitzende Angela Merkel steigt aus und mit ihr der Ministerpräsident. Es ist Wahlkampf. Der Europaabgeordnete Hans-Gert Pöttering ist gekommen, auch Manfred Rommel, Oberbürgermeister Wolfgang Schuster und Staatsminister Christoph Palmer. Er begrüßt seinen Chef als „den erfolgreichsten Ministerpräsidenten des erfolgreichsten Bundeslandes". Das gibt Punkte. Angela Merkel redet über Europa und auch ein bißchen über Erwin Teufel. „Die Menschen wollen Verläßlichkeit, Vertrauen und nicht, daß die Politik jeden Tag eine neue Sau durchs Dorf treibt", sagt sie. Er lächelt.
Um 18.02 Uhr zieht die Karawane weiter. Teufel verabschiedet sich von einer Parteifreundin.
Er wünscht ihr Gottes Segen.

Gottes Segen – das klingt heute, da viele junge Menschen aus der Kirche auswandern, seltsam überkommen. Erwin Teufel hält das nicht davon ab, Gott in seine Sprache einzubinden. Gerade in einer Zeit, in der die christliche Botschaft an Strahlkraft verliert, Pfarrer vor leeren Bänken predigen und Begriffe wie Tugend weithin als verstaubt gelten, sieht er sich als Bewahrer gefordert.

Für den Ministerpräsidenten ist der Segenswunsch, der in vielen seiner Reden auftaucht, nicht nur eine Floskel.

Wenn die Redenschreiber ihre Arbeit getan haben, dann macht er sich häufig nachts daran, den Werken eine persönliche Note zu geben. Das läßt er sich auch bei durchschnittlich drei Auftritten am Tag nicht nehmen. Seine Reden sollen im Duktus gleich sein. Das erwartet er von sich selbst. Deshalb verpaßt er ihnen, wenn er sie nicht selbst schreiben kann, einen letzten Schliff. Und Gottes Segen zu wünschen – das kommt nicht vom Redenschreiber, das gehört zu seinem Repertoire. Das ist nicht Herr Müller aus dem Staatsministerium, sondern der Chef selbst. Schon in seiner Zeit als Fraktionsvorsitzender der CDU im Landtag hat Erwin Teufel immer wieder bekannt, daß eine Politik ohne ethische Grundlage für ihn zum Scheitern verurteilt ist:

„Die Bürger wollen wissen, woher die Politik ihre Maßstäbe nimmt. Klare Antworten werden nicht zuletzt von den Kirchen und den Parteien erwartet, die sich auf das C berufen. Es breitet sich geradezu so etwas wie eine Sehnsucht nach einfachen Wahrheiten und unverrückbaren Überzeugungen aus. Gleichzeitig verlieren jedoch paradoxerweise in immer neuen Säkularisierungsschüben christliche Glaubenswahrheiten ihre Anziehungskraft und kirchliche Milieus ihre Bindungsfähigkeit. In dieser Situation bekommt auch die Frage, ob und wie eine christliche Politik möglich ist, erneut Aktualität. Eine angemessene Antwort kann nur eine differenzierte sein. Es gibt nach meiner Überzeugung keine christliche Politik, aber gerade unser pluralistisches Gemeinwesen ist angesichts der großen Probleme von Gegenwart und Zukunft mehr denn je darauf angewiesen, daß es genügend Menschen gibt, die eine Politik aus christlicher Verantwortung betreiben."

Wer den Mann aus Spaichingen verstehen will, der sich selbst als christlich-sozialen Politiker klassifiziert, der muß sich mit dem beschäftigen, was er unter christlicher Verantwortung versteht und sich mehr noch seinem Glauben annähern, ohne den das Untypische und Zwiespältige nicht zu erklären ist. Politik und Glauben – das gehört für die einen zusammen und ist doch anderen suspekt. Während der Theologe Hans Küng den Ministerpräsidenten als weitsichtigen Katholiken bezeichnet, „der klar erkennt, wo die brennenden Fragen und Probleme liegen, die angepackt werden müssen", gibt es zugleich böse Zungen auf dem politischen Parkett, die Erwin Teufel nachsagen, ihm luge allzu häufig der Rosenkranz aus der Hosentasche.

Die Wurzeln seines christlichen Menschenbilds, so viel ist gewiß, liegen in Zimmern. Dem Bauernsohn ist das Vater Unser an der Wiege gesungen. Er wächst wie selbstverständlich hinein in den Glauben und kann ihn auch im reifen Alter behalten, was nicht selbstverständlich ist, wenn man sich den Anfechtungen des Lebens aussetzt. Es ist ein Geschenk. Das meiste in seinem Leben kann sich Teufel erlesen. Den Glauben aber kann man sich nicht erarbeiten. Man hat ihn. Oder man hat ihn nicht. Er weiß dieses Geschenk zu schätzen. Auch wenn Teufel sich in seinem späteren Leben gelegentlich heftig an seiner Kirche reibt: Der christliche Glaube bleibt für ihn der verläßlichste Wegweiser in Situationen der Unübersichtlichkeit.

Julie und Josef Teufel erziehen ihre Kinder im Glauben an einen gütigen Gott. Sie vermitteln ihrem Ältesten die Ruhe in den letzten Dingen. Das ist wichtig für einen Menschen, der im reifen Alter über sich selbst sagt: „Ich bin ein unruhiger, ein ganz unzufriedener Mensch. Ich bin unzufrieden mit dem Ist-Zustand der Welt, mit den Verhältnissen, die ich antreffe, mit mir selber."

Zeit findet der junge Teufel trotz seiner Unruhe nicht zuletzt für die Bibel, die einen festen Platz im Leben der

Kinder auf dem Hof hat. Zu ihrem Sonntag gehört die Messe wie der Schnittlauch zur Suppe. Unter dem Dach des alten Bauernhauses steht ein kleiner Altar, der an Fronleichnam auf den Hof kommt und geschmückt wird. Das stattliche Kreuz des Altars hat noch heute seinen festen Platz in der bäuerlichen Stube.

Mutter Julie ist eine gottesfürchtige Frau, die auf die christliche Erziehung großen Wert legt. Sie kann sich ihren ältesten Sohn als Pfarrer vorstellen, was eines der Motive ist, ihn aufs Gymnasium zu schicken. Erst lange nach ihrem Tod wird der Sohn tatsächlich Kanzelreden halten. Er tut es auf Einladung von Kirchenleuten, und er tut es als Politiker. Aber das liegt in der Zukunft.

Zur Freude der Mutter engagiert sich der Heranwachsende zunächst im Gesellenverein von Adolf Kolping. Von ihm stammt ein Satz, den sich der junge Teufel für sein weiteres Leben einprägt: „Die Nöte der Zeit werden Euch zeigen, was Ihr zu tun habt." Er treibt ihn, dieser Satz. In der Freizeit, wenn andere Fußball spielen, übt er seine ersten verbalen Doppelpässe in der katholischen Jugend ein. Dort sieht sich der Bauernsohn gut aufgehoben. Er bringt es dank seines ausgeprägten Verstandes zum Dekanatsjugendführer, organisiert Vorträge und trägt nach kurzer Lehrzeit selbst vor.

Die Bäuerin in Zimmern vermittelt ihm bei alledem Werte wie Bescheidenheit. Sie lebt es vor. Julie Teufel läßt keinen Brotkrumen verderben und dankt dem Herrn in Gedichten für seine Güte:

„O Mensch, schätz' Gottes Segen
Schätz jede Ähre, die du ernten darfst,
Zertritt nichts freventlich am Wege,
heb auf das Stückchen Brot,
das Leichtsinn an den Boden warf.

An Fronleichnam kommt in Zimmern ein Altar vors Haus, dessen Kreuz noch heute die Bauernstube ziert.

Den Segen Gottes trittst du ja mit Füßen
des Landmanns Schweiß hängt auch daran.
Wer weiß, wie bald wir's müßten büßen
Drum acht das Brot, auch du,
der du's mit Geld erwerben kannst."

Auch der Vater ist überzeugter und praktizierender Katholik. Josef Teufel engagiert sich viele Jahre lang im Kirchengemeinderat von Zimmern. Am Ende seines Lebens gibt er seinen Kindern, den 28 Enkeln und drei Urenkeln, in seiner kleinen Familienchronik einen letzten Rat: „Daß sie ihre Heimat und ihr Elternhaus schätzen und in guter Erinnerung behalten – und daß sie ihren Glauben, den ihre Eltern vorgelebt haben, bewahren."

Sein Wunsch sollte sich erfüllen. Die Töchter und Söhne pflegen das Erbe, jeder auf seine Weise. Auch Erwin Teufel, der Ministerpräsident. Sonntags, wenn er zu Hause bei der Familie ist, besucht der regierende Katholik, wie ihn die Stuttgarter Zeitung einmal bezeichnet hat, als Bürger von Spaichingen die Messe in der Wallfahrtskirche auf dem Dreifaltigkeitsberg oder in der Stadtkirche Sankt Peter und Paul. „Das ist für mich eine wahre Selbstverständlichkeit", sagt er. So selbstverständlich wie das Kreuz über der Türe in seiner Ferienwohnung am Bodensee, wie seine Urlaubsplanung nach kirchlichen Feiertagen und das Zimmer in seinem Eigenheim, das voll ist mit theologischer Literatur. Für Teufel gilt wie für viele Theologen und Christen der Satz: Glaube ist nie ein gesicherter Besitz, sondern ein angefochtener Glaube. Und er ficht leidenschaftlich.

Es sind die früh erkennbaren Konturen, die im späteren Politikerleben immer deutlicher hervortreten. Die Schöpfung zu bewahren, ist ihm auch im Sinne der prägenden Mutter ein zentrales Anliegen. Er will sie an die nächste Generation weitergeben, in einem Europa, das ihm am Herzen liegt und das, nebenbei bemerkt, statistisch gesehen mit der Erweiterung katholischer geworden ist. Dies bedeutet für ihn nicht, sich Neuem zu verschließen und Käseglocken über die Natur zu stülpen. Umweltschutz und Menschenschutz – das ist ein Spagat. Erwin Teufel weiß um die Grenzen der Politik und um die Begrenztheit des eigenen politischen Handels. „Der Mensch lebt nicht vom Brot allen“, heißt es im Neuen Testament. Und der Politiker Teufel ergänzt: „Wer sich auf die christliche Botschaft bezieht, der weiß, daß der Mensch erst recht nicht von Politik allein lebt.“

Das Nachdenken darüber, was mit der Berufung auf ein christliches Menschenbild gemeint ist, ist für Teufel keine sich von der Wirklichkeit abhebende Spekulation, die für die Politik in den Niederungen des Tagesgeschäfts ohne Folgen bliebe. Wenn sich Politik in Beziehung setzt zur christlichen Botschaft von Gott und vom Menschen, dann hat dies in seinen Augen durchaus Konsequenzen für das Selbstverständnis der Politik und des einzelnen Politikers. In diesem Punkt deckt sich seine Überzeugung mit der Anette Schavans. Die Kultusministerin wird zum Kreise derer gerechnet, die vernehmbar mit den Hufen scharren. „Fromm sein und politisch sein, das gehört zusammen“, findet Schavan. Auch für ihren Regierungschef ist der Glaube ein Kompaß seiner Politik. Beide unterstützen den von katholischen Laien gegründeten Verein Donum Vitae, was übersetzt Geschenk des Lebens heißt, jenen Verein also, der die Schwangeren-Konfliktberatung weiterführt, aus der die deutschen Bischöfe auf Geheiß des Papstes ausgestiegen sind. Und noch eines verbindet sie: Beide sind in ihrem Glauben tiefer verwurzelt als in der Politik. Das macht ihm die Ministerin sympathisch.

Im Laufe der Jahre hat Erwin Teufel seinen Weg zum Glauben immer wieder neu gesucht. Auch er hat Glaubenszweifel. Sie sind Zeichen von Bewegung. Wer zweifelt, hadert, nachbohrt, sich reibt, auseinandersetzt, der macht deutlich, daß ihm die christliche Botschaft wichtig ist, daß er in diesen tiefgehenden Fragen weiterkommen will. Wo keine Fragen mehr sind, wird der denkende Mensch statisch. Die großen Kirchen sehen in Gott den Ewigen, aber zugleich den sich immer Verändernden, der auch im 21. Jahrhundert mit den Menschen unterwegs sein will. Und er ist nicht alleine unterwegs, er ist im Wettstreit mit vielen Weltanschauungen, mit Propheten jeglicher Art, mit ehrbaren Humanisten wie mit Scharlatanen und Rattenfängern. Der Fernsehpfarrer Adolf Sommerauer hat es einst in kluge Sätze gefaßt: „Zum christlichen Glauben gehört das Wagnis, das Risiko. Wenn aber dieses Risiko kein Risiko, sondern ein Irrtum wäre? Dann wäre es mir immer noch lieber, mit diesem Jesus und seiner Zuversicht zum ewigen Leben zu scheitern, als mich mit einer anderen genügsameren Weltanschauung zu beruhigen."

Dieses Risiko hat Erwin Teufel nie gescheut. Er selbst bezeichnet sich im Rückblick bescheiden als theologischen und kirchlichen Laien. Tatsächlich aber ist ihm kaum eine wichtige Publikation der Glaubenswissenschaft unbekannt, was die Auseinandersetzung mit seinem ethischen Fundament nicht leichter macht. Denn Glauben ist immer persönlich oder, wie es der Pfarrer Anselm Grün prägnant formuliert: „Ich glaube daran, daß in mir ein einmaliges Selbst ist, das Gott geformt und gebildet hat, ein unverwechselbares Bild, das Gott sich von mir gemacht hat. Es ist das wahre Selbst. Und dieses Selbst ist unberührt von Krankheit, von Bitterkeit, von Zerrissenheit, von Spaltung. Glauben heißt für mich, mit diesem inneren Selbst in Berührung zu kommen."

Wie soll man also den Christen Erwin Teufel einordnen, einen Menschen, aus dem der unermüdliche Leser spricht, der aus dem Stand eine Kanzelrede über Selbstbeschränkungen seiner Kirche halten kann, die er mit Sorge beobachtet und dem gleich drei Mal die seltene Gunst einer Privataudienz beim Papst zuteil wird? Wie soll man einem Menschen gerecht werden, der sich geprägt sieht vom jungen Professor Ratzinger, von Theologen wie Walter Kasper, Karl Rahner und Eugen Biser, um nur einige zu nennen? Wie soll man einen christlichen Politiker beschreiben, der sich ausgiebig mit der Religionsphilosophie Bernhard Weltes beschäftigt hat, führenden Kirchenmännern des Landes zu deren Vorträgen nachgereist ist und Klaus Hemmerle, den ehemaligen Bischof von Aachen, als den gescheitesten Menschen bezeichnet, der ihm je begegnet ist?

Vielleicht beginnt man diese Annäherung – und mehr kann es nicht sein – am besten mit einem Wort von Hemmerle, gesprochen zu Ostern 1993:

„Ich wünsche uns Osteraugen,
die im Tod bis zum Leben,
in der Schuld bis zur Vergebung,
in der Trennung bis zur Einheit,
in den Wunden bis zur Herrlichkeit,
im Menschen bis zu Gott,
in Gott bis zum Menschen,
im Ich bis zum Du,
zu sehen vermögen."

Für Erwin Teufel liegt im Sehen bis zu Gott ein Schlüssel zu einer Politik, die sich trotz aller Unzulänglichkeiten auf eine tiefe Zuversicht gründet. „Der Glauben bedeutet mir viel", sagt er, „weil ich durch ihn innerlich unabhängig bin, weil mein Selbstwertgefühl nicht davon abhängt, ob ich gerade einen positiven Leitartikel habe, sondern sich aus anderer Quelle speist. Ich bin überzeugt: Wir sind so viel wie wir vor Gott sind. Das trägt mich in meinem Leben."

Und es trägt ihn in seiner Politik. Es ist ihm ein Ansporn, auch dort zu wirken, wo es keine für die Öffentlichkeit sichtbaren Lorbeeren zu holen gibt, tröstende Briefe zu schreiben, die in keiner Zeitungsredaktion auftauchen, mit den verflossenen Gattinnen seiner Minister in Kontakt zu bleiben, auch sie mit Weihnachtspost zu bedenken, obwohl längst andere ihren Platz eingenommen haben. Vielleicht liegt im festen Glauben und christlichen Menschenbild auch eine Erklärung dafür, daß Erwin Teufel in der Öffentlichkeit nicht zu den Politikern gezählt wird, die man mit Selbstbedienungsmentalität verbindet. Zeitungsberichte über persönliche Bereicherungen sucht man bei diesem Ministerpräsidenten vergebens, der es länger im Amt ausgehalten hat als jeder seiner Vorgänger, länger als Maier, Müller, Kiesinger, Filbinger und Späth also. Er gilt als solide, sparsam und aufrecht. Seine Integrität wird selbst vom politischen Gegner nicht in Frage gestellt und ist wesentliche Ursache seiner Wahlerfolge.

Dabei liegt für ihn die Betonung nicht auf katholisch, sondern auf christlich. Die Ökumene ist ihm ein zentrales Anliegen. Teufel betrachtet es als einen der größten Glücksfälle in seinem Leben, daß er miterleben konnte, wie aus einem jahrhundertelangen Gegeneinander in den Gemeinden ein Miteinander geworden ist.

Zu Hause in seinen Bücherregalen steht neben dem katholischen Soziallexikon das evangelische. Er pflegt zu den beiden evangelischen Landeskirchen ein genauso enges Verhältnis wie zu den beiden katholischen Bistümern. Das gilt auch für die Bischöfe. „Katholisch ist mein Vorname", sagt er, „und Christ ist mein Hauptname".

Als junger Abgeordneter erlebt er, daß es in der evangelischen Kirche große Unterschiede in der Liturgie am Sonntag gibt. Es ist für ihn wie eine Offenbarung, als er zum ersten Mal in Villingen an einem Gottesdienst der evangelischen Landeskirche Baden teilnimmt. „Das war fast wie die Messe. Zuvor hatte ich den evangelischen Gottesdienst nur in Württemberg kennengelernt. Das war eher vergleichbar einer Andacht in der katholischen Kirche, also einem Wortgottesdienst mit einer Predigt."

Aus alledem leiten sich Werte ab. Unter dem Titel „Zukunftsverantwortung – Ausblicke eines Politikers" hat Teufel 1979 als CDU-Fraktionschef ein Buch veröffentlicht, in dem er seinen persönlichen Wertekanon erläutert. „Die Bindung im Glauben bewahrt nicht nur vor Hybris", heißt es in der 63 Seiten umfassenden Publikation des Schwabenverlags, „sondern auch vor Resignation, nicht nur vor Selbstüberschätzung, sondern auch vor Kleinmut. Sie setzt politisches Handeln in Relation, in Beziehung zu einer fundamentalen Hoffnung und Zuversicht, die politisches Engagement trägt und ihm Horizonte eröffnet. Wenn Hoffnung angesichts der gewaltigen Herausforderungen von Gegenwart und Zukunft elementare Bedingung des Überlebens ist, dann ist das Vertrauen der Christen auf die absolute Zukunft Gottes, auf sein Erbarmen, auf endgültiges Heil, auf die Vollendung von Welt und Geschichte eine Haltung von eminent politischer Bedeutung."

Teufel zitiert in dem Buch zwei Brüder im Geiste, die besagte Haltung in seinem Sinne beschrieben haben. Zum einen den Mainzer Erzbischof Kardinal Karl Lehmann: „Der Christ kann aus seiner Hoffnung viele Impulse zur Bewältigung der Überlebensaufgabe schöpfen: die Schärfung seiner Verantwortung im Angesicht Gottes, ein unablässiges Bemühen um das Gute trotz des Wissens um den unaustreiblichen Hang des Menschen zum Egoismus und zum Bösen, die letzte Unenttäuschbarkeit seiner Zuversicht, auch wenn sie um das Scheitern weiß, die unideologische Nüchternheit und Gelassenheit, ohne deswegen schon Einverständnis mit ihr zu bekennen."

Zum anderen zitiert er den einstigen Lübecker Bischof Ulrich Wilckens: „Wäre dieser Jesus von Nazareth nicht über diese Erde gegangen, so gäbe es vieles von dem nicht, was wir zum Elementaren zählen: vor allem nicht die unbedingte, durch nichts in Frage zu stellende Würde, die jedem Menschen eignet und die von jedem Menschen anzuerkennen ist. Unter dem Einfluß anderer religiöser oder weltanschaulicher Traditionen hat der Wert des Menschen ein anderes Gewicht. Nur wo das Wissen vorausgesetzt ist: Gott nimmt den Menschen so ernst, daß zu seiner Rettung er selbst Mensch geworden ist, nur da hat ein Mensch, jedweder Mensch, einen unendlichen Wert. Nicht, als ob man abstreiten könnte, wie schrecklich viel Unchristliches durch Christen verübt worden ist, im Verlauf der Geschichte des Christentums. Die Kette dessen zieht sich hinein bis in unsere Tage. Aber noch wichtiger, als dies zu beklagen, ist, nicht öffentlich zu vergessen, was der christliche Glaube für die Fundamente unserer Lebenswelt bedeutet."

Erwin Teufel kann vieles nachgesagt werden, nicht aber, daß er die Bedeutung des christlichen Glaubens in seinem Wirken unterbelichtet hätte. Manchmal haben sich Vertraute sogar über seine Prioritäten und Prinzipien gewundert. Gerne erzählen sich Parteifreunde die Geschichte von der Fraktionsreise nach Wien und Budapest im Juli 1990. Der Fraktionschef Teufel hatte die Kollegen und auch die Mitarbeiter samt Gattinnen im Bus nach Estergom geleitet. Die 60 Kilometer von Budapest entfernte Stadt ist vor allem durch ihren wunderbaren Dom Maria Himmelfahrt bekannt, das größte Gotteshaus Ungarns. Erwin Teufel, seit 1983 Mitglied des Zentralkomitees der deutschen Katholiken, legte nach Angaben von Reisebegleitern größten Wert auf einen geschlossenen Besuch der Messe. Dabei machte der gestrenge Reiseleiter keine Unterschiede zwischen Protestanten, Katholiken, Ungläubigen und Gläubigen. „Es war klar, daß unsere Anwesenheit erwünscht wird", formuliert es einer der Teilnehmer charmant.

Um sich zu vergewissern, ob alle seine Schäfchen den Weg durchs Kirchenportal ins Innere gefunden haben, plazierte sich Teufel zunächst am Eingang der Kirche. Erst als die Reisegruppe geschlossen im Gotteshaus war, machte sich der Fraktionschef zu den vorderen Bänken auf und nahm Platz. Was er nicht sehen konnte: Kaum hatte er seinen Parteifreunden den Rücken zugedreht, machten sich einige Parlamentarier eiligen Schrittes wieder davon, um sich in einer benachbarten Gaststube über weltliche Themen zu unterhalten.

Auch als Ministerpräsident ist sich Teufel in seiner Prioritätensetzung treu geblieben. Zur allgemeinen Verwunderung schwänzte der Premier die letzte Plenarsitzung vor der Landtagswahl 2001 für eine Kardinalsweihe in Rom, bei der auch zwei Baden-Württemberger zu Ehren kamen, nämlich die Bischöfe Walter Kasper und Karl Lehmann.

Geschadet hat es ihm nicht, denn bei der Landtagswahl konnte seine CDU respektable Stimmzuwächse verbuchen. Nach dem Urnengang verschickte Teufel denn auch Dankeskarten, in denen er auf höhere Mächte verwies. „Also hängt es nicht von dem ab, der will oder läuft, sondern vom erbarmenden Gott", zitierte der Landesvater aus dem Römerbrief.

Das Weihwasser hat der Teufel aus Spaichingen nie gescheut. Wenn sich die Gelegenheit bot, machte er sich nach Italien zum Oberhaupt der römisch-katholischen Kirche auf. Dort ist er trotz mancherlei Kritik, von der noch die Rede sein wird, durchaus wohlgelitten. So ist es kein Zufall, daß ihn Johannes Paul II. 1990 mit einem kostbaren Brustschmuck versehen hat – mit dem Großkreuz des Gregoriusordens, der höchsten Stufe des 1831 von Papst Gregor XVI. gestifteten Ordens. Die Ehrung gelte einem Politiker, rühmte Bischof Walter Kasper bei der Übergabe an den damaligen CDU-Fraktionschef, der „auf überzeugende Weise aus dem Geist der christlichen Soziallehre sein Konzept entwickelt".

Zwei Jahre zuvor hatte Teufel eine kleine Spende überbracht, als er dem Papst mit einer 120 Mitglieder starken Delegation seine Aufwartung machte. Die Audienz galt als Höhepunkt einer Italienreise, die sich die Abgeordneten, ihre Ehepartner und Mitarbeiter zum Ausklang der Legislaturperiode gönnten. Die Stuttgarter Zeitung berichtete: „Papst Johannes Paul II. hat im Vatikan die Mitglieder der baden-württembergischen CDU-Landtagsfraktion in Audienz empfangen. In seiner Ansprache erinnerte das katholische Kirchenoberhaupt die Politiker an die große Verpflichtung, die aus ihrem Parteinamen erwachse, nämlich selbstloser Dienst an den Bürgern und eine Politik der christlichen Verantwortung."

Da hat es schon skurrile Züge, daß einer der fähigsten Minister im späteren Kabinett von Erwin Teufel 1998 ausgerechnet im Zusammenhang mit einer Papst-Visite zurücktreten mußte. Verkehrsminister Hermann Schaufler sah sich zu diesem Schritt gezwungen, nachdem publik geworden war, wie er sich und einer kleinen Unternehmer-Delegation 1997 die Audienz beim Papst finanziert hatte: Die obligatorische Spende an das päpstliche Hilfswerk – 10 000 Mark – mußte der mitreisende Direktor des Tourismusverbandes

Der Papst hat Erwin Teufel dreimal zur Privataudienz empfangen.

Teufel beim Katholikentag in Ulm mit Bischof Gebhard Fürst (links), dem Präsidenten des Zentralkomitees der deutschen Katholiken, Hans Joachim Meyer, und dem päpstlichen Nuntius Erwin Josef Ender (rechts).

Baden-Württemberg per Scheck vorstrecken. Andreas Müller kommentierte in der Stuttgarter Zeitung: „Nachdem nur einer der Schaufler-Begleiter seinen Anteil berappte, schloß das landeseigene Verkehrsunternehmen SWEG die Lücke in der Verbandskasse – eine allzu abenteuerliche Umwegfinanzierung. Hätte der Minister das Geld offiziell aus seinem Verfügungsfonds genommen, meinen prominente Parteifreunde, wäre er heute noch im Amt."

Trotz seines direkten Drahts zu höheren Mächten sieht sich Erwin Teufel, der Katholik, keineswegs als missionarischer Alleswisser und schon gar nicht als Allesversteher. „Für mich ist unglaublich vieles nicht erklärbar", sagt er. Der frühe Tod des Bruders, ein Kind, das an Leukämie stirbt – das sind Abgründe, für die es keine Erklärung gibt. Keiner kann alle Fragen beantworten. „Ich glaube, man darf nicht verzweifeln", sagt er, der Nihilismus ablehnt. Auch wenn Teufel die Ohnmacht selbst häufiger gespürt hat, ist er zutiefst davon überzeugt, daß es eine Wirklichkeit gibt „hinter der alltäglich wahrnehmbaren Realität und vor allem eine alles bestimmende Wirklichkeit, nämlich Gott".

Es geht dem gläubigen Politiker in der Konsequenz nicht darum, in unserer Gesellschaft ein christliches Weltbild von Staats wegen allgemein verbindlich zu machen. Er legt seinen Mitmenschen vielmehr nahe, den Rang der Fragestellung nach dem letzten Sinn des Lebens neu zu entdecken. „Sonst könnte es dahin kommen", sagt Teufel, „daß sich unsere Gesellschaft eines Tages auch noch von den Wurzeln emanzipiert, in denen Grundwerte wie Freiheit, Menschenwürde und Ehrfurcht vor dem Leben gründen".

Daß es in einer freiheitlichen Gesellschaft auf die Frage nach dem letzten Sinn und der Dimension menschlicher Verantwortung unterschiedliche Antworten gibt, läßt sich nicht leugnen. Pluralismus heißt für ihn aber nicht, daß geistige und religiöse Überzeugungen aus dem öffentlichen Bewußtsein in den Bereich der Beliebigkeit und Belanglosigkeit verdrängt werden müssen, in dem alles gleich gültig und mithin gleichgültig ist. „Pluralismus verbietet Überzeugungen nicht", sagt Teufel, „sondern setzt sie voraus".

Würde und Freiheit verstehen sich nach seinen Maßstäben keineswegs von selbst: „Wir dürfen uns nicht der Illusion hingeben, daß es für das Menschenbild gleichgültig wäre, welche Grundüberzeugung wir von der Herkunft und Zukunft des Menschen, vom Sinn und Ziel der Welt und der Geschichte haben. Es hat unabsehbare Folgen bis in die Alltagsethik hinein, ob man den Menschen – wie der französische Strukturalist Michel Foucault – als eine unbedeutende Episode der Naturgeschichte versteht, als eine in den Sand gezeichnete Figur, die der Wind verwischen wird, oder ob man den Menschen versteht als Geschöpf der Liebe, die die Sonne bewegt und die anderen Sterne, wie es Dante für die christliche Tradition unüberbietbar formuliert hat."

Daraus erklären sich politische Präferenzen. Nicht zufällig ist Bildung für Erwin Teufel ein hohes Gut und ein entscheidender Faktor der Wettbewerbsfähigkeit des Landes. Wie kaum ein anderer plädiert er für Investitionen in Köpfe und für Chancengleichheit. Dabei gehört nach seinem Verständnis zur Bildung nicht nur Detailwissen, sondern vor allem auch Erziehung zur Verantwortung fürs Ganze. Auch da schimmert sein ethisches Fundament durch.

Nicht minder treibt den katholischen Politiker die Frage nach dem Umgang mit dem Leben um. Sterbehilfe, Abtreibung, Leben aus dem Reagenzglas – das sind für ihn Themen, an denen sich so deutlich wie vielleicht nirgends sonst zeigt, „daß wir vor Bewährungsproben unseres Menschenbildes stehen".

Dabei hat sich Erwin Teufel in schwierigen Fragen durchaus abgegrenzt von seiner Kirche und ist beispielsweise für die Akzeptanz wiederverheirateter Geschiedener eingetreten. Auch hat er sich entgegen katholischer Dogmen dafür ausgesprochen, daß die Geburtenregelung in die Verantwortung der Eltern gegeben wird, weil sie nach seiner Überzeugung gerade der Verhinderung von Abtreibungen dient. Teufel ist ein Mann der Ökumene, der auch einen Gottesdienst bei den Protestanten zu schätzen weiß und die Schnittmengen der großen Kirchen als größer erachtet, als jene, die sich in Rom mit Abgrenzungstheorien befassen. Heiner Geißler, der Teufel als seinen ältesten Freund bezeichnet, hat an ihm stets bewundert, „daß er in kirchlichen Fragen in die Opposition gegangen ist und sich bei der Pillen-Enzyklika nicht hat an die Kandare nehmen lassen".

In der Tat hat Teufel seine innere Freiheit gewahrt und sich auch nicht gescheut, die Position seiner Kirche öffentlich zu hinterfragen, wenn sie ihm verfehlt erschien. So hat er 1992 als Redner bei der Hauptkundgebung des Deutschen Katholikentags gesagt: „Es ist unsere Aufgabe, ungeborenes Leben wirkungsvoll zu schützen und Frauen, die durch eine Schwangerschaft in Not sind, zu helfen. Das ist ein Auftrag an den Staat für einen gerechten Familienlastenausgleich, für eine breite, familienergänzende Kinderbetreuung, für Hilfen an Alleinerziehende. Es ist ein Auftrag an die Kirchen zur Hilfe in Not und Beratung. Es ist ein Auftrag an alle Bürger, unsere Gesellschaft kinderfreundlicher zu gestalten." Zugleich mahnte der Redner eindringlich: „An meine Kirche habe ich allerdings eine Bitte: Sie sollte nicht in Fragen der Empfängnisverhütung, in denen es nicht um letzte Werte geht, die gleiche Haltung einnehmen wie in der Frage des Schwangerschaftsabbruchs, wo es um letzte Werte geht, um Fragen von Leben und Tod."

Immer wieder hat sich der prominente Christenmensch, der seinen Glauben lebt, die Kirchenleitung in Rom kritisch begleitet. In einem Interview mit der Frankfurter Allgemeinen Zeitung sagte Teufel: „Wie die Europäische Union wird die katholische Kirche, so unterschiedlich ihre Zwecke sind, nicht überleben, wenn man den Kirchen am Ort nicht ein Eigenleben zubilligt und wenn man nicht die unterschiedliche Geschichte, Mentalität und Kultur der jeweiligen Völker und Gemeinschaften achtet. Alles Uniforme ist uneuropäisch."

Man darf getrost annehmen, daß seine Anmerkungen im Vatikan nicht immer die reine Freude ausgelöst haben. Gerne redet er seiner Kirche ins Gewissen. An Beispielen fehlt es nicht. So stellte sich Teufel bereits in seiner Zeit als Fraktionschef demonstrativ an die Seite von Hans Küng. Dem Professor an der schwäbischen Landesuniversität Tübingen war 1979 durch den auf römische Order handelnden Bischof von Rottenburg die Lehrbefugnis entzogen worden. Küng war in einer prekären Lage, hatte den Vatikan, die Deutsche Bischofskonferenz und einige Kollegen der eigenen Katholisch-Theologischen Fakultät gegen sich. Beim traditionell starken Einfluß Rottenburgs auf die staatliche Universitätspolitik wähnte sich der Professor bereits am Ende, da er befürchten mußte, daß sich der Kultusminister des Landes Baden-Württemberg samt Kabinett „nach den stärkeren Bataillonen" richten würde.

Küng hat seine Gefühlslage in jenen bewegten Tagen als Autor und Mitherausgeber der Festschrift zum 60. Geburtstag von Erwin Teufel beschrieben. „Vieles hing vom Fraktionsvorsitzenden Erwin Teufel ab, dessen gute Beziehungen zu den Kircheninstanzen allgemein bekannt waren. Wie würde er sich entscheiden? Seine Einstellung konnte ausschlaggebend sein. Unser Gespräch während des Mittagessens war ausgesprochen angenehm: Teufel war gut informiert, er redete nicht um den heißen Brei herum und zeigte bei aller Loyalität zur Kirche keine Furcht vor hohen Würdenträgern. Er durchschaute, daß die römische Maßnahme gegen mich kaum begründet, juristisch anfechtbar und politisch kontraproduktiv war. Die Antwort, die er schließlich gab, war: Dieser Fall soll keine politische Lösung finden."

Der Fraktionschef hielt Wort. Im Landtag wurde der Fall Küng nicht zu einer parteipolitischen Angelegenheit, sondern fraktionsübergreifend zu einem Anliegen des Parlaments, das sich für die Bewahrung der akademischen Lehrfreiheit aussprach. Der Professor konnte am Ende weiter an der Universität Tübingen wirken. Später hat sich Teufel noch einmal der Sache angenommen, diesmal als Ministerpräsident. Nach Küngs Emeritierung als Professor der ökumenischen Theologie und als Direktor des Instituts für ökumenische Forschung der Universität Tübingen drohte seinen treuesten Schülern, den Professoren Urs Baumann und Karl-Josef Kuschel, aufgrund vatikanischer Sippenhaft die Blockade ihrer akademischen Laufbahn.

Der Regierungschef lud die Herren deshalb im November 1994 zu einem Gespräch. Küng blieb das Treffen in guter Erinnerung: „Wo kommt es vor, daß ein Professor seine Schüler nicht noch lange vorstellen muß, weil der Ministerpräsident schon am Anfang der Unterredung erklärt, er kenne das bedeutende wissenschaftliche Œuvre von Karl-Josef Kuschel; es sei ihm aus eigener Lektüre vertraut. Analoges könnte er sicher auch über Urs Baumann sagen, weil er zu den Politikern gehört, welche die Bücher lesen, über die andere nur reden."

Auch in diesem Fall fand sich eine Lösung. Nicht zuletzt durch das persönliche Engagement des Ministerpräsidenten wurde für Kuschel die Stelle eines weisungsunabhängigen

Akademischen Direktors an der Katholisch-Theologischen Fakultät eingerichtet. Baumann konnte die von Kuschel freigemachte Stelle eines Akademischen Oberrats am Institut für ökumenische Forschung übernehmen. Daß Küng im Vatikan in Ungnade gefallen war, hielt Teufel im übrigen nicht davon ab, dem verfemten Theologen 1994 in der Villa Reitzenstein das Bundesverdienstkreuz zu überreichen. Auch das mag seine geistige Unabhängigkeit unterstreichen. Vielleicht hat dies auch ein wenig dazu beigetragen, daß sich später selbst Kardinal Lehmann dem unbequemen Küng ein Stück weit näherte und sich für eine Diskussion mit ihm beim Kirchentag in Ulm bereiterklärte, was geradezu als Sensation galt.

Die Freiheit zur Kritik hat er sich bewahrt. Immer wieder legt Teufel den Finger in die Wunde, indem er das dogmatische Glaubensverständnis des Vatikans in Frage stellt, indem er Ursachen der fundamentalen Vertrauenskrise aufzeigt, in welcher sich die katholische Kirche unstrittig befindet, die laut Umfragen zu den Schlußlichtern auf der Vertrauensskala der Bundesbürger gehört. Es treiben ihn Fragen um. Was bleibt von der Reformbewegung des Zweiten Vatikanischen Konzils? Müßte sich seine Kirche nicht viel stärker auf die Protestanten zubewegen? Im Oktober 2003 hat der Ministerpräsident eine bemerkenswerte Kanzelrede in Donaueschingen gehalten, die in einer leicht überarbeiteten Fassung 2004 als Sonderabdruck in der Jesuitenzeitschrift Stimmen der Zeit veröffentlicht worden ist. „Wer Augen zu sehen und Ohren zu hören hat", heißt es dort, „der muß eigentlich schon lange erkennen, daß unsere Kirche dabei ist, das Vertrauen vieler Menschen zu verlieren. Gewiß, dieses Abdriften der Kirche ins gesellschaftliche Abseits hat sicherlich auch mit Entwicklungen wie dem wachsenden Individualismus, der Säkularisierung oder auch der fortschreitenden Ökonomisierung unserer Lebenswelt zu tun. Aber mit diesen externen Faktoren allein läßt sich die dramatische Vertrauenskrise unserer Kirche nicht erklären. Ich glaube, die katholische Kirche leidet auch daran, daß sie bestimmte Zeichen der Zeit nicht erkannt hat."

Der Kirchenmann im Ministerpräsidenten beläßt es nicht bei diesem Fingerzeig, sondern macht an weiteren Punkten deutlich, wo er konkret Handlungsbedarf sieht. Es ist fürwahr ein kühnes Programm mit revolutionären Zügen, in dem sich wohl die meisten Katholiken wiederfinden, mit Ausnahme vielleicht derer in Rom. Über die Stellung der Frau in der Kirche schreibt Teufel: „Es wird höchste Zeit, daß die katholische Kirche die grundlegende Gleichheit aller Menschen verwirklicht, indem sie Frauen nicht nur niedere Dienste, sondern auch Vollmachten überträgt. Göttliches Recht geht vor menschlichem Recht: Gott schuf die Menschen nach seinem Bild. Als Mann und als Frau schuf er sie. Er unterscheidet in seinem Anruf und in seinen Verheißungen auch nicht zwischen Mann und Frau."

Auch die Geringschätzung der Laien treibt ihn um: „Die Vorstellung, daß der Pfarrer alles können muß, ist ein verhängnisvoller Irrglaube, der zu einer Geringschätzung der Laien, aber auch zu einer Überlastung der Priester geführt hat. Ich bin überzeugt davon, daß die bessere Einbindung der Kompetenzen von Laien zu einer deutlichen Entlastung unserer Seelsorger führen würde, die sich dann wieder verstärkt auf ihre eigentliche Aufgabe – auf den Dienst am Menschen und am Wort Gottes – konzentrieren könnten.

Allerdings zeichnen sich in der Kirche in den letzten Jahren Tendenzen ab, die eher in die entgegengesetzte Richtung weisen. Ich denke dabei insbesondere an die sogenannte Laieninstruktion, die viele engagierte Christinnen und Christen enttäuscht und vor den Kopf gestoßen hat."

Und schließlich beklagt Teufel den Rückzug der Kirche aus der gesellschaftlichen Verantwortung: „Zu den Zeichen der Zeit in unserer Kirche, die ich mit großer Sorge beobachte, gehört die Tendenz zum Rückzug aus der gesellschaftlichen Verantwortung, zur Selbstbeschränkung auf die eigenen Getreuen, zur Abkehr von einer vermeintlich schlechten Welt, der Rückzug in die Innerlichkeit. Nach der Aufbruchstimmung der ersten Jahre nach dem Konzil erleben wir heute eine Kirche des Rückzugs. Ich bin der festen Überzeugung, daß die Kirche der Versuchung zum Rückzug aus unserer Gesellschaft nicht nachgeben darf. Im Alten Testament erfahren wir, daß auch die Dürrezeit des Exils ihren Sinn hat: Es ist eine Zeit der Prüfung und der Besinnung, eine Zeit der prophetischen Erneuerung. Es ist aber auch eine Zeit der Rechenschaft über das Verhältnis zur eigenen, womöglich als fremd und feindlich empfundenen Umwelt."

In dem zitierten Beitrag tritt vieles von dem zum Vorschein, was in einem mehr als 60 Jahre währenden Christenleben in kritischer Auseinandersetzung mit der eigenen Kirche gereift ist. Hinübergerettet hat er das meiste der frühen Lehren und Prinzipien. Im reiferen Alter nimmt es sich Teufel heraus, seiner Kirche den Spiegel vorzuhalten, die für ihn nicht auf der Höhe der Zeit ist. Dann sagt er Sätze wie diese in seinem FAZ-Interview: „Man kann sehr wohl der Überzeugung sein, daß der Zölibat außerordentlich wichtig ist. Aber man kann nicht bestreiten, daß Priester viele Jahrhunderte hindurch heiraten durften."

Um offene Worte zur Lage seiner Kirche ist er selten verlegen. Wie kaum ein anderer katholischer Politiker leistet er sich eine eigene Meinung, bezieht Position, ohne dabei ein Psalmierer zu sein. Was die Auseinandersetzung mit seiner Kirche betrifft, erscheint für den Ministerpräsidenten das

Attribut altbacken, welches ihm Kommentatoren im politischen Betrieb anheften, reichlich deplaziert.

Wie das Gesicht unserer Gesellschaft am Ende dieses Jahrhunderts aussehen wird, hängt für Teufel bei aller Offenheit für Neues existenziell davon ab, welches Menschenbild wir uns bewahren und wie die Grenzen bestimmt werden, bis zu der Eingriffe in menschliches Leben der Menschenwürde entsprechen, und jenseits derer die Menschenwürde verletzt wird. „Wer der Versuchung widersteht", sagt er, „daß sich der Mensch als Schöpfer seiner selbst aufspielt, der verhindert damit, daß der Mensch sich zum bloßen Produkt entwertet. Die Anerkennung des Schöpfers wahrt die Würde des Geschöpfs."

Teufel ist durchaus bewußt, daß es der Mensch nicht schaffen kann, das Gute schlechthin zu verwirklichen. Das wäre naiv. Ihm geht es deshalb schlicht um das stete Bemühen: „Wir müssen das entwickeln, was an Kraft zum Guten in uns steckt. Jeder muß taugen, was er taugen kann. Mehr ist nicht verlangt. Davon freilich, daß jeder diesem an ihn gestellten Anspruch genügt, hängt unsere Zukunft ab."

Was seine eigene Zukunft betrifft, gibt es ungeklärte Fragen. „Ich nehme mein Schicksal an aus Gottes Hand, auch wenn es nicht läuft", sagt Erwin Teufel. „Erfolg ist keiner der Namen Gottes. Und deshalb muß auf meinem Grabstein auch nicht Ministerpräsident stehen."

Die Pflicht

Der stete Ministerpräsident

Es ist 20.04 Uhr. Erwin Teufel liegt mit seiner Abschiedsrede auf den Oberbürgermeister von Bietigheim-Bissingen in den letzten Wendungen. Manfred List hat in der Stadt 29 Jahre das Rathaus geführt. Der Laudator spricht davon, daß sein Parteifreund aus einer kinderreichen Familie stamme und auf eine außergewöhnliche Laufbahn aus eigener Kraft zurückblicken könne. Die Rede hat autobiografische Züge. Am Ehrentisch sitzt der frühere Ministerpräsident Lothar Späth, der wie Teufel aus der Verwaltung kommt und in Bietigheim die Rathauspolitik bestimmt hat. Als Landespolitiker waren sich beide in Loyalität verbunden, aber nicht in herzlicher Freundschaft. Zwei grundverschiedene Politiker. Hier die Pflicht, dort die Kür. Teufel redet. Lothar Späth und Porsche-Chef Wiedeking rauchen dicke Zigarren.

Es ist ein Abend, an dem Erwin Teufel vielen Menschen begegnet. Ein bißchen begegnet er aber auch seiner Vergangenheit. Manfred List, der persönliche Freund, den er mit einer einfühlsamen Rede ehrt, war wie er in Haigerloch auf der Verwaltungsschule. List hat ein Berufsleben lang das gemacht, was für Teufel wohl auch immer eine Möglichkeit, mitunter vielleicht sogar ein Wunschtraum gewesen wäre – Rathauschef in einer aufstrebenden Stadt. Unangefochten, von fast allen geehrt und anerkannt, erster Bürger eines Gemeinwesens.

Manchmal, in stillen Stunden, überkommt ihn die Sehnsucht nach diesem Amt, nach der überschaubaren Einheit, nach der in Kommunen nötigen pragmatischen Einsicht zur Lösung von Problemen, nach der Gemeinsamkeit über parteipolitische Grenzen hinweg. Diese Sehnsucht, die auch Sehnsucht ist nach einer heilen Welt, diese Sehnsucht schimmert auch durch, wenn Erwin Teufel eine Bilanz der Großen Koalition zieht.

Der vierjährige Pakt mit der SPD war trotz aller Erfolge für Teufel ein Joch – so als ob ein großer Familienbetrieb von zwei Zweigen einer Sippe geführt wird, die sich nicht selten gegenseitig blockieren. „Ich konnte nicht gestalten", sagt er heute im Rückblick auf das Bündnis mit der SPD. Und dabei wirkt er zerknirscht.

Es gibt Reibungsverluste unter den Partnern. Den Innenminister Frieder Birzele (SPD) weist Teufel wegen einer Äußerung zum Ladendiebstahl auf die Richtlinienkompetenz des Ministerpräsidenten hin und fordert ihn auf, „die bekannte Politik der Landesregierung zu unterstützen". Doch Teufel fühlt sich wie ein zahnloser Tiger. Er sieht in der Großen Koalition die Richtlinienkompetenz des Regierungschefs faktisch außer Kraft gesetzt.

Dabei geht Teufel gelegentlich in seiner Kritik am real existierenden Parlamentarismus in Deutschland noch weiter. Es gibt von ihm einen bösen Satz, nach dem wirkliche Veränderungen hier nur nach Kriegen oder Revolutionen möglich seien. Der Satz ist nicht als Plädoyer gegen die Demokratie zu deuten. Er hält sie unzweifelhaft für die beste Staatsform. Aber Mehrheit ist für Teufel nicht gleich Wahrheit. Demokratie bedeutet für ihn die friedliche Lösung von Konflikten durch eine Mehrheitsentscheidung. Man muß in der Demokratie bis 51 zählen können, sagt er. Die Zweifel, die in diesem Satz liegen, gründen auf einer gewissen Verzweiflung. Teufel reibt sich daran, daß als richtig Erkanntes unter bestimmten Konstellationen inhaltlich schwer und zeitlich nur verzögert durchzusetzen ist.

Er wirkt wie ein Mensch, der unzufrieden ist mit den Verhältnissen, so wie sie sind. Er ist unruhig, er will verändern. Diese Unruhe sei ihm Antrieb, bekennt er kaum vier Jahre nach seinem Amtsantritt im Gesprächsbuch mit Sybille Krause-Burger und Ulrich Wildermuth. Dann folgt ein Satz, der tief blicken läßt: „Manchmal frage ich mich, ob ich nicht meine Jahre vertue."

Schon zu Beginn seiner Landtagstätigkeit hat es Teufel verwundert, daß es in der Plenarsitzung des Landtags anders zugeht als in einem Gemeinderat. Auf kommunaler Ebene suchten die Fraktionen, auch wenn sie unterschiedliche politische Ansichten hätten, nach einer Lösung. Und im Landtag? Dort gibt es nach seiner Wahrnehmung häufig nur Schwarz oder Weiß, Richtiges oder Falsches. Ein leichtes Grau und ein dunkles Weiß kommen in dieser Farbenlehre dagegen kaum vor. Nicht selten beharrten die Parteien auf ihren Maximalpositionen, was nichts, aber auch gar nichts zu Problemlösungen beitrage. Es gehe nur um die „günstigere Ausgangslage" im Moment und darum, am nächsten Tag die „dickste Überschrift" in den Zeitungen zu haben, klagt Teufel.

Es kündet vom verborgenen Humor des wenig medienwirksamen und in der Öffentlichkeit zumeist als ernst wahrgenommenen Ministerpräsidenten, daß es ihn, schwäbisch gesagt, pfupfert, einmal Folgendes auszuprobieren: Er würde so gerne etwas wirklich Geheimes in einer öffentlichen Sitzung des Landtags sagen. Seine These ist, daß es am Ende keiner merken wird, weil niemand damit rechnet. Es ist ein Gedankenspiel, das Teufel im kleinen Kreis zur Erheiterung aller in schillernden Farben ausmalen kann.

Aber es ist eben nur ein Gedankenspiel. „Meine Achtung vor dem Parlament verbietet das“, sagt er.

Solche Äußerungen machen deutlich, in welchem Spannungsfeld sich Teufel bewegt. Der überzeugte Demokrat kennt die Mängel des demokratischen Betriebs. Der überzeugte Föderalist weiß, was schiefläuft im föderalen System der Republik. Der von seinen politischen Zielen Überzeugte muß erkennen, wie schwer sie zu realisieren sind.

Das hat er in der Großen Koalition erlebt, die freilich auch bewiesen hat, daß der „Sturkopf Teufel“, wie ihn eine Zeitung beschrieben hat, zum Kompromiß fähig ist. Er ist zwar kein „wandelnder Vermittlungsausschuß“, wie der Journalist Conrad Ahlers einst Kurt Georg Kiesinger, den Kanzler der Großen Koalition, genannt hat. Aber Teufel ist Machtpolitiker genug, um zum Kompromiß fähig zu sein. Er kann sich in das Unvermeidliche fügen, auch wenn es alles andere als angenehm ist. „Politik fängt beim Betrachten der Wirklichkeit an“, dieser Satz des großen SPD-Politikers Kurt Schumacher gehört zum festen Zitatenschatz Teufels. Er selbst hält sich daran. Auch wenn es ihm schwerfällt.

Die Wirklichkeit sieht im Frühjahr 1996 vor der Landtagswahl reichlich verworren aus. Die Umfragen lassen viele politische Konstellationen zu. Von einer CDU-Alleinregierung bis zu Rot-Grün, selbst eine Neuauflage der Großen Koalition, alles scheint im Bereich des Möglichen. Diese Ungewißheit veranlaßt die Sozialdemokraten unter dem Vizeregierungschef Dieter Spöri und dem Fraktionsvorsitzenden Ulrich Maurer zu einem folgenschweren Fehler: Wenige Wochen vor der Wahl versuchen sie mit den vermeintlich populären Themen – Zuzugsstopp für Aussiedler und Verschiebung der europäischen Währungsunion – zu punkten. Es sollte sich als ein Fehlgriff erweisen.

Am Wahlabend gibt es vier Gewinner und einen großen Verlierer. Der Verlierer ist die SPD. Die Genossen rutschen auf das historische Tief von 25,1 Prozent ab. Alle anderen können sich mit einiger Berechtigung als Sieger fühlen. Die CDU gewinnt leicht auf 41,3 Prozent, bleibt aber weit entfernt von früherer Stärke. Die Grünen erreichen mit 12,1 Prozent ihr bestes Ergebnis, die FDP schneidet mit 9,6 Prozent unerwartet stark ab. Die „Republikaner“ verlieren zwar leicht, sie holen mit 9,1 Prozent aber mehr Stimmen, als ihnen im Vorfeld zugetraut worden war.

Auch wenn Teufel die ersehnte Alleinregierung verfehlt, ergibt sich eine Option, die ihn hoffen läßt: eine Koalition mit den Liberalen, die ihren Wahlerfolg vor allem ihrem Spitzenmann Walter Döring verdanken. CDU und FDP, Teufel und Döring – das ist das neue politische Bündnis, das über Jahre hinweg die Landespolitik bestimmt. Die Regierung mit den Liberalen wird aus der Perspektive von Teufel zu einer problemlosen Koalition.

Es gehört zur bewegten Karriere Teufels, die gekennzeichnet ist von einem stetigen Auf und Ab, daß diesem Wahlerfolg die bittersten Stunden seines Politikerdaseins folgen sollten. Die Koalitionsverhandlungen sind rasch bewältigt. Auch als die FDP ihre bereits nominierte Justizministerin Gisela Frick austauschen muß, deutet noch alles auf einen problemlosen Start des Bündnisses hin. Sogar die provokative Äußerung Teufels, nun werde wieder „CDU-Politik pur“ gemacht, sorgt allenfalls für pflichtschuldige Gekränktheit bei den Liberalen, die froh sind, nach 30 Jahren endlich wieder in der Regierung zu sitzen.

Am Ende ist es bezeichnenderweise die eigene Fraktion, die Teufel Probleme bereitet. Es sind Christdemokraten, die ihm eine schwere, vielleicht die schwerste, aber sicherlich die am wenigsten erwartete Niederlage seiner Laufbahn beibringen. Und es ist ein Menetekel für das gespannte Verhältnis, das sich im Lauf der Jahre zwischen Teufel und Teilen der Union entwickeln sollte.

Auslöser ist aufgestauter Unmut über den Regierungschef, der in Kultusministerin Annette Schavan und Landwirtschaftsministerin Gerdi Staiblin zwei Quereinsteigerinnen und dazu noch einige junge Staatssekretäre ins Kabinett berufen hat. Mancher altgediente Abgeordnete trauert der letzten Chance zum Sprung auf die Regierungsbank nach. Teufel versteht das nicht, er schätzt das Landtagsmandat immer höher ein als ein Amt in der Exekutive.

Doch das, was aus dieser Konstellation erwachsen sollte, was am 12. Juni 1996 im Landtag passiert, das hat sich wohl auch Teufel, der euphorisch vom „besten aller Kabinette“ spricht, nicht vorstellen können. Es ist einmalig in der Geschichte des Südweststaats.

Zu tun hat diese Niederlage auch mit dem Charakter einer Ministerpräsidentenpartei wie es die CDU in Baden-Württemberg ist. Der Ministerpräsident, der auch Landesvorsitzender ist, gilt als Garant des Erfolgs. Er ist der Wählermagnet. Er lebt von errungenen und von ihm erwarteten Wahlerfolgen. Er ist die Wahlkampflokomotive, der die Wagen mit den Landtagskandidaten ins Parlament ziehen soll. Er verteilt aber auch Einfluß und Posten. Er berücksichtigt die Bezirksverbände, die Konfessionen und die Gruppierungen der Gesamtpartei von der Jungen Union bis zu den Sozialausschüssen. Das ist ein schwieriges Unterfangen. Zumal, wenn in einer Koalitionsregierung die Zahl der Posten für jeden Partner naturgemäß begrenzter ist als in Alleinregierungen. Es kann schiefgehen, und es geht in diesem Fall schief.

Um 11.44 Uhr verkündet Landtagspräsident Peter Straub das Ergebnis der Wahl des Ministerpräsidenten: 77 Ja-Stim-

Mit Walter Döring hat Erwin Teufel viele Jahre lang das Land regiert. Am Ende ist dem Oberliberalen das Lachen vergangen.

men, 73 Nein-Voten und vier Enthaltungen. Das ist eine Stimme zuwenig, mindestens sechs Koalitionäre haben Teufel die Stimmen verweigert. Das gab es noch nie. Für lange Minuten ist unklar, was passieren soll. Erwin Teufel denkt trotz dieses Denkzettels nicht ans Aufgeben. Er ist überzeugt, daß er am richtigen Platz ist, und er, der in einem kräftezehrenden Wahlkampf immerhin Spitzenkandidat seiner Partei war, ist nicht bereit, diesen Platz zu räumen. Teufel kämpft. Vielleicht ist es bei ihm wie bei Gerhard Schröder, von dem man sich erzählt, daß er bei seiner Geburt für einen Augenblick ganz still gewesen sei, weshalb ihm die herbeigeeilte Großmutter kräftig ins Gesicht geblasen habe, was zum erwünschten Geschrei führte. Seitdem bewirkt bei ihm angeblich jede Form von Gegenwind die sofortige Mobilisierung aller Kräfte. Es ist nicht überliefert, ob auch Erwin Teufel bei seiner Geburt einen mütterlichen Luftstoß verspürte. Aber er kann seine Kräfte mobilisieren, wenn der Wind von vorne kommt.

Also tritt er erneut an. Im zweiten Wahlgang erhält er schließlich die nötige Mehrheit, auch wenn ihm erneut zwei Stimmen der Koalition fehlen. Teufel selbst spricht von einem Fehlstart, seine Personalpolitik zugunsten von Frauen und jungen Leuten sei für die Niederlage verantwortlich. Dafür habe er „den Preis bezahlt".

Es ist bemerkenswert, was Teufel wenige Tage später in seiner Regierungserklärung sagt: „Macht ist keine Beute im Wettstreit der Parteien. Sie ist eine Auszeichnung und keine Nahrung für den persönlichen Ehrgeiz. Macht ist schwere Bürde, ist Verantwortung, Verpflichtung und Arbeit." Das mag durchaus jenen Parteifreunden ins Stammbuch geschrieben sein, die Teufel bei der Wahl zum Ministerpräsidenten blamierten. Diese Sätze sagen aber auch etwas aus über den Politiker Erwin Teufel, über seine Selbstsicht, über seine Motivation und über seine Art zu regieren.

Seine politischen Grundlinien sind stark geprägt von seinem persönlichen Leben und seinen Erfahrungen. Vieles speist sich aus der Grundüberzeugung als Christ, wobei dies für Teufel weniger praktische Anleitung zum Handeln ist, denn ein Fundament, von dem aus er Politik betreibt. Geprägt ist er in erster Linie von der *christlichen* Soziallehre, die Verengung auf die *katholische* Soziallehre lehnt er ab. Die Soziallehre ist im 19. Jahrhundert zu Beginn der Industrialisierung entstanden in der Auseinandersetzung mit der sozialen Frage und den beiden bestimmenden Ideologien jener Zeit, dem Marxismus und dem Liberalismus. Ihr Ziel ist, zu einer menschlichen Welt beizutragen. Dazu dienen drei Prinzipien. Teufel hat sie verinnerlicht. Sie sind ihm Kompaß.

Da ist – erstens – das Personalprinzip, wonach der Mensch Träger, Schöpfer und Ziel aller gesellschaftlichen Einrichtungen ist. Zweitens ist es das Prinzip der Subsidiarität, nach dem die Selbstverantwortung an erster Stelle kommt und der Staat nur dann eingreift, wenn der Mensch sich nicht selbst helfen kann. Subsidiarität, so wie sie Teufel versteht, setzt sich auch im staatlichen Aufbau fort: Aufgaben sollen nur dann an eine größere Organisation abgegeben werden, wenn sie in der kleineren Einheit nicht mehr gelöst werden können. Und drittens gilt das Solidaritätsprinzip, das nichts anderes besagt, als daß der einzelne und die Gemeinschaft gegenseitige Verpflichtungen haben.

Als Christlich-Sozialer ist Teufel letztlich richtig, aber nur unzureichend beschrieben. Geprägt ist er von der Freiburger Schule der sozialen Marktwirtschaft. Die Entfaltung des einzelnen, die Stärke und der Erfolg des Leistungsbereiten und –fähigen wird verknüpft mit Verantwortung und Hilfe für jene, die nicht zur Leistung fähig sind, die krank oder behindert sind, die Kinder erziehen oder alte Familiengehörige pflegen. So verbinden sich wirtschaftliches und soziales Handeln.

Es gibt in Teufels Gedankengebäude durchaus eine Nähe zum klassischen Liberalismus. Er könne nicht die Maximen, die sein Leben prägten, zu Gesetzen für alle anderen machen, sagt Teufel. Sein Selbstverständnis als Politiker beruht in erster Linie auf einem Menschenbild, das sich aus dem christlich-jüdischen Glauben speist. Jeder Mensch ist als einzigartige Person definiert, er hat eine Individualnatur und eine Sozialnatur. Diese individuellen Rechte werden ihm nicht gewährt, er hat sie, weil er Mensch ist. Der Staat garantiert ihm diese, von Gott gegebenen Rechte. Diese individuellen Rechte sind für Teufel nur ein Teil des Menschseins. Ebenso besitzt die Person eine Sozialnatur. Erst im Zusammenleben mit anderen wird der Mensch zum Menschen und Individuum. Kultur, Bildung, Begabung, Sozialverhalten – all das empfängt der einzelne von anderen. Und, davon ist Teufel zutiefst überzeugt, er hat die Verpflichtung, es auch anderen weiterzugeben.

Es mag für manche abgedroschen klingen, wenn Teufel davon spricht, daß für ihn Freiheit ohne Verantwortung nicht denkbar ist. Aber er spricht diese Sätze mit einer Überzeugung und einem Pathos, die gewinnend sind und glaubhaft. Es sind einfach klingende Wahrheiten, und doch ist es schwer, ihnen gerecht zu werden. Zumal als Politiker.

Viele, unter ihnen der Zeit-Autor Gunter Hofmann, sprechen von den zwei Welten des Erwin Teufel. Die Welt des Prinzipiellen berühre sich erstaunlich wenig mit der Welt des Politischen, stellt Hofmann fest. Zwar habe Teufel einiges hinübergerettet von den verinnerlichten Prinzipien in die Welt der konkreten Politik, doch vieles im Prinzipiellen sei so weit entrückt, daß die Politik darunter fast frei operieren könne. Man könnte auch sagen: Zwischen Reden und Handeln gibt es bei Erwin Teufel gelegentlich einen Unterschied. Hofmann fällt Mitte der neunziger Jahre nur ein Politiker ein, der noch besser zwischen Politik und Prinzipien zu trennen wisse. Für ihn ist das Heiner Geißler, Teufels guter Freund aus Jugendtagen.

Diese Gegenwelt der hehren Prinzipien wird von Büchern bestimmt. Der Lesehunger der Jugendjahre hat Teufel nie losgelassen. Als Politiker liest er leidenschaftlich in Biografien über Luther und Goethe, er will sich mit Büchern hocharbeiten. Er beschäftigt sich mit Stefan Zweig ebenso wie mit Peter Härtling und Ernst Nolte. Auch die Schriftsteller aus dem Land sind ihm vertraut – wie Arnold Stadler aus Meßkirch und Martin Walser vom Bodensee, dem Erwin Teufel schon mal einen unangemeldeten Besuch abstattet, wenn er seine Ferien in Überlingen verbringt. Walser hat dem Ministerpräsidenten ein Gedicht gewidmet, das als Festtags-Heraldik im Buch zum 60. Geburtstag Teufels veröffentlicht ist:

„Seine Schürze ist grün,
und das ist keine politische Farbe,
er ist der Gärtner des Landes,
er kennt den Boden und pflegt ihn
auf Gedeih und gegen Verderb.
Könnte man sich auf alle
verlassen wie auf ihn,
dann wäre Demokratie
eine leise blühende Ordnung.
Sensationen überläßt er sonst wem
und zieht Arbeit vor. Und wirkt
fromm dabei. Arbeitsfromm.
Und begeistert, immer von Sachen.
Macht übt er aus nur
nach Uhrmacherart: er richtet das Werk,

daß die Zeit nicht ins Toben gerate.
Segensreich zu sein, liegt ihm.
Heilig nüchtern, das paßt zu ihm.
Überhaupt Wörter von früher.
Er macht sie brauchbar.
Schlaue verfehlen ihn.
Designern ist er zu eckig.
Er läßt die Illusion zu,
das Gute sei möglich.“

Bücher sind für Erwin Teufel keine Pflicht, sondern eine Leidenschaft. Als er Fraktionschef war und im Urlaub noch weitgehend unerkannt mit dem Wohnmobil durch Europa fahren konnte, ohne daß ihn ein Sicherheitsmann begleitet hat, als er noch nicht unter dem Joch des hohen Amts war, ist er fast in jeder freien Minute durch Buchhandlungen flaniert, hat bei Osiander in Tübingen und bei Rombach in Freiburg die Zeit vergessen. Oder er hat sich mit einem Verleger zum Mittagessen verabredet, um zu erfahren, was der denn als Lektüre empfehle.

Heute besorgt zwar seine Sekretärin den Lesestoff, geblieben aber ist die Lust am Lesen. Auch nach langen Tagen zieht es ihn zum Schreibtisch. Dort arbeitet er seine Bücher durch, nicht im Sessel. Er streicht sich Sätze an, holt Zitate aus den Büchern, die er auf seinem Laptop sammelt. Ein Sonntag, an dem er nicht mindestens zwei Stunden lesen kann, erscheint ihm vertan. Er führt eine Datei mit mehr als 6500 geflügelten Worten, außerdem ein privates Zeitungsarchiv mit 700 Stichworten.

In den Ferien liest er das zweibändige Werk von Heinrich August Winkler über Deutsche Geschichte vom Ende des Alten Reichs bis zum Untergang der Weimarer Republik und vom Dritten Reich bis zur Wiedervereinigung und streicht sich die wichtigsten Passagen auf den 200 Seiten von Frank Schirrmachers „Methusalem-Komplott“ heraus. Es ist ein alarmierendes Buch, das sich mit der Überalterung der Gesellschaft beschäftigt – ein Thema für die Politik. Oder er vertieft sich in die 368 Seiten von Manfred Clauss über die antike Weltstadt Alexandria, wo die größte Bibliothek des Altertums stand. „Seelenapotheke“ hieß die Inschrift über dem Eingang dieser Bibliothek, „Seelenapotheke“ steht auch über der Stiftsbibliothek in Sankt Gallen, der Teufel öfter einen Besuch abstattet. Das bringt er hinüber in den Alltag des Politikers.

Auch in schwierige politische und wirtschaftliche Zusammenhänge liest sich Erwin Teufel ein. Er beschäftigt sich mit der katholischen Soziallehre, mit Nationalökonomie und Präimplantationsdiagnostik. In das neue Thema Gentechnik hat er sich eingearbeitet. Von Null angefangen, inzwischen gilt er als Experte. Systematische Arbeit nennt er das, dazu gehört auch ein Archiv, das schier aus allen Nähten platzt vor lauter Artikeln. Im Haus unter dem Dreifaltigkeitsberg reihen sich Bücher und Zeitschriften nicht nur im Arbeitszimmer direkt unterm Dach. Auch die ehemaligen Kinderzimmer im Erdgeschoß atmen den Geist der Literatur. Sie ist reichlich vorhanden, streng geordnet nach Themen und Alphabet. Wenn Erwin Teufel diese Schätze zeigt, dann ist es, als falle Glanz auf das mitunter müde Gesicht. Er lächelt. Es ist Besitzerstolz.

Aus den Büchern hat er das Wissen über Zusammenhänge. Es gibt ihm die Sicherheit, die er braucht, um in Gremien mitzudiskutieren, in denen meistens Studierte sitzen. Es ist kein Ausdruck von Überheblichkeit, wenn er sagt, daß es keinen Kreis von Politikern gibt, auch nicht die Ministerpräsidentenkonferenz, wo er sich verstecken müßte. Der Bauernsohn aus Zimmern kann mit den Akademikern mithalten. „Ich habe keine Hemmung, meine Meinung kundzutun", sagt er. Und unausgesprochen schwingt in solchen Äußerungen mit, daß es viele Politiker gibt, die in Sonntagsreden vom lebenslangen Lernen reden, deren eigener Wissensdurst aber schon vor Jahren gestillt war.

Teufels Lektüre hat durchaus politische Auswirkungen. Nicht von ungefähr sind die ersten Tage nach seinen Urlauben im Staatsministerium und bei den Ministern gefürchtet. Die Leseerkenntnisse münden meist in konkrete Aufträge für den Apparat.

Dabei schreckt er auch vor schwierigen Themen nicht zurück. So hat Teufel nach dem intensiven Studium ethischer und wissenschaftlicher Fragen der Gentechnik mit dem renommierten Heidelberger Wissenschaftler und von ihm ins Kabinett geholten Staatsrat Konrad Beyreuther einen Termin anberaumt. Herausgekommen ist ein 15 Millionen Euro teueres Förderprogramm für die Forschung an Stammzellen von Erwachsenen. Aus ethischen Gründen lehnt es Teufel ab, daß an embryonalen Stammzellen geforscht wird.

Auf den Büchern und dem Nachdenken darüber baut Teufel seine politischen Gedankengebäude auf. Er lehnt alles ab, was nur den Hauch des Totalitären hat. Ideologien sind ihm fremd. Deshalb gerät er, der Anfang der neunziger Jahre im Zuge der erbitterten Asyldebatte von seinen liberal und sozial geprägten Ansichten zur Law-und-Order-Meinung der Unionsrechten wechselt, auch nie in Versuchung, mit den „Republikanern" ein Bündnis zu schließen. Rechnerisch wäre dies sowohl 1992 als auch 1996 möglich gewesen. Aber das ist für Teufel, anders als bei manchem Rechtsaußen in der Union, nie in Betracht gekommen. Wer die Amtszeiten Teufels bewertet, wird dies zu würdigen haben. Er hat die rechten Populisten jedenfalls nicht hoffähig gemacht.

Teufels politischer Antrieb kommt ganz wesentlich aus der tiefen Überzeugung, daß der Mensch verpflichtet ist, die unvollkommene Welt besser zu machen. Es ist ein moralischer Impetus, der sich paart mit einem Machtwillen, den Teufel öffentlich geschickt zu verbergen weiß. Macht ist für ihn denn auch kein Wert an sich, kein allein erstrebenswertes Ziel. Macht ist für ihn, so wie er es in der Regierungserklärung von 1996 gesagt hat, die Möglichkeit, Verantwortung zu übernehmen und zu gestalten.

Annehmen, das sagt Erwin Teufel immer wieder, sei einer seiner zentralen Begriffe. Er versteht dies nicht passiv, als Erdulden eines Schicksals. Annehmen, das bedeutet für ihn, daß es eine Instanz gibt, die über unserer erlebten Realität steht. Ein anderes Schlüsselwort ist Verantwortung. „Ich habe mich früher in der Kindheit verantwortlich gefühlt, und ich fühle mich auch heute noch verantwortlich." So wie der älteste Bruder für seine jüngeren Geschwister Verantwortung trägt, so fühlt sich der Bürgermeister für sein Spaichingen verantwortlich, und so empfindet der Ministerpräsident die Verantwortung für das Land. Es ist ein Verantwortungsgefühl, das sich auch aus dem Selbstbewußtsein speist, die richtige Sache erkannt zu haben und sich für sie einzusetzen.

Viele Wegbegleiter erkennen in letzter Zeit immer mehr, daß Erwin Teufel in seiner eigenen Welt lebt. Er hat seinen eigenen Kosmos. Diese Selbstgewißheit, der er sich immer wieder versichert, gibt ihm eine innere Ruhe in den letzten Dingen und eine äußere Unabhängigkeit. Das kann hilfreich sein in diesem harten Geschäft. Aber sie hat auch eine Gegenseite: Andere Meinungen kann der Überzeugte nur schwer akzeptieren, seit Jahren eilt ihm der Ruf voraus, beratungsresistent zu sein. Wer mit ihm auf einer Wellenlänge diskutiert, berichtet von anderen Erfahrungen.

Verfolgt man die politische Laufbahn Teufels, dann offenbart sich, daß zur Politik ein langer Atem gehört. Es gibt Themen, die verfolgt er seit Jahren: Subsidiarität und Föderalismus in Organisationsfragen des Staates; der absolute Vorrang für Maßnahmen, die dazu dienen, Arbeitsplätze zu schaffen; die Erkenntnis, daß Bildung für ein rohstoffarmes Land wie Baden-Württemberg der Schlüssel zur Lösung vieler Probleme ist.

Erwin Teufel ist ein überzeugter Föderalist. Und weil er das ist, kritisiert er das ritualisierte Zusammenspiel von Bund und Ländern, das heute mehr denn je ein Blockadeinstrument ist. Er plädiert für eine Entzerrung von Zuständigkeiten und Aufgaben, von Finanzen und Steuern. Mit anderen Südländern hat Baden-Württemberg das allzu nivellierende System des Länderfinanzausgleichs zumindest in seinen überzogenen Formen vors Bundesverfassungsgericht gebracht – und in anschließenden Verhandlungen einen Teilerfolg erreicht. Teufel macht keinen Hehl daraus, daß nach der Wiedervereinigung die historische Chance verpaßt worden ist, die Zahl der Länder zu reduzieren. Sechzehn sind zuviel, sagt er, acht würden reichen. Längst hat er die Hoffnung aufgegeben, daß der Südwesten als einzige gelungene Form der Länderfusion, die Theodor Heuss viel zitiert als „Modell deutscher Möglichkeiten" lobte, noch Nachahmer finden würde. Der Boden dafür ist nicht bereitet. Die Mehrheitsverhältnisse sprechen dagegen, sagt Teufel resigniert. Dies zu akzeptieren fällt ihm schwer.

Der Ministerpräsident des Landes, das sich mit Bayern unter den konkurrierenden Ländern einen Wettlauf um den vordersten Platz liefert, ist ein überzeugter Wettbewerbsföderalist. Eine bundesstaatliche Ordnung ist für ihn in erster Linie auch eine Chance, in der Praxis unterschiedliche

Lösungen auszuprobieren. Es ist ein Mittel, rasch zu handeln und das Beste zu finden. Das läßt sich an vielen Beispielen zeigen, am überzeugendsten gelingt es Teufel, wenn er auf die Bildungspolitik zu sprechen kommt.

Es sind unterschiedliche bildungspolitische Ansätze und schulpolitische Realitäten, die zu regional unterschiedlichen Pisa-Ergebnissen geführt haben. Ohne auf die konkrete Debatte nach Pisa einzugehen, legt Teufel Wert darauf, daß unterschiedliche Konzepte in den Ländern auch die Chance beinhalten, die optimale Lösung durch Vergleich zu finden. Statt am kleinsten gemeinsamen Nenner, wie es so oft in den mühsamen Kompromissen zwischen Bundesrat und Bundestag die Regel ist, könnte man sich an der besten Lösung orientieren. Für Teufel wäre das im Interesse der Bürger, und zwar der Bürger in allen Ländern.

Seine Vorstellungen zielen nicht darauf, einen „darwinistischen Selektionsdruck" unter den Ländern auszulösen, in dem der große und finanzstarke Partner namens Baden-Württemberg die Kleinen frißt. Es geht ihm vielmehr darum, den Ländern mehr eigene Entscheidungskompetenzen zu geben, damit regionale Besonderheiten und politische Schwerpunktsetzungen möglich und für die Bürger erlebbar sind.

Dieses föderale Prinzip, das der kleineren Einheit die Kompetenz so lange zubilligt, wie dort bessere und bürgernähere Lösungen möglich sind, zeichnet auch den Europapolitiker Teufel aus. Und es ist Richtschnur für die von ihm ersonnene Verwaltungsreform, die sich auf einen einfachen Nenner bringen läßt: Stärkung der Städte und Landkreise. Die dortige Selbstverwaltung, die direkte Verantwortung für die Gemeinschaft, das ist für ihn die Basis des politischen Handelns. Das Rathaus hat er nie aus dem Blick verloren.

Der Politologe Hans-Georg Wehling, früher Abteilungsleiter der Landeszentrale für politische Bildung, sieht es ähnlich: „Teufel ist im Grund immer Bürgermeister geblieben, und er handelt auch so“. Dies hat aus Sicht von Wehling auch seine Schattenseiten. Die Verwaltungsreform des Ministerpräsidenten, die vor allem die untere Ebene aufwertet, aber die regionale Bewegung schwächt, hält der Politologe für reichlich unausgegoren.

Das zweite große Thema ist für Teufel die Bildung. Einer wie er, der sich als Autodidakt ein enormes Wissen angeeignet hat, braucht von der Bedeutung der Bildung nicht überzeugt zu werden. Er hat sie selbst erlebt. „Wir müssen in die einzige Ressource investieren, die wir haben, nämlich in die Köpfe der Menschen“, sagt er. Bildung, das sind nicht nur Gymnasium und Universität, das sind auch duale Ausbildung, Fachhochschulen und Berufsakademien. Teufel setzt fort, was in Baden-Württemberg schon immer galt. Investitionen in Bildung haben im Südwesten Tradition, genauso wie Debatten über Schulreformen, bei denen die regierende CDU immer zu den Bewahrern gehörte. Manches gewagte Experiment wird dadurch verhindert, manche Chance aber auch vertan. Erwin Teufel hat sich früh eingesetzt für kürzere Schul- und Studienzeiten. Er will Wettbewerb an den Hochschulen, und er will sie von bundeseinheitlichen Regeln befreien. Im Sinne der Subsidiarität plädiert er für mehr Eigenverantwortung der Hochschulen, für einen Rückzug des Staats. Für Teufel ist diese Form der Qualifizierung der beste Schutz vor Arbeitslosigkeit. Gut ausgebildete Facharbeiter und Ingenieure betrachtet er als erfolgreiche Standortpolitik eines Landes.

Nichts beschäftige ihn mehr als die Frage, wie Arbeitsplätze erhalten, wie neue Stellen geschaffen und wie ein Strukturwandel bewältigt werden kann. Die Möglichkeiten eines Landes sind beschränkt, doch Teufel appelliert an die Gemeinschaftsleistung von Unternehmen, Gewerkschaften,

Staatsbesuche der prägenden Art: Hand in Hand ist Erwin Teufel mit Nelson Mandela vor die Presse marschiert. Auch mit dem Dalai Lama hat er seinen Spaß.

Mittelstand, Handwerk, Wissenschaft und Forschung. Dort, wo das Land etwas tun kann, tut es auch etwas in Zeiten der Großen Koalition, mehr noch im Pakt mit den ohnehin wirtschaftsfreundlichen Liberalen. Firmen erhalten Bürgschaften, das Land unterstützt Betriebe, wenn es darum geht, ausländische Wachstumsmärkte zu erschließen.

Entscheidend ist bei alledem, daß das Land trotz angespannter Haushaltslage die Forschung ausbaut. Aus wissenschaftlichen Erkenntnissen sollen marktreife Produkte werden. So entstehen Technologieparks und institutsnahe Gesellschaften. Aus dem Erlös des Verkaufs der Gebäudebrandversicherung investiert der Südwesten eine Milliarde Mark in ein Innovationsprogramm: Neue Fakultäten in Zukunftsfeldern wie Mikrosystemtechnik und Informationstechnik werden gegründet, Hochleistungsrechner werden angeschafft.

Das ist klassische Standortpolitik – und sie wird sich zum Schwerpunkt der ersten CDU-FDP-Koalition entwickeln, die für Teufel mit der verpatzten Wahl zum Ministerpräsidenten so enttäuschend begonnen hat. Die ökonomische Krise, die das Land Anfang und Mitte der neunziger Jahre erfaßt, ist 1996 zwar noch nicht vergessen. Doch das Wachstum in Baden-Württemberg ist wieder größer als anderswo in Deutschland. Der Wechsel vom reinen Produktions- zum Dienstleistungsstandort ist geglückt, auch wenn die Zahl der Arbeitsplätze erst zur Jahrtausendwende wieder die alte Höhe von Anfang der neunziger Jahre erreichen sollte.

Es beginnt eine Phase, in der Erwin Teufel das Land mit seiner Politik wohl am nachhaltigsten prägt. „Er wächst im Amt", wie es Heiner Geißler formuliert hat. Erwin Teufel punktet. Er punktet in der Wirtschaft, und er punktet dort, wo Lothar Späth kein Erfolg beschieden war. Teufel bereitet die Fusionen im Rundfunk vor, bei Banken und Energieversorgern.

Viele Strukturen in Baden-Württemberg sind selbst in den neunziger Jahren noch eine Reminiszenz an das Bindestrichland. Es gibt oft zwei Einrichtungen, die entweder badisch oder württembergisch sind. Im Zuge der Globalisierung und der europäischen Integration, die unmittelbar zur Wirtschaftskrise Anfang der neunziger Jahre führten, wird deutlich, daß diese Strukturen überaltert sind. Sie sind zu kleinräumig, um in den globalisierten Märkten überleben zu können. Hinzu kommt, daß die Wirtschaftskraft des Landes mit international operierenden Firmen wie DaimlerChrysler, Bosch und dem Softwareunternehmen SAP im Gegensatz steht zu diesen kleinteiligen Auffächerungen eines Bundeslandes. „Baden-Württemberg hat es versäumt, Rang, Ruf und Namen über die Landesgrenzen hinaus mit Hilfe der publizistischen Medien zu Ansehen und zu Gewicht zu verhelfen." Es ist ein Satz von Hans Bausch, dem Intendanten des Süddeutschen Rundfunks, mit dem Teufel einst Wahlkampf für Bruno Heck gemacht hat, seinem großen Mentor.

Als Fraktionschef hatte er noch „heftig gegen die von Späth geplante Fusion geschossen", wie sich ein enger Mitarbeiter des damaligen Ministerpräsidenten erinnert. Mitte der neunziger Jahre zimmert Teufel zusammen mit dem rheinland-pfälzischen Ministerpräsidenten Kurt Beck aber eine gemeinsame Anstalt. In Baden-Württemberg hatte es bis dahin zwei öffentlich-rechtliche Sender gegeben: den SDR in Stuttgart und den SWF zusammen mit Rheinland-Pfalz mit Sitz in Baden-Baden. Der komplizierte Zusammenschluß, der die Interessen der drei Standorte Stuttgart, Baden-Baden und Mainz berücksichtigen muß, bildet die zweitgrößte Sendeanstalt der ARD. Und bei aller Kritik an

Details beendet er eine geradezu anachronistisch anmutende rundfunkpolitische Grenzziehung aus der Zeit der Besatzung nach dem Zweiten Weltkrieg. Teufel spricht von einem „Leitprojekt für die weitere Entwicklung Baden-Württembergs". Der Historiker Thomas Schnabel bewertet diese Phase in seiner „Geschichte von Baden-Württemberg" als eine „innere Landesgründung", wobei er vorsichtig ein Fragezeichen dahinter plaziert.

Wenige Monate nach der Rundfunkfusion ordnet die Landesregierung den damals noch staatlich dominierten Energiemarkt neu, der im Zuge der europäischen Vorgaben liberalisiert werden mußte. Die beiden Stromkonzerne Badenwerk und Energieversorgung Schwaben schließen sich 1997 zusammen. Später übernimmt der französische Stromriese Electricité de France die Landesanteile. Teufel setzt sich gegen CDU-Fraktionschef Günther Oettinger durch, der einen kartellrechtlich umstrittenen Zusammenschluß mit deutschen Stromriesen befürwortet. Für 4,7 Milliarden Mark werden die Landesanteile an die EdF verkauft. Die Erlöse bilden den Grundstock für eine Zukunftsoffensive „Junge Generation", über die mehr als eine Milliarde Mark in schulische und berufliche Ausbildung, in Wissenschaft und Forschung gesteckt werden. 2,5 Milliarden Mark werden in einer neuen Landesstiftung geparkt. Das Land muß keine Steuern bezahlen für den Verkaufserlös. Aus der Landesstiftung werden gemeinnützige Projekte gefördert, Schwerpunkt ist auch hier die Bildung.

Teufel wird damit seinem Wahlspruch gerecht, daß in die Köpfe der Menschen investiert werden müsse. Er bindet sich aber auch einen landespolitischen Klotz ans Bein, der seitdem für erbitterte Debatten sorgt. Die Stiftungsidee ist in einer Zeit geboren, als der Landeshaushalt kurz davor war, ohne neue Schulden auszukommen. Inzwischen muß eisern gespart werden im offiziellen Etat, der dennoch Rekordschulden auftürmt, während die Stiftung viel Geld zur Verfügung stellt. Teufel sieht in der Stiftung eine Chance, auch in Zeiten knappen Geldes wichtige Projekte finanzieren zu können. Für die Opposition, die von Anfang an trotz hoher Steuerzahlungen an den Bund den Verkaufserlös vor allem für den Schuldenabbau einsetzen wollte, ist dies nach wie vor eine falsche Weichenstellung gewesen.

Der dritte Fusionsbeschluß, der Anfang 1998 bekanntgegeben wird, betrifft die öffentlich-rechtlichen Banken. Das Ziel, eine große und leistungsfähige Landesbank zu schaffen, die die baden-württembergischen Unternehmen weltweit betreuen kann und die der Bedeutung des Wirtschaftsstandorts im Südwesten gerecht wird, war schon öfter anvisiert worden. Erfolgreich waren die Versuche nicht. Späth scheiterte in den achtziger Jahren, weil just, als er in einem Feinschmeckerlokal bei Lyon speiste, der Stuttgarter Oberbürgermeister Rommel die Abwesenheit des Ministerpräsidenten nutzte und die Gremien seiner Landesgirokasse gegen die Fusion in Stellung brachte. Mitte der neunziger Jahre scheiterte der erste Anlauf Teufels daran, daß sich die Große Koalition nicht einig war.

Völlig unerwartet präsentiert Erwin Teufel am 19. Januar 1998 den Zusammenschluß der Südwestdeutschen Landesbank, der Landesgirokasse und der L-Bank zur Landesbank Baden-Württemberg. Schon die Fusion an sich gilt als ein großer Erfolg Teufels. Auch wenn Details wie das Rotationsmodell, das jedem Vorstandsvorsitzenden für zwei Jahre die Führung übertragen sollte, kritisiert werden. Zum Durchbruch beigetragen hat auch, daß es Teufel gelingt, die Verhandlungen über Monate hinweg geheim zu halten. Auch Wirtschaftsminister Walter Döring, der FDP-Landesvorsitzende, erfährt erst einen Tag vor der Bekanntgabe, was da in monatelangen Verhandlungen in kleinem Kreis mit dem Ministerpräsidenten verabredet worden ist.

Die Fusionen sind typisch für Teufels Arbeitsstil. Es ist nicht nur sein Verhandlungsgeschick oder sein Durchsetzungsvermögen, daß diese spektakulären Zusammenschlüsse im Dreierpack in relativ kurzer Zeit hintereinander verwirklicht werden können. Es hat auch Druck von außen gegeben, der die Prozesse erleichtert. In zwei Fällen – beim Rundfunk und bei den Stromversorgern – standen die von der Fusion betroffenen Chefs vor der Pension. Teufel erkennt diese Chancen. Er ist vorbereitet, und er schlägt zu, als sich die Möglichkeit bietet.

Chancen zu wirklichen Veränderungen und zu tiefgreifenden Reformen sind selten, sagt er. Wenn sie da sind, müsse man sie ergreifen. Teufel hat die Probleme der Fusionen im Vorfeld gekannt, er hat sich beraten und viele Fragestellungen bereits vorsorglich untersuchen lassen. Als die Möglichkeit da ist, nutzt er sie. Das gilt für die Fusionen, das galt für seinen forschen Griff nach Ämtern und das wird im Frühjahr 2003 gelten, als ihm die Abkehr der FDP vom Regionalgedanken ein Zeitfenster öffnet, um seine Verwaltungsreform durchzusetzen.

Erwin Teufel ist ein Politiker, der Entscheidungen im geheimen vorbereitet. Das gilt für Konzepte wie für Personen. „Ich spreche lieber über Küken als über bebrütete Eier", sagt er. Oft wird deshalb in den Medien von „Teufels Coup" geschrieben oder geredet, von überraschenden Beschlüssen. Geradezu mit Vergnügen beobachtet er Spekulationen, wenn es um Personalentscheidungen geht. Allerdings hat dieses Vorgehen auch Nachteile. Dadurch, daß er wenige Personen konsultiert, daß wenige eingeweiht sind in seine Pläne, erzeugt Teufel Widerstände – vor allem bei denen, die seinen Vorgaben parlamentarisch eine Mehrheit sichern müssen. In der Fraktion sind diese Alleingänge nicht beliebt. Das führt zu Widerständen, zu offenen Rechnungen, die sich bei der gescheiterten Ministerpräsidentenwahl 1996 Bahn gebrochen haben und die bei immer mehr Abgeordneten heute eine Anti-Teufel-Stimmung auslösen.

„Es ist eines der größten Probleme des Regierungshandelns, Entwicklungen vertraulich zu halten", sagt Teufel. In die Bankenfusion waren beispielsweise nur drei Leute eingeweiht, von anderen Entwicklungen erfahren selbst hochgestellte Mitarbeiter im Staatsministerium erst Stunden zuvor. „Es ist wichtig, daß Gespräche vertraulich bleiben. Ich halte mich hundertprozentig daran", sagt Teufel. Wenn sich der Gesprächspartner nicht so verhält, zieht er ihn nicht weiter ins Vertrauen.

Was Erwin Teufel damit sagt, hat eine Auswirkung, die von vielen, die einmal engen Kontakt mit ihm hatten, bestätigt wird. Im geschwätzigen südwestdeutschen Politikbetrieb, dem Teufel nun schon seit 30 Jahren angehört, wird die Zahl der Vertrauten durch solche Vorgaben geringer. Es mag noch eine Handvoll Menschen sein, mit denen der Ministerpräsident engste Absprachen pflegt. Teufels Mißtrauen sei gewachsen, sagen viele, die eine Entwicklung zu einsamen Entscheidungen des Herrn in der Villa Reitzenstein sehen. Und der Einfluß jener, die er aus seinen Zeiten als Bürgermeister kennt, die ihn ein Leben lang begleiten, sei gewachsen.

Spaichingen, heißt es dann, sei die heimliche Landeshauptstadt.

Genau dort, nicht weit von seinem Geburtsort Zimmern ob Rottweil, spricht sich Teufel mit dem Ex-Landrat Hans Volle, mit seinem Freund Franz Schuhmacher und dem Vertrauten Volker Kauder auch über wichtige Fragen der Landespolitik aus – und manche vermuten, auch darüber, wer was werden solle. Diesem Kreis gehört auch der Banker und Ex-Landtagsabgeordnete Heinrich Haasis an. Mit dem einflußreichen Chef der Sparkassenorganisation im Land beredet Teufel alle Entwicklungen in der baden-württembergischen Finanzszene. Doch dem ehemaligen Landrat, Ex-Fraktionsvize und Schatzmeister der Landes-CDU werden auch gute Kontakte zu Oettinger nachgesagt.

Ist es einsam geworden um den Mann in der Villa Reitzenstein? Trifft dort einer Entscheidungen nach eigenem Gusto? Muß ein Politiker, der so lange im Amt ist, zum einsamen Kämpfer werden? Was sagt Erwin Teufel selbst dazu?

Er erinnert sich an eine Tagung der Akademie der Diözese Rottenburg, an der er als junger Bürgermeister teilgenommen hat. Der damalige Akademiedirektor und spätere Bischof Moser habe den Nachwuchspolitikern damals einen Satz mit auf dem Weg gegeben, den er als 28jähriger noch nicht einschätzen konnte, an den er aber seitdem immer wieder denke. „Werden Sie in Ihrem Beruf nicht zu Menschenverächtern", sagte Moser damals – und Teufel gibt zu, daß es bei seinen Erfahrungen nicht schwer sei, ein solcher zu werden.

Er berichtet von Erlebnissen und schildert, daß einer sich echauffiere am Abend vor der Fraktionssitzung, beim Treffen am Tag drauf aber schweige und plötzlich eine ganz andere Meinung vertrete. Er erzählt von Absprachen, die nicht eingehalten werden, und davon, wie Vertraulichkeit gebrochen wird. Konkret wird er nicht, aber er ist Berufspolitiker genug, um zu wissen, wem er Vertrauen schenken kann und wem nicht. Er habe sich entschieden, jedem Menschen mit Vertrauen zu begegnen, bis zum Beweis des Gegenteils. „Wenn man jemand mit Mißtrauen begegnet, dann muß man das Geschäft in der Politik und eigentlich das menschliche Zusammenleben aufgeben", sagt er. Er nehme lieber Enttäuschungen in Kauf, die es gegeben habe. Teufel sagt, es sei ihm ein Grundvertrauen zu eigen, und das habe er selbst in der Politik nicht verloren. Aber er sagt auch, er habe einen „gewissen Blick", er kenne die Winkelzüge der anderen, er wisse, auf wen er sich verlassen könne.

Auch sonst weiß sich der Mann zu behaupten, der im Laufe der Jahre als Regierungschef mehr und mehr seinen eigenen Stil findet.

Das läßt sich auch auf Staatsbesuchen erleben. Teufel hält wenig von den Attributen der Macht. Der Stander an der noblen Dienstkarosse bleibt meistens im Kofferraum. Und die 150 Euro teure VIP-Behandlung am Frankfurter Flughafen spart er dem Land auch. In Stuttgart wird er aus Sicherheitsgründen direkt an der Maschine von seinem Fahrer abgeholt. Ansonsten freilich bemüht er sich, ein bescheidener, aber würdiger Gastgeber zu sein.

Zum ersten Staatsbesuch seiner Amtszeit kommt der chilenische Staatspräsident Patricio Aylwin nach Baden-Württemberg. Das Ehepaar Teufel entwickelt eine Strategie, die sich bewähren sollte und die seitdem immer wieder eingesetzt wird. Teufel versucht sich schon vorher in die Person des Gastes hineinzudenken. „Die Saite zum Schwingen bringen, die den Gast berührt", nennt er das. Gegenüber Aylwin erinnert er an dessen Rede zur Versöhnung kurz vor der Reise. Der Besucher aus Südamerika ist gerührt, daß seine Ausführungen auch im fernen Europa bekannt sind. Augenblicklich versteht er sich gut mit Teufel, der Nähe geschaffen hat. Aylwin war im Frühjahr 1990 als Kopf eines breiten Oppositionsbündnisses zum Präsidenten gewählt worden. Er trifft in Stuttgart Landsleute, die nach dem Militärputsch und der Diktatur von General Pinochet ins Exil geflüchtet waren. Rund 100 Chilenen, die seit Jahren hier leben, sind im Haus der Wirtschaft.

Die Stuttgarter Zeitung berichtete über den ersten Staatsbesuch unter Erwin Teufel: „Der Ministerpräsident, der bei einem offiziellen Mittagessen unter anderem Aristoteles, Thomas von Aquin und den linken chilenischen Literaturnobelpreisträger Pablo Neruda bemühte, um mit Aylwins Wirken verbundene Hoffnungen auf demokratische Festigung Chiles auszudrücken, hatte ihn als Mann des Rechts und Verfechter der Menschenrechte begrüßt."

Auch Edeltraud Teufel hat sich bestens auf den Staatsbesuch vorbereitet. Sie hat viel über Chile gelesen. Das hat zwei Vorteile. Sie hat Gesprächsstoff mit der Präsidentengattin, sie kann viel fragen und erfährt viel über das südamerikanische Land. Und das hat einen erfreuliche Nebeneffekt: So lange über Chile gesprochen wird, muß Edeltraud Teufel keine Fragen über Baden-Württemberg beantworten. „Ich weiß ja nicht, ob ich auf alles eine Antwort wüßte." Inzwischen absolviert sie solche offiziellen Termine längst routiniert. Wenn es ins Ausland geht, widmet sie sich sozialen Projekten, bittet dafür auch bei baden-württembergischen Firmen um Unterstützung.

Die gleiche Erfahrung wie bei Aylwin macht Teufel, als Boris Jelzin Baden-Württemberg besucht. Er liest vor dem Staatsbesuch zwei Bücher des Lieblingsschriftstellers des russischen Präsidenten und zitiert daraus zwei Sätze bei seiner Begrüßung. Diese Geste läßt den Funken überspringen. Das Gespräch zwischen den beiden verläuft bestens.

Einer der Höhepunkte seiner Reisen ist der Besuch beim südafrikanischen Präsidenten Nelson Mandela. Teufel hat sich vorab mit dem Leben und dem Schicksal des Politikers befaßt. Er ist beeindruckt. Und er bewundert den Menschen, der lange Zeit im Gefängnis gesessen hat und dennoch keine Rache übt, als er an die Macht kommt, sondern sich für Versöhnung einsetzt. Im November 1996 trifft er Mandela

Der chinesische Präsident Jiang Zemin zitiert im Auto plötzlich Goethe.

Ausgezeichneter Politiker: 1990 ist Erwin Teufel das Große Bundesverdienstkreuz mit Stern verliehen worden. 1998 ernennt ihn Jacques Chirac zum Kommandeur der französischen Ehrenlegion.

in einem Zimmer im Regierungspalast von Pretoria. Der Präsident legt Teufel die Hand auf die Schulter, als würde er ihn lange kennen. Sie unterhalten sich, und Teufel lernt einen Mann kennen, der gescheit, gebildet und doch bescheiden ist. Solche Leute imponieren ihm. Nach dem Gespräch treten beide vor die Presse. Mandela nimmt Teufels Hand. So marschieren sie die Treppe hinunter, durchqueren den Innenhof. Wer auf das Foto schaut, das Mandela und Teufel Hand in Hand zeigt, sieht einen gütig lächelnden Südafrikaner und einen stolzen Ministerpräsidenten, der beeindruckt ist von dieser Geste und der weiß, daß dieses Bild in der Heimat Aufmerksamkeit erregen wird.

Die Staatsbesuche sind in der Regel wirtschaftlicher Natur. Der Ministerpräsident, den zumeist eine Delegation von Unternehmern begleitet, ist Türöffner. In seinem Gefolge werden Kontakte geknüpft, Geschäftsbeziehungen aufgebaut. Teufel reist vor allem nach Asien. Aber es gibt auch politische Kontakte. Den Palästinenserführer Yassir Arafat trifft Teufel, der eine enge Beziehung zum Staat Israel hat, insgesamt dreimal. Teufel ist erst bereit zu einem Gespräch, als er nach der Osloer Vereinbarung den Eindruck hat, Arafat sei am Frieden interessiert. Teufel besucht den Palästinenserführer auch in seinem Hauptquartier in Gaza, dort treten sie Hand in Hand vor die Presse. Teufel ist beeindruckt von der gewinnenden Art Arafats im direkten Kontakt. Aber er erkennt auch, daß dieser Mann zwei Gesichter hat. Seit der Friedensprozeß gescheitert ist, hat sich Teufel nicht wieder mit ihm getroffen.

Siebenmal trifft er mit dem Ministerpräsidenten von Singapur zusammen. Baden-Württemberg hat einen guten Namen in der Welt, seine Wirtschaftskraft ist so groß, daß Teufel mit vielen Präsidenten und Regierungschefs spricht. Und er weiß, daß es nicht an seiner Person liegt, sondern am Status des Landes. Auch mit China hat das Land enge Kontakte. Mit dem chinesischen Präsidenten Jiang Zemin verbindet ihn ein angenehmes Erlebnis. Plötzlich und unerwartet zitierte der Staatsgast aus dem Reich der Mitte auf der Fahrt vom Stuttgarter Flughafen zum Schloß nach Ludwigsburg Johann Wolfgang von Goethe: „Sah ein Knab ein Röslein stehen…" Als sich Teufel verwundert zeigt, sagt Jiang Zemin einen Satz, den Erwin Teufel nie vergessen wird. „Ihr glaubt wahrscheinlich, daß wir nur Marx und Engels kennen." Das amüsiert den Ministerpräsidenten noch heute.

Es sind die angenehmen Erlebnisse im Arbeitsalltag eines Regierungschefs. 18-Stunden-Tage sind für ihn die Regel. Am liebsten erledigt er alles selbst. Der genaue Arbeiter liebt die Ordnung. Eines nach dem anderen wird erledigt. Der Regierungschef, der von sich sagt, er sei fast unbegrenzt belastbar, kann nicht mehrere Sachen parallel machen. Schon als Bub drehte er das Radio ab, wenn es Hausaufgaben zu erledigen galt. „Das ist ein Wahnsinn, was hier gleichzeitig abgeht", sagt er schon mal zu seiner Sekretärin Hilde Troje, die Rückrufe erledigt, Termine abstimmt, Faxe versendet und Flüge bucht. Der Chef des Hauses gilt nicht als pflegeleicht. „Er kann aufbrausend sein", sagt Frau Troje. Aber es sei schon besser als früher. Als Fraktionschef soll Teufel nicht nur einmal Mitarbeitern lautstark die Meinung gesagt haben. Ein Ausspruch von damals gilt als geflügeltes Wort. Teufel, so wird berichtet, habe einem Mitarbeiter erklärt: „Meinen Sie im Ernst, es macht mir Freude, Sie anzuschreien?" Teufel weiß, daß er mitunter aus der Haut fährt, auch wenn er, wie er selbst sagt, ruhiger geworden sei.

Sein Terminkalender ist voll. „Ich könnte doppelt oder dreifach so viele Termine wahrnehmen", sagt er. Teufel ist viel vertreten im Land. Diese persönlichen Begegnungen sind neben der ausufernden Korrespondenz Teil seines Systems, mit dem er sich Einfluß und Macht sichert. Er hat kein Küchenkabinett, das ihn berät und wie es in anderen Staatskanzleien üblich ist. Für spezielle Probleme beruft er Expertengremien ein wie damals Anfang der neunziger Jahre, als eine Innovationskommission Wege aus der Wirtschaftskrise suchen sollte. Im Fall des Falles spricht er auch direkt mit Managern. Mit Dieter Hundt, dem Präsidenten des Arbeitgeberverbands, ist er per Du, zu Michael Rogowski, dem streitbaren Präsidenten des Bundesverbands der Deutschen Industrie, zu Berthold Leibinger, dem geschäftsführenden Gesellschafter des Werkzeugmaschinenbauers Trumpf, und zu Daimler-Chef Jürgen Schrempp pflegt er engen Kontakt. Die wirklich wichtige Wirtschaftspolitik, so wird in der Villa Reitzenstein gerne gespottet, werde nicht im Wirtschafts-, sondern im Staatsministerium gemacht. Die Spitzenmanager der Großunternehmen und die Mittelständler wenden sich gerne direkt an den Ministerpräsidenten.

Teufel hat sich mit seiner Sekretärin Hilde Troje und seinem persönlichen Referenten Gerd Winter einen eigenen Apparat im Staatsministerium aufgebaut, wie das bei jedem Chef in Politik und Wirtschaft üblich ist. Ein Teil seiner Termine trägt die Sekretärin bei der morgendlichen Zugfahrt in den Kalender ein. Später werden die Daten im Staatsministerium abgeglichen. Dies führt manchmal dazu, daß im Haus niemand so genau weiß, was der Chef gerade plant. Enge Mitarbeiter mutet dieser Arbeitsablauf anachronistisch an. Sie wundern sich darüber, weil sie zugleich Teufels Faible für moderne Palm-Tops kennen, die er jedes Jahr bei der Cebit in Hannover aufrüstet.

Das alles ist zeitaufwendig, aber es ist das System Teufel. Zu diesem System gehört es auch, daß Kabinettssitzungen

Heute der Palästinenserführer Yassir Arafat, morgen Fußballidol Jürgen Klinsmann: Es sind höchst unterschiedliche Menschen, denen Teufel im Alltag begegnet.

bei ihm kaum länger als zwei Stunden dauern. Das liegt weniger an den immer unbedeutender werdenden landespolitischen Themen als an Teufels guter Vorbereitung und klarer Strukturierung. Mit Grausen erinnern sich Minister an gemeinsame Sitzungen mit dem bayerischen Kabinett. Edmund Stoiber lasse im Gegensatz zu ErwinTeufel endlos diskutieren.

Jeder Politiker leidet unter der Terminhatz. Teufel ist keine Ausnahme, aber er ist ein Pflichtmensch. „Was getan werden muß, muß getan werden", sagt er. Was er nicht in acht Stunden bewältigen könne, müsse er in 16 Stunden erledigen. „Das, was ich mache, versuche ich richtig zu machen." Daran hält sich Teufel auch, als er in den Konvent geht, der die europäische Verfassung ausarbeitet. Er räumt seinen Terminkalender aus und hält sich in der Phase intensiver Beratungen ganze Tage für diese Aufgabe frei. Ihm gelingt, was sich keiner vorstellen kann: Teufel ist nicht nur bei den meisten Sitzungen anwesend, er nimmt wesentlich Einfluß auf die Beratungen. Das hochgelobte Werk trägt auch seine Handschrift.

Teufel kennt dabei seine Grenzen. CDU-Schatzmeister, Kämmerer in einer Stadt, Finanzminister – das seien keine Ämter für ihn. Sich nur ums Geld zu kümmern, das ist einem Gestalter offenbar zu wenig. Bevor er eine Aufgabe übernimmt, überlegt er sich, ob sie sich bewältigen läßt. Und wenn er Zweifel hat, forciert er es nicht. Man kann durchaus annehmen, daß sich Teufel ernsthafter bemüht hätte, Bundespräsident zu werden, wenn er das Amt mit aller Macht angestrebt hätte. „Die Frage hat sich nicht gestellt", sagt er dazu – und schweigt.

Im Gegensatz zu anderen Politikern sammelt Teufel keine Sitze in Gremien und Aufsichtsräten. Auch ohne diese Zusatzämter fühle er sich manchmal wie ein Getriebener.

Als einer, der von Termin zu Termin hetzt. Als einer, der zur öffentlichen Figur geworden ist und von den Erwartungen an ihn und sein Amt wie an unsichtbaren Fäden gelenkt wird. „Es ist wie im Marionettentheater", sagt Teufel.

Das kostet Kraft, und es verwundert nicht, daß er, der von sich sagt, er habe „eine Kuttel", nicht selten müde und ausgebrannt wirkt. Er weiß das wohl auch selbst. Deshalb nimmt Erwin Teufel sich um Ostern, Pfingsten, in den Sommerferien und zwischen Weihnachten und Dreikönig bewußt frei. Viel wichtiger für ihn ist jedoch, daß er, wann immer möglich, in Spaichingen übernachtet. Und wenn der Regierungschef in Stuttgart bleibt, schläft er in einem Zimmer im Marienhospital. Hotelübernachtungen versucht er zu vermeiden. Gleichförmig Tage und Nächte aneinanderzureihen, das ist für ihn keine Erholung.

Er braucht den Wechsel. Und er braucht das Alleinsein. Er kennt Leute, die immer unter Strom sind, die unstet von Termin zu Termin hetzen, die immerzu ruhelos und betriebsam sind. Teufel selbst ist nicht ungesellig, er kann unter Menschen sein, sich bestens unterhalten. Er könne durchaus Einzelhaft ertragen, hat er einmal gesagt. Ein Satz, der seitdem immer wieder zitiert wird – geradeso, als ob da ein Dr. Seltsam, wie Die Zeit schrieb, ungeschützt sein Inneres nach außen kehre. Darin kommt allerdings etwas ganz anderes zum Ausdruck. Teufel braucht die Tage des Alleinseins, um nachdenken zu können, um sich zu besinnen, um zu reflektieren. „Ich kann doch nicht nur ein ferngesteuerter Mensch sein", sagt er.

Diese Reflexion hängt von bestimmten Orten ab. Stuttgart, die Landeshauptstadt, ist dieser Ort nicht – sieht man vom selten genutzten Zimmer im Schwesternwohnheim ab. Es ist 1972 gewesen, als die Familie Teufel die Grundsatzentscheidung traf, nicht nach Stuttgart zu ziehen. Damals spielten praktische Erwägungen eine Rolle. Edeltraud Teufel und die heranwachsenden Kinder sollten nicht aus der gewohnten Umgebung gerissen werden. Auch finanziell wollte sich der junge Staatssekretär nicht zu hohe Schulden aufhalsen. Die Karriere war damals noch unsicher. Spätere Versuche, seine Frau und ihn zum Umzug zu bewegen, scheiterten. Das Haus auf der Stuttgarter Solitude, in dem Filbinger Hof hielt und in dem die Familie Späth mit ihren Kindern wohnte, wird vom Land seitdem vermietet. Parteifreunde suchten vor nicht allzu langer Zeit sogar eine repräsentative Wohnung in der Landeshauptstadt für den Ministerpräsidenten. Nachdem die Kinder aus dem Haus sind, so ihre Überlegung, könne der Regierungschef doch nach Stuttgart ziehen. Er sollte in der Landeshauptstadt präsent sein, sollte durch öffentliche Auftritte sein bieder-provinzielles Image abstreifen. Teufel hat sich darauf nicht eingelassen. Seine Frau ist in Spaichingen fest verankert, aber vielleicht ist es Erwin Teufel selbst noch viel mehr. Er nimmt sogar spät nachts und mit dem Preis, nur wenige Stunden schlafen zu können, die Heimatfahrt zum Dreifaltigkeitsberg in Kauf. „Du kommst heim“, sagt er, „der Tag ist zu Ende, und du startest am nächsten Tag neu.“

Er schätzt selbst diese kurzen Nächte in Spaichingen, weil er nur dort auftanken kann. Er tut es im Kreise der Familie, und er tut es im Dunstkreis seiner Bücher. Das Lesen ist für ihn, was für Joschka Fischer früher das Joggen war: Ausbruch und Einkehr zugleich. Er braucht den Rückhalt seiner Familie und den Geist der Bücher, um in Stuttgart bestehen zu können. Denn er ist nicht unangefochten. Trotz der geglückten Fusionen, die den Strukturwandel im Südwesten begünstigen; trotz einer erfolgreichen Landespolitik, vor allem im Bildungs- und Wissenschaftsbereich. Wie kein anderer kann er über die Spitzenleistungen des Landes berichten, von Patentanmeldungen bis zum besten Konditor Deutschlands. Und doch kennt er die Fallen des Metiers.

Die Fallensteller sind vor allem in der eigenen Partei zu finden. Das bekommt er im Herbst 1998 zu spüren. Er muß bei der Bundestagswahl, die zum Machtwechsel in Berlin führt, das schlechte Landesergebnis erklären. Wenige Wochen später fliegt er aus dem CDU-Präsidium. Auch er selbst beendet Karrieren. Und er tut es nach Ansicht eines Ministers, der ihn lange begleitet, ohne Gnade. Nicht nur den von politischen Affären gezeichneten Verkehrsminister Hermann Schaufler trifft der Bannstrahl, sondern im Zuge der Kabinettsumbildung auch Sozialminister Erwin Vetter und den Leiter der Landesvertretung, Gustav Wabro. Vetter und Wabro verbannt Teufel aus dem Kabinett, weil er seine Mannschaft verjüngen will. Dabei sind die beiden kaum älter als er selbst. Sie würden gerne bleiben, fügen sich aber dem Willen des Ministerpräsidenten, dem sie trotz alledem verbunden bleiben und von dem sie sich an runden Geburtstagen feiern lassen. Nach außen jedoch verstärkt vor allem der Rausschmiß Wabros das Bild eines Mannes, der in Personalentscheidungen allen eigenen Bekundungen zum Trotz hart agieren kann. „Er ist ein Machtpolitiker", sagt ein Kabinettsmitglied, das viele Jahre gemeinsamen Wegs hinter sich hat, „auch wenn er andere vom Gegenteil überzeugen will". Besagter Minister erinnert sich daran, wie Teufel an Wabros Geburtstag eine Laudatio auf den Jubilar hielt und ihn dann wenige Wochen später „eiskalt abserviert" habe.

Ironie des Schicksals ist es, daß im Vorfeld der Landtagswahl 2001 der Ministerpräsident selbst Gegenstand einer Altersdebatte wird, die bis heute anhält. Der Kreisverband Stuttgart, dem sein Staatsminister Christoph Palmer vorsteht, liefert unbeabsichtigt weitere Munition, als er ganz allgemein eine Amtszeitbegrenzung von zehn Jahren vorschlägt. Teufel empfindet diese Debatte als höchst ungerecht.

Selbst die von einem Böllerschuß bei einer Straßeneinweihung herrührende Schwerhörigkeit und die kurzzeitig rötlich verfärbten Haare nähren Diskussionen über sein Alter, was Teufel sehr erbost. Parteifreunde berichten von tiefer Kränkung. Erst später reagiert er locker, als die SPD-Spitzenkandidatin Ute Vogt sagt, neben ihr sehe Teufel alt aus. Der Ministerpräsident kontert mit dem Hinweis, er habe sich seine Falten nicht in der Toskana geholt, wo bekanntlich viele Genossen und Grüne urlauben, sondern bei der verzehrenden Arbeit für Baden-Württemberg.

Dennoch bleibt die eigene Partei verunsichert. Zumal die Umfragen wenige Wochen vor der Landtagswahl 2001 sogar noch ein CDU-Ergebnis von unter 40 Prozent nicht ausgeschlossen erscheinen lassen. Doch der „Erfolgsgarant“, wie Teufel plakatiert wird, trotzt dem medialen Gegenwind. Unbeirrt verkündet er bei seinen Wahlkampfauftritten nüchtern die Erfolge seiner Politik und legt Zahlenreihen an Zahlenreihen. Es sind politische Bilanzpressekonferenzen. Gelegentlich zitiert er in den hitzigen Tagen vor der Wahl einen Vers von August Lämmle:

„Titel, Namen, Geld, Befrackung
sind zum Zwecke der Verpackung.
Schale gilt nicht, sondern Perle,
wichtig ist allein der Kerle.“

Das Wahlergebnis gerät schließlich unerwartet zum Triumph. Mit annähernd 45 Prozent erreicht die CDU fast die absolute Mehrheit an Mandaten. Teufel sitzt fester im Sattel als zuvor. Für Heribert Prantl von der Süddeutschen Zeitung liegt das Geheimnis seines Wahlerfolgs vor allem in den Tugenden, die er verkörpert:

„Teufel hat diesen Erfolg auch deswegen erzielt, weil er rechtzeitig auf Distanz zur Bundes-CDU gegangen ist – ganz im Gegensatz zu Christoph Böhr in Rheinland- Pfalz, der sich nachgerade sklavisch an die Vorgaben aus Berlin gehalten hat. Erwin Teufel ist es gelungen, seine Landes-CDU von der Bundes-CDU abzukoppeln und seine pragmatisch-praktische und sachorientierte Landespolitik der Bundespartei als Lehrbeispiel hinzustellen. Doch allein dieser Sicherheitsabstand zur angeschlagenen Bundes-CDU erklärt den großen Sieg nicht. Es ist auch so: Teufel profitiert vom öffentlichen Überdruß an einer marktschreierischen Politik, die sich so geriert, wie es die vermeintliche Tagesmode verlangt; er profitiert von der Sehnsucht nach Glaubwürdigkeit, Sachlichkeit, Verläßlichkeit und Festigkeit in Wertfragen. Die hat Teufel, da ist er der Bauernsohn aus der Provinz geblieben."

Das öffentliche Lob genießt der Ministerpräsident, der nach erfolgreicher Wahl die geräuschlose Zusammenarbeit mit der FDP fortsetzen kann. Für den Unionschristen bricht eine gute Phase an. Das Land feiert seinen 50. Geburtstag ein Jahr lang, im europäischen Konvent spielt der Politiker, der früher kaum über Baden-Württemberg hinaus wahrgenommen worden ist, eine wichtige, über Parteigrenzen hinweg beachtete Rolle. Erwin Teufel nähert sich der Kür.

Die Kür

Mit 65 Jahren...

Es ist spät geworden. Der Mercedes hastet über die Autobahn, auf der Ausflügler am Wochenende zum Bodensee fahren. Edeltraud und Erwin Teufel wollen nach Hause. Kurz nach 23 Uhr haben sie sich von Manfred List verabschiedet. Auszeit im Auto. Der Ministerpräsident wacht auf, als der Dienstwagen in Rottweil die Autobahn verläßt. In wenigen Minuten sind sie in Spaichingen. Teufel fingert um 0.37 Uhr den Schlüsselbund aus der Hosentasche, holt seine Aktentasche aus dem Kofferraum und trägt sie ins Haus. In der Küche trinken sie noch ein Bier. Es wird eine kurze Nacht. Um zehn Uhr startet am Samstag der Hubschrauber. Ein Termin in Heidelberg. Irgendwann wird an diesem Tisch über seine politische Zukunft entschieden.

Die Zeiten mischen sich. Vergangenheit, Gegenwart, Zukunft. Erwin Teufel ist seit Januar 1991 Ministerpräsident. Keiner seiner Vorgänger war länger im Amt. Immer mehr Unionspolitiker wollen heute wissen, wie es morgen weitergeht. Und sie meinen damit nicht die Inhalte der Politik, sie meinen Personen, sie meinen eine Person: Erwin Teufel.

Seit dem Ministerwechsel 1998, als der Regierungschef gleichaltrige Minister aufs Altenteil geschickt hat, klebt dieses Thema an ihm wie Kaugummi an den Schuhen. Teufel würde sich gerne davon befreien. Wie lang regiert er noch, wie plant er seine Nachfolge? Daß immer wieder sein Alter problematisiert wird, wie vor der Landtagswahl im Frühjahr 2001, kann er nicht verstehen. Erst 61 Jahre ist er zu diesem Zeitpunkt. Andere Politiker sind in diesem Alter in der Blüte ihrer Schaffenskraft. In anderen Bundesländern spielt diese Frage eine untergeordnete Rolle. Bei ihm in Baden-Württemberg ist es anders. Das geht schon länger so.

Am Tag nach der Landtagswahl 2001 muß er trotz des klaren Sieges einen ärgerlichen Kommentar des Fraktionschefs Günther Oettinger lesen. Der Mann, der wie andere Fraktionschefs vor ihm, einmal Ministerpräsident werden will, mahnt den rechtzeitigen Stabwechsel an. Die CDU soll den Amtsbonus nutzen und ihren Einfluß zementieren. Damit spielt Oettinger auf das bundespolitische Trauma der Union an, die 1998 schon vor der Wahl von der Ahnung heimgesucht worden ist, daß auch ein ewiger Kanzler nach 16 Jahren vom Volk abgewählt werden kann – und dennoch mit Kohl ins Rennen gehen mußte. Das Ergebnis ist bekannt. Droht das auch im Südwesten? Heißt der Helmut hier Erwin?

Das sind Fragen, das sind Debatten, die dem sonst ausführlich antwortenden Teufel nur Einsilbiges entlocken. Er sei bis 2006 gewählt, sagt er. Die Bürger haben ihm für fünf Jahre den Regierungsauftrag erteilt, und den gedenke er wahrzunehmen. Und überhaupt: Personalfragen seien nicht das, was ihn interessiere. Politik, wie sie Teufel versteht, ist auf lange Sicht angelegt.

In seiner Regierungserklärung nach der Landtagswahl 2001 entwirft er ein Zukunftsbild für Baden-Württemberg im Jahr 2020. Es ist ein schuldenfreies Land, eines, in dem Gemeinschaft groß geschrieben wird, in dem beste Bildungs- und Betreuungseinrichtungen jungen Menschen alle Entwicklungsmöglichkeiten bieten, ein Land, in dem alte

Menschen einen gesicherten Lebensabend verbringen, ein Land, in dem Wohlstand, Sicherheit und Menschlichkeit herrschen. Eines, das Erfolg hat, weil es menschlich ist, so der Titel der Regierungserklärung. Es sind Sätze, die wie Floskeln wirken. Aber ihm ist es ernst damit.

Es ist diese Vorstellung von einem Land, die ein Teil von dem ist, was Teufel antreibt. „Unser Handlungsfeld ist die Gegenwart", sagt er, „aber wir schaffen auch die Voraussetzungen für ein erfolgreiches und menschliches Baden-Württemberg 2020". Der politische Betrieb mag immer kurzatmiger werden. Erfolge aber stellen sich angesichts der komplizierten Problemlösungen nur bei entsprechender Kondition ein. Teufel hat diesen Geist in seiner Jugend aufgesogen. Säen und ernten – das ist für den Bauernsohn auch eine politische Terminologie.

Für vieles, was in seiner Amtszeit als Erfolg gewertet wird, hätten seine Vorgänger die Grundlage gelegt, sagt der Ministerpräsident. Auch er will „säen, damit meine Nachfolger ernten können". Er ist sich dieser geschichtlichen Bedeutung bewußt. Ein schlechter Ministerpräsident, ein Regierungschef, der die falsche Politik macht, könne ein Land um Jahre zurückwerfen. Das Gerede davon, daß Landespolitiker wenig bewirken, ist zwar nicht ganz unbegründet. Teufel stimmt, bei aller Frustration darüber, daß der Fortschritt einer Schnecke gleicht, aber nicht in den Chor der Fatalisten ein. Das verbietet sich nach seinen Wertmaßstäben.

Lothar Späth, so erzählt Erwin Teufel, habe sich einmal darüber beklagt, daß er trotz des hohen Amts doch eigentlich nichts bewirken könne. Was soll da der Abgeordnete denken, antwortet Teufel im Gespräch mit Späth. Und was soll ein Minister sagen, der sechzehn Stunden am Tag arbeitet? Derjenige in einer Landesregierung, der wirklich gestalten kann, das ist der Ministerpräsident. Davon ist Teufel überzeugt. Das will er nutzen. Und das macht er.

Schließlich sieht er Erfolge. Die Politik bringt Bewegung ins Land. Es wird über die Reform des Föderalismus debattiert, der deutsche Steuerdschungel soll gelichtet werden, Universitäten können ihre Studenten bald selbst aussuchen, Beamte unterschiedlich bezahlt werden. Das achtjährige Gymnasium wird Standard. Baden-Württemberg ist bei alledem Vorreiter.

Es ist ein mühseliges Geschäft, sagt Erwin Teufel, aber es lohnt sich. Das ist die eine Seite, und wie so oft gibt es bei ihm auch die andere. Dann spricht aus seinen Worten die Sorge um die Zukunft. Manchmal beschreibt er ein politisches Horrorszenario, das nicht recht passen will zu den Paradieszuständen im Jahr 2020.

Deutschland steht am Abgrund, sagt Teufel dann und zählt auf: Der Staat ist überschuldet, die Arbeitslosigkeit steigt, die Zahl der Beschäftigten sinkt, die sozialen Sicherungssysteme sind marode, die Renten brechen weg, die Gesundheitskosten sind nicht mehr finanzierbar, immer weniger Kinder werden geboren, Lohnnebenkosten und Steuerbelastung treiben Unternehmen ins Ausland, die Menschen haben das Vertrauen in die Politik verloren, sie haben Zukunftsangst und erstarren, weil sie die Hoffnung auf Besserung längst aufgegeben haben.

Zur Bewältigung dieser Probleme fordert Teufel grundlegende Reformen, deren Ziel es sein muß, mehr Eigeninitiative und Selbstverantwortung im sozialen Bereich zu verankern, ohne daß jene unter die Räder kommen, die sich nicht selbst helfen können. Er will das Steuersystem vereinfachen, die Familien stärken, das Bildungssystem internationalen Standards anpassen, die staatliche Ordnung erneuern. „Wir müssen Deutschland erneuern, weil wir bewahren wollen, was wir aufgebaut haben", sagt Teufel. Der Regierungschef schreibt dafür Aktionspläne und Handlungsaufträge.

Und auch im kleinen greift er zu ungewöhnlichen Methoden, wenn ihm etwas gegen den Strich geht. Mit Sorge beobachtet er die wachsende Bürokratisierung, das Dickicht von Vorschriften und Regelungen. Deshalb hat er eine Stelle eingerichtet, die überflüssige Paragraphen streichen soll. Die Ministerialbeamten staunen nicht schlecht, als sie eines Tages einen Brief bekommen. Absender: Erwin Teufel, Dreifaltigkeitsbergstraße, Spaichingen. Auf dem Briefpapier ist die gedruckte alte Postleitzahl durchgestrichen und die neue darübergeschrieben. Und im Text verlangt Herr Teufel aus Spaichingen, den Arbeitsschutz im Staatsministerium kritisch zu hinterfragen. Es leuchtet ihm nicht ein, daß Beschäftigte, die vorwiegend am Schreibtisch sitzen, arbeitsmedizinisch und sicherheitstechnisch aufwendig betreut werden müssen und ein externer Fachmann individuelle Gefährdungsgrade im Ministerium beurteilen soll.

Der Brief an die Kommission des Ministerpräsidenten stammt tatsächlich aus der Feder des Privatmanns Erwin Teufel, der im Hauptberuf Ministerpräsident ist. Zwar ist dem Ansinnen kein Erfolg beschieden, weil die Vorschriften europaweite Rechtslage sind, der auch von Baden-Württemberg zugestimmt worden ist. Aber dieser Fall macht deutlich, daß Teufel seinen Weg unbeirrt geht und notfalls auch auf seltene Pfade ausweicht. Unabhängig von der Kritik in den Medien, unabhängig von der Unruhe in der eigenen Partei, mit vollem Einsatz und in vollem Bewußtsein, das Richtige zu tun.

Einen „Politik-Arbeiter im Bergwerk der Politik" hat die Süddeutsche Zeitung den Ministerpräsidenten von Baden-Württemberg einmal genannt. Tief gebohrt hat der Bergar-

Lob von der CDU-Spitze: Parteichefin Angela Merkel würdigt Teufels Mitarbeit im europäischen Konvent bei allfälliger Gelegenheit.

Kronprinz oder Kronprinzessin?
Erwin Teufel mit Günther Oettinger und Annette Schavan.

beiter an vielen Stellen, nicht nur im Land, sondern in ganz Europa. Besonders hoch angerechnet wird ihm die Mitarbeit im europäischen Konvent. Selbst politische Gegner loben seinen Einsatz und seine Sachkunde. Es gibt nicht wenige in Brüssel, die Teufel als einen der halben Dutzend Männer nennen, die die neue Verfassung wesentlich beeinflußt haben. Er hat sich dafür eingesetzt, daß Europa nicht alle Aufgaben an sich zieht, daß Subsidiarität auch in Europa das Prinzip der staatlichen Ordnung ist, daß die Vielfalt der kulturellen und regionalen Eigenheiten nicht einer gleichmacherischen Bürokratie ausgeliefert wird. Er ist damit letztlich erfolgreich gewesen, auch wenn der Christ, der einen Gottesbezug in der Verfassung durchsetzten wollte, mit diesem Begehr gescheitert ist.

In ähnlicher Weise engagiert sich Teufel auch in der Föderalismuskommission, welche die Aufgabenteilung zwischen Bund und Ländern neu ordnen will. Er bohrt an den Brettern, die er schon lange löchern will. Es sind meistens die dicksten Bretter. Das zeichnet ihn aus.

Doch andere bohren auch. Und ihr Brett heißt Erwin Teufel. Das zehnjährige Dienstjubiläum, die 50-Jahr-Feiern des Landes, jener Pfingstmontag 2003, an dem er der dienstälteste Ministerpräsident Baden-Württembergs geworden ist – kein Jubiläum vergeht, ohne daß die leidige Nachfolgedebatte aufkommt. Teufel ficht das zumindest rein äußerlich nicht an. Er nimmt diese Provokationen scheinbar nicht zur Kenntnis. Er sagt, er denke daran nicht. Und macht weiter wie bisher.

Erwin Teufel lebe in seiner eigenen Welt, sagt einer, der ihm tagtäglich nahe ist. Er lebe in einem kleinen Staat im Staatsministerium, umgeben von der treuen Dienerin Hilde Troje und vom Knappen Gerhard Winter, dezent flankiert vom Staatsminister Christoph Palmer, irgendwie entrückt und doch im Zentrum der Macht. Das macht angreifbar. Immer öfter bekommt er zu spüren, daß es in der Partei unruhig ist. Im Dezember 2003 wählen ihn nur noch drei Viertel der Delegierten zum Landesvorsitzenden. Für den SPD-Chef wäre das ein gutes Wahlergebnis, versuchen Teufel-Anhänger gute Stimmung zu machen. Doch es ist sein schlechtestes Ergebnis – und er, der trotz seiner langen Amtszeit nicht über einen schützenden Panzer um die Seele verfügt, ist getroffen. Wie tief, zeigt seine Reaktion einige Tage später, als er von einer Intrige spricht, die Fraktion im Verdacht hat und deren Chef Günther Oettinger. Längst geht es in der erfolgreichsten Landespartei der Union nicht mehr nur darum, ob Teufel weiter macht. Es stellt sich immer wieder die Personalfrage: Oettinger, der die Mehrheit hinter sich glaubt, oder die Kultusministerin Annette Schavan, der Teufel zuneigt?

Der Druck auf den Ministerpräsidenten wächst. Oettinger kündigt selbstbewußt seine Bereitschaft an, Nachfolger des Ministerpräsidenten zu werden. Es hat eine lange Tradition, daß der Wechsel im Amt des Ministerpräsidenten auch immer ein Wechsel der Charaktere ist. Es ist das Geheimnis der immerwährenden CDU-Regentschaft im Südwesten. Für Lothar Späth, der sich nach seinem Rücktritt aus der Landespolitik herausgehalten hat, ist der Wunsch nach personeller Veränderung deshalb eine natürliche Entwicklung. Jetzt sei wieder ein wuseliger Typ gefragt, eben ein Managertyp, sagt Späth. Wer also folgt auf Teufel? Oettinger oder Schavan? Wenn es vor allem darum ginge, die Charaktere zu wechseln, dann hätte Oettinger wohl bessere Chancen. Erwin Teufel beteiligt sich nicht an dieser Debatte. Er will sich rechtzeitig erklären. Doch es wird in dieser Legislaturperiode zunehmend einsam um ihn herum.

Das hat mit Teufel selbst und mehr noch mit seiner Personalpolitik zu tun. Im Sommer 2004 geht es hoch her in der Landespolitik. Es sind Wochen, die wichtig sind für die politische Zukunft von Erwin Teufel.

Walter Döring muß wegen der Verstrickung in eine Umfrage- und Spendenaffäre zurücktreten. Mit dem politischen Leichtfuss pflegte Teufel ein gutes persönliches Verhältnis. Problemlos bildeten die so unterschiedlichen Politiker die Basis der stabilen CDU-FDP-Koalition. Dörings Rücktritt zwingt Erwin Teufel zum sofortigen Handeln. Eine Kabinettsumbildung, die er ursprünglich erst für den Herbst geplant hatte und die seinen Anspruch auf eine erneute Spitzenkandidatur hätte begründen können, muß er vorziehen. Das Personalkarussell dreht sich. Innenminister Thomas Schäuble, der schon Teufels erstem Kabinett angehörte, hat genug von der Landespolitik. Es ist fast eine Flucht des Mannes, von dem viele überzeugt sind, daß er auch das Zeug zum Ministerpräsidenten gehabt hätte, und den Teufel ausgesessen hat – zumindest empfinden es andere so, und es gehört wohl zum Familienschicksal, daß es seinem Bruder Wolfgang mit Helmut Kohl ähnlich erging. Auch Verkehrsminister Ulrich Müller, ein loyaler Weggefährte, der ihm einst als parlamentarischer Berater zuarbeitete, verläßt das Kabinett. Müller will sich einem Neuanfang nicht in den Weg stellen. Und schließlich räumt Wolfgang Rückert, der Mann aus gemeinsamen Tagen im Spaichinger Rathaus, aus eigenem Entschluß seinen Posten als Finanzstaatssekretär.

Teufel will aus der personellen Not eine politische Tugend machen. Der 64 Jahre alte Ministerpräsident verpaßt seinem Kabinett eine Frischzellenkur. Er holt in Stefan Mappus (Umwelt und Verkehr) und Tanja Gönner (Soziales) die politische Enkelgeneration in die Regierung. Auch die Fraktion bedient Teufel, aus deren Reihen er einige Staatssekretäre rekrutiert und deren Wunschkandidat Heribert Rech zum Innenminister wird. Die Mischung in Teufels neuer Mannschaft läßt erahnen, daß der Premier einerseits niemand vor den Kopf stoßen will. Andererseits widerspricht die umfangreiche, partiell überraschende und auf längere Sicht angelegte Kabinettsumbildung der weit verbreiteten Einschätzung, der erste Mann in der Villa Reitzenstein sei ein Auslaufmodell und bereite seinen Ausstieg vor.

In Personalfragen wird Teufel, der so schöne persönliche Dankesreden halten kann, zum kühl kalkulierenden Architekten eines neuen Regierungsteams. Emotionen oder persönliche Betroffenheit zeigt er nicht, eher eine geschäftsmäßige Kühle.

Ein ehemaliger Regierungssprecher absolvierte seine letzte Kabinettssitzung, ohne daß er von Teufel ein Wort des Dankes gehört hätte. Ähnlich ist es dem langjährigen Finanzminister Gerhard Mayer-Vorfelder ergangen. Noch heute erzählen sich Unionschristen von der letzten Kabinettssitzung, an der das landespolitische Urgestein mit dem Faible für Fußball teilgenommen hat. Teufel ruft den Punkt Verschiedenes auf und will das Treffen der Minister gerade beenden, als der schneidige Mayer-Vorfelder, seines Zeichens Reserveoffizier, ums Wort bittet. „Melde mich hiermit ab“, sagt er – Teufel hatte zuvor keine Silbe über den Abschied des Ministers verloren.

Umso mehr lobt er im Jahr 2004 seine politischen Neuentdeckungen. Teufel ist überzeugt, ihm sei die Besetzung der Ministerposten bestens gelungen. Am Mittag verkündet er die Namen der neuen Hoffnungsträger. Am Abend erleben Besucher auf der Stallwächterparty in der Berliner Landesvertretung einen gut gelaunten Ministerpräsidenten. Er erwartet Applaus für das Revirement. Und damit ein Ende der Debatte um seine politische Zukunft, bis er sich über seine Pläne äußert, wie er es der unruhigen Partei versprochen hat. Doch es kommt anders. Es gibt kein Lob, sondern

Kritik. Der goldene Handschlag, mit dem Teufel die ehemaligen Minister Friedhelm Repnik und Thomas Schäuble in gut dotierte Chefposten landeseigener Unternehmen befördert, trägt ihm schwere Vorwürfe ein. Der persönlich integre Teufel, dessen Glaubwürdigkeit sein größtes politisches Kapital ist, sieht sich mit wenig schmeichelhaften Bewertungen wie schwarzer Filz, Ämterpatronage und Postengeschacher konfrontiert. Teufel reagiert mit Unverständnis, was die Debatte anheizt.

Auf einer Fraktionssitzung hinterfragen mehrere Parlamentarier die Entscheidungen Teufels und protestieren. Der Regierungschef hält zwar dagegen, doch schon allein die Wortmeldungen machen deutlich, daß er zumindest einen Teil seiner Autorität eingebüßt hat. Und es sollte noch dicker kommen. Mitten in dieser heiklen Phase strauchelt auch noch die FDP-Ministerin. Corinna Werwigk-Hertneck soll ihrem ins Visier der Staatsanwälte geratenen Parteifreund Walter Döring pikante Details aus Ermittlungen verraten haben – die Justizministerin muß gehen und wird durch ihren Vorgänger Ulrich Goll ersetzt. Wirklich brisant wird die Lage durch eine überraschende Bemerkung Teufels am Tag des Rücktritts von Werwigk-Hertneck. Der Regierungschef spielt vor den versammelten Medien mit dem Gedanken von Neuwahlen, die verfassungsrechtlich fragwürdig erscheinen. Er weiß natürlich, daß die Union so endlich wieder eine absolute Mehrheit holen und es nur einen Spitzenkandidaten der CDU geben könnte – den amtierenden Ministerpräsidenten. Die riskante und auch eigennützige Überlegung Teufels stößt in der Union jedoch vor allem deshalb auf Ablehnung, weil „über den Fraktionschef Oettinger die Zeit hinwegzugehen droht", wie die Frankfurter Allgemeine Zeitung schreibt, und mehr noch, weil die FDP, die man im Bund braucht, scheitern könnte.

Vom Vorstand, von Spitzenpolitikern und von der Fraktion gedrängt, muß Teufel von seinem Spiel mit dem Feuer abrücken. Das kommt einem Gesichtsverlust nahe, und es wird deutlich, daß die Union ihrem langjährigen Vormann nicht um jeden Preis folgt. Die Alleingänge und Fehleinschätzungen werden in der Partei so heftig verhackstückt, daß die Teufel lästige Rückzugsdebatte erst recht aufkommt. Für den Regenten vom Reitzenstein sind das harte Stunden. Am Ende rettet er sich in die Sommerpause und hofft, daß in einem Vierteljahr manches anders aussieht.

Viele Politiker sind gekommen und gegangen unter Erwin Teufel, der es in seiner langen Regierungszeit auf sieben Kabinettsumbildungen bringt. Viele gehen, einer bleibt. Kann Teufel vom hohen Amt nicht lassen? Ihm werde es nicht langweilig als Privatmann, sagt er. Natürlich lockt die Familie, reizen Tage ohne Termindruck und Sicherheitsbeamte, werden Erinnerungen an Ferien ohne ständige Telefonate wach. Teufel hätte auch noch viel zu lesen und auch einiges zu schreiben. Aber braucht das Land nicht einen wie ihn in diesen Jahren? Er hat eine enge Beziehung zum Südwesten. Hier ist seine Heimat. Hier trägt er Verantwortung. Hier will er dafür sorgen, daß das Land Spitze bleibt, auch wenn die Schulden zuletzt stark gewachsen sind. Und kann einer, der sich als Anwalt der kleinen Leute fühlt, ausgerechnet dann gehen, wenn diese Gesellschaft vor weitreichenden Reformen steht?

Vielleicht schlägt bei Erwin Teufel, wenn er sich Gedanken über seine Zukunft macht, auch die Herkunft durch, etwas, das früh angelegt ist in seiner Persönlichkeit. Ein Bauer verläßt den Hof nicht, wenn es schwierig wird. Ein Bauer trotzt Wind und Wetter die Ernte ab, er hält durch. Und ein Bauer verläßt den Hof schon gar nicht, wenn eine gute Ernte bevorsteht. In Umfragen liegt die Union bei einer absoluten Mehrheit, Teufel selbst hat hohe Zustimmungswerte. Die „kleinen Leute“ wissen, was sie an ihm haben, das denkt Teufel wohl, wenn er die Zahlen zweifelnden Parteigängern vorhält. Was soll er eigentlich noch mehr machen, als die Union in Richtung absolute Mehrheit zu führen? Sollte nicht der Mann in den Wahlkampf ziehen, der die besten Chancen hat, der CDU zur Alleinregierung zu verhelfen?

Es sind Fragen, die Teufel in der Öffentlichkeit stellt, die er selbst aber nicht beantwortet. Auch die Partei antwortet nicht. Teufel hat das Amt übernommen, als die CDU allein regieren konnte. Seitdem ist er auf Koalitionen angewiesen. Wer ihn näher kennt, der kann ermessen, wie groß der Reiz sein muß, selbst einmal die absolute Mehrheit zu erreichen. Es wäre eine Perspektive, den politischen Hof an die Erben zu übergeben, wie er ihn übernommen hat.

Ob er das will? Ob er das schafft? Ob die CDU das will? Ob sie ihn machen läßt?

Erwin Teufel gilt als einer, der besonders ruhig und souverän reagiert, wenn es heikel wird. Es wird heikel werden. Demnächst. Er gilt als einer, der Machtpolitiker genug ist, um seine Ellenbogen einzusetzen. Er wird sie brauchen, wenn er an der Spitze bleiben will. Teufel gilt als einer, der weiß, warum er Politik macht. Er hat politische Ziele, die über den bloßen Machterhalt weit hinausgehen. Und er ist einer, der beinhart sein kann. „Wenn er sich entschlossen hat, ist er nur schwer von seinem Weg abzubringen“, sagt Manfred Rommel.

Wohin also führt der Weg des Erwin Teufel, der am 4. September 1939 in Zimmern ob Rottweil geboren worden ist und es bis zum dienstältesten Ministerpräsidenten gebracht hat? Die Frage ist gestellt. Seine Antwort?

„Sie dürfen ruhig schreiben: Bis 65 war Pflicht, und jetzt beginnt die Kür.“

Personenregister